ein Ullstein Buch

Ullstein Buch Nr. 3472
im Verlag Ullstein GmbH,
Frankfurt/M – Berlin – Wien
Titel der amerikanischen
Originalausgabe:
»Of Time and Space and
other Things«
Übersetzt von H. J. Wedler
und R. Grabowski

Ungekürzte Ausgabe

Umschlagentwurf: Manfred Siegler

Printed in Germany 1978
Gesamtherstellung:
Ebner, Ulm
ISBN 3 548 03472 1

CIP-Kurztitelaufnahme
der Deutschen Bibliothek

Asimov, Isaac:

Von Zeit und Raum: menschl. Maß u.
kosm. Ordnung. – Ungekürzte Ausg. –
Frankfurt/M, Berlin, Wien:
Ullstein 1978.
([Ullstein-Bücher] Ullstein-Buch;
Nr. 3472)
Einheitssacht.: Of time and space and
other things ‹dt.›
ISBN 3-548-03472-1

Isaac Asimov

Von Zeit und Raum

Menschliches Maß und kosmische Ordnung

ein Ullstein Buch

Für Wendy Weil –
mit einem Seufzer

Inhalt

Einführung

Wenn wir die Menschheitsgeschichte über die Jahrhunderte zurückverfolgen, scheint es vielfach eine Geschichte von Ruhm und Glanz zu sein: Die Entwicklung des Verstandes, die Entdeckung des Feuers, die Errichtung von Städten und Zivilisationen, der Sieg der Vernunft, die Fruchtbarmachung der Erde und der Drang aufs Meer und ins All.

Aber das wachsende Wissen führt nicht nur zu Besitznahme, sondern auch zu äußerster Zerstörung. Mit neuen Möglichkeiten stellen sich neue Schranken ein. Der Reisende ins Unbekannte kann einen neuen Kontinent entdecken oder auch über das Ende der Welt stolpern.

Genauso ist es mit der Menschheit. Wir unterscheiden uns von allen anderen Lebewesen durch unsere Macht über das leblose Universum; aber wir unterscheiden uns auch von allen anderen Lebewesen durch das Wissen um unsere Ohnmacht gegenüber dem Universum, weil allein wir aus der Ohnmacht zu lernen vermochten.

Bedenken Sie, daß – soweit uns bekannt ist – keine andere Gattung über die uns gewohnten Anschauungen von der Zeit verfügt. Ein Tier mag sich erinnern, aber eine Vorstellung von der Zeit hat es nicht, und ganz sicher auch nicht eine Vorstellung von der Zukunft. Jegliche nichtmenschliche Kreatur lebt nur im jeweiligen gegenwärtigen Augenblick. Die nichtmenschliche Kreatur sieht die Unvermeidbarkeit ihres eigenen Todes nicht voraus. Nur der Mensch ist sterblich in dem Sinne, daß er sich seiner Sterblichkeit bewußt ist. Besser wird das durch Robert Burns in seinem Gedicht *Auf eine Maus* ausgedrückt. Er spricht zur Maus, nachdem er versehentlich ihr Nest mit dem Pflug zerstört hatte, und entschuldigt sich für das Unglück, das er über sie brachte. Er erinnert sie unheilvoll: »Der Mäus' und Menschen schönsten Plan zertrümmern oft
Mühsal und Leid, wo süßer Wahn auf Freuden hofft.«

Aber dann, in der letzten Strophe, die die Seele frösteln läßt (zu oft nicht beachtet infolge des Glanzes des viel bekannteren vorhergehenden Verses über Mäuse und Menschen), kommt er zum Kern des Gedichtes:

»Und glücklicher bist du als ich;
die Gegenwart nur kümmert dich:
Ich aber, schau' ich hinter mich,
sieht's finster aus,

und vorwärts senkt mein Auge sich
in Nacht und Graus.«
(Aus dem Englischen übersetzt von W. Gerhard)

Irgendwann also im Laufe der Evolution von Maus zu Mensch erkannte und begriff ein primitiver Mensch, eines Tages sterben zu müssen. Jedes Lebewesen muß einmal sterben; schon unser allererster Philosoph kam an dieser Feststellung nicht vorbei und so wurde ihm gewärtig, daß auch er einmal sterben müsse. Wenn der Tod am Ende eines jeden Lebens steht, so muß er auch bei ihm selbst eintreten. All das führte ihn zu der Vorausschau, daß auch die Welt ein Ende haben werde.

Wir sprechen oft von der Entdeckung des Feuers als einem Akt, durch den sich der Mensch von allen anderen Lebewesen unterscheidet. Doch die Entdeckung des Todes ist bestimmt genauso einmalig. Und diese Entdeckung mag ein Antrieb zur geistigen Entwicklung der Menschheit gewesen sein.

Die Einzelheiten beider Entdeckungen sind für immer im geheimnisvollen und undurchdringlichen Nebel vorgeschichtlicher Zeit verlorengegangen. Im Mythos jedoch hinterließen sie Spuren. Allgemein bekannt ist die griechische Sage von Prometheus, der für die frierende Menschheit das Feuer von der Sonne entwendete.

Noch bekannter ist der hebräische Mythos vom Garten Eden, wo der Mensch in Unkenntnis der Zeit und deshalb in Unsterblichkeit lebte. Doch der Mensch verschaffte sich das Wissen über die Zeit oder – wenn Sie eine andere Wendung bevorzugen – er aß die Frucht vom Baum der Erkenntnis über Gut und Böse.

Mit dieser Erkenntnis trat auch der Tod in die Gedankenwelt des Menschen. Der Mensch erkannte, sterben zu müssen. Mit den Worten der Bibel wird die Bewußtwerdung des Todes als himmlische Offenbarung beschrieben. In der Ehrfurcht weckenden Rede Gottes an Adam über die Bestrafung für den Ungehorsam spricht Gott zu ihm: » . . . Denn du bist Erde und sollst zu Erde werden.« (1. Mose 3, 19.)

Doch der Mensch kämpfte auch unter der Adam auferlegten schrecklichen Last weiter ums Leben, und ich wundere mich darüber, was der Mensch alles unternommen hat in dem Bemühen, die schreckliche Erkenntnis von der Unvermeidbarkeit des Todes abzuschwächen. Er mag das Wissen um seine Existenz von sich selbst auf seine Nachkommen übertragen und dadurch Unsterblichkeit trotz allem in der Tatsache finden, daß, selbst wenn sein eigener Lebensfunke erloschen ist, ein verwandter Funke in seinen Nachfahren bestehen bleibt. Wie sehr ist doch die soziale Struktur von (primitiven) Stammesgesellschaften in diesem Umstand begründet!

Der Mensch kann zu dem Glauben finden, daß wahres Leben nicht an den vergänglichen Körper gebunden ist, sondern an den ewig lebenden Geist. Wieviel Philosophie, Religion und Streben nach Höherem entspringen doch dem Bemühen, Adams Verdammung zu verneinen!

Doch was widerfährt einer Gesellschaft, in der die Vorstellung an das Weiterleben in den Nachkommen oder der Glaube an den unsterblichen Geist an Gewicht verlieren, einer Gesellschaft, in der die materielle Welt der Sinne allmählich das Bewußtsein von Horizont zu Horizont erfüllt? Die größte Annäherung an eine derartige Gesellschaft ist möglicherweise in unserer eigenen erfolgt. Wie reagiert nun also die moderne westliche Welt bei ihrer Absetzbewegung von den klassischen Auswegen als Reaktion auf die Unvermeidbarkeit des Todes?

Ist es nur Zufall, daß von allen Kulturen die augenblickliche Kultur des Westens sich des Begriffes Zeit am meisten bewußt ist und daß sie mehr Energien als andere Gesellschaften darauf verwandt hat, sich mit der Zeit auseinanderzusetzen, Zeit zu messen und Zeit in immer kleinere Segmente mit immer größer werdender Genauigkeit aufzuteilen?

Ist es ferner ein Zufall, daß die am weitesten ausgeprägte Spezies unserer materialistischen Kultur, der Amerikaner des zwanzigsten Jahrhunderts, niemals ohne Armbanduhr gesehen werden kann? Anscheinend wagt er es nicht, sich dem Bewußtsein zu entziehen, daß der Sekundenzeiger vorrückt und daß mit dem Ticken unvermeidbar auch der Sand seiner Lebensuhr ausläuft.

Vor dem Hintergrund solcher Fragen ist die Auswahl der ersten Essays dieses Buches getroffen worden. Sie befassen sich mit dem Versuch der Menschen, die Zeit zu messen. Auch in den anderen Essays tritt die Zeit immer wieder auf, so bei der Erörterung von Maßeinheiten, zu denen immer auch die Sekunde zählt, ferner bei den Ausführungen über Katalysatoren, die mehr Handlung in weniger Zeit hineindrücken. Die Zeit ist letztlich ein Thema, das in keinem Bereich der Naturwissenschaft völlig ausgeschlossen werden kann.

Im Angesicht des Todes setzt der Mensch sich mit der Zeit auseinander. Durch die genaue Handhabung der Zeit kann er andere Erscheinungen messen und einen Weg durch die Naturwissenschaft finden. Über die Naturwissenschaft kann er vielleicht eine wirkliche materielle Überwindung der Verdammung Adams herbeiführen. Der letzte Essay dieses Buches beschäftigt sich mit der Unvermeidbarkeit des Todes. Er führt zu dem Resultat, daß trotz der Sterblichkeit aller Menschen diese doch nicht ganz so sterblich sind, wie sie sein sollten. Warum nicht? Hier weist die Rüstung des Todes eine verwundbare Stelle auf. Warum lebt der Mensch so erstaunlich lange? Sollten wir hierfür eines Tages die Antwort finden, so könnten wir auf vieles andere ebenfalls eine Antwort erhalten.

Unsterblichkeit?
Wer weiß, aber – vielleicht!

Teil I – Von Zeit und Raum

1. Die Tage unserer Jahre

Gelegentlich treffe ich mich mit alten Freunden zu einem geselligen Abend, der üblicherweise mit Kaffee und Kuchen seinen Ausklang findet. Einer von uns hatte einmal den ausgesprochen klugen Einfall, einen bekannten Unterhalter zu unserem Treffen einzuladen, der dann nach einigem Überreden auch kam, jedoch eine Bedingung stellte: Er wollte nicht als Unterhalter auftreten und auch nicht dazu gebeten werden. Man willigte ein.

Doch damit hatte man ein Problem geschaffen. Wäre dieses Treffen seinem eigenen Verlauf überlassen geblieben, so hätte mit Sicherheit irgend jemand den Unterhalter belästigt. Es mußte für eine andere Unterhaltung gesorgt werden. Einer der Freunde wandte sich an mich: »Hör mal, weißt du was?«

Ich wußte schon, worauf er hinauswollte und wehrte ab: »Wie kann ich da vorne stehen und sprechen, wenn jeder den anderen Burschen anstarrt mit dem heimlichen Wunsch, daß jener dort oben an meiner Stelle stünde? Du könntest mich ebensogut den Wölfen zum Fraße vorwerfen!«

Aber alle lächelten leicht ironisch und versuchten mir einzureden, was ich doch für ein wundervoller Redner sei. (Anscheinend bemerkt jeder sofort, daß ich bei Schmeicheleien weich wie Wachs werde.) So wurde ich alsbald den Wölfen zum Fraße vorgeworfen. Erstaunlicherweise verlief alles glatt, was für das geistige Niveau der Hörerschaft spricht – oder vielleicht für ihren Edelmut.

Das Treffen fand zufällig an einem »Schalttag« statt, und so war das Thema für meine Ansprache bereits gegeben. Den Inhalt können Sie im folgenden nachlesen:

Ohne Zweifel war die erste Maßeinheit für die Zeit der Tag. Diese Maßeinheit drängt sich selbst dem Bewußtsein primitivster Stämme auf. Als Maß für eine größere Zeitspanne ist jedoch der Tag nicht sehr geeignet. Selbst wenn wir eine anfängliche Lebensdauer von nur 30 Jahren unterstellen, würde die Lebensdauer 11 000 Tage zählen. Über so viele Tage verliert man leicht die Übersicht.

Da die Sonne den Tag bestimmt, scheint es nur natürlich, sich bei der Suche nach einer weiteren Maßeinheit für die Zeit dem zweiten bekannten Himmelskörper, dem Mond, zuzuwenden. Es bieten sich dann die Mondphasen an. Der Mond entwickelt sich vom unsichtbaren Neumond zum Vollmond und wieder zurück zum Neumond in einem Zeitabschnitt, der den Namen Monat erhalten hat, ein Name, der eindeutig auf Mond zurückgeht. Genauer müßten wir von einem »Mondmonat« sprechen, da es noch andere Monate gibt, die etwas kürzer oder etwas länger sind als der genau den Mondphasen zugeordnete Monat.

Der Mondmonat zählt grob gerechnet $29^1/_2$ Tage. Genau ist er 29 Tage, 12 Stunden, 44 Minuten, 2,8 Sekunden lang, oder 29,5306 Tage.

Vor der Zeit des Ackerbaus kann es sehr wohl so gewesen sein, daß dem Monat keine besondere Bedeutung beigemessen wurde. Er wurde nur als eine nützliche Maßeinheit für die einfache Messung längerer Zeitabschnitte verwandt. Die Lebenserwartung des Urmenschen betrug möglicherweise ungefähr 350 Monate, und das ist eine wesentlich handlichere Zahl als 11000 Tage.

Es ist vermutet worden, daß die ausgedehnte Lebensdauer der Patriarchen im fünften Kapitel des Ersten Buches Moses von der Verwechslung der Jahre mit den Mondmonaten herrührt. Nehmen wir zum Beispiel an, daß Methusalem 969 Mondmonate gelebt hatte. Das entspräche ungefähr 79 Jahren, eine annehmbare Zahl. Ob eine solche Verwechslung tatsächlich vorliegt, sei dahingestellt; von 969 Jahren stammt jedenfalls unsere Redewendung, daß jemand »so alt wie Methusalem« sei.

Ich erwähne dies jedoch nur beiläufig, da diese Vermutung von keinem Theologen wirklich ernst genommen wird. Eher dürfte es zutreffen, daß diese Lebenszeiten ein Überbleibsel babylonischer Überlieferungen aus der Zeit vor der Sintflut sind . . . Aber ich schweife vom Thema ab.

Ich bin mir ziemlich sicher, daß der Monat seit Beginn des Ackerbaus eine neue und größere Bedeutung einnahm. Eine landwirtschaftlich orientierte Gesellschaft war wesentlich fester und schicksalhafter an die Jahreszeiten gebunden als etwa Jäger oder Hirten. Nomaden konnten auf der Suche nach Körnern oder Gras wandern, aber die Bauern mußten verbleiben und auf Regen hoffen. Um ihre Ernten zu steigern, mußten sie zu einer ganz bestimmten Zeit säen, wollten sie den Vorteil der Regenzeiten und Wärmeperioden nutzen; eine Fehlplanung der Saatzeit konnte leicht zu einer Katastrophe führen. Darüber hinaus ermöglichte die Entwicklung des Ackerbaus eine höhere Bevölkerungsdichte, und dies wiederum erhöhte das Risiko einer möglichen Katastrophe.

Der Mensch hatte also auf die Abfolge, auf den Zyklus der Jahreszeiten zu achten. Und noch in prähistorischen Zeiten muß er bemerkt haben, daß die Jahreszeiten sich in einem Zyklus von 12 Monaten wiederholen. Mit anderen Worten: Wurde das Korn zu einer bestimmten Jahreszeit gesät und verlief alles gut, dann konnte man damit rechnen, daß bei einer Aussaat 12 Monate nach der vorhergehenden Aussaat wieder alles wohl verlaufen würde.

Das Zählen der Monate mochte in einer primitiven Gesellschaft eine bedeutende Aufgabe sein, besonders wenn eine Falschrechnung verheerende Auswirkungen zeitigen konnte. Es ist daher nicht erstaunlich, daß die Zählung einer spezialisierten Gruppe übertragen wurde, nämlich den Priestern. Die Priester widmeten ihre Zeit aber nicht nur dem genauen Zählen, sie nutzten auch ihre Erfahrungen und ihr Können dazu, die Götter günstig zu stimmen. Denn der Zyklus der Jahreszeiten war auf keinen Fall so starr und gleichbleibend wie der Ablauf eines Tages und einer Nacht oder wie die Abfolge der Mondphasen. Spätfrost oder Trockenheit konnten die Ernte zunichte machen, und da solche Wetterfehlschläge auf kleine Fehler in den rituellen Handlungen eintraten – wie dies die Menschen jedenfalls glaubten –, waren die priesterlichen Funktionen selbstverständlich von äußerster Wichtigkeit.

Es ist daher nicht weiter verwunderlich, daß der Mondmonat von immer größerer religiöser Bedeutung wurde. Es gab Neumondfeste und spezielle priesterliche Verkündigungen zu jedem einzelnen Monat, so daß der Mondmonat bald »synodischer Monat« genannt wurde.

Den Zyklus der Jahreszeiten nennt man das »Jahr«; 12 Mondmonate ergeben daher ein »Mondjahr«, und die Zeitmessung mit »Mondjahren« ist der Inhalt des »Mondkalenders«. Die einzige größere Menschengruppe der heutigen Zeit, die einen genauen Mondkalender einhält, sind die Mohammedaner. Ein mohammedanisches Jahr besteht aus 12 Monaten mit abwechselnd 29 oder 30 Tagen.

Im Mittel bestehen diese Monate also aus 29,5 Tagen, aber die Länge des wirklichen Mondmonates – ich habe sie bereits angegeben –

beträgt 29,5306 Tage. Das Mondjahr, bestehend aus 12 Monaten zu 29,5 Tagen, ist 354 Tage lang. 12 wirkliche Mondmonate enthalten jedoch 354,37 Tage.

»Na und?« werden Sie jetzt sagen. Doch warten Sie einen Moment. Ein wirkliches Mondjahr sollte eigentlich immer bei Neumond beginnen. Selbst wenn man ein Mondjahr bei Neumond beginnen läßt und dann einfach abwechselnd 29 und 30 Tage nähme, würde das dritte Jahr einen Tag vor Neumond beginnen und das sechste Jahr zwei Tage vor Neumond. Für tiefreligiöse Menschen wäre dies jedoch undenkbar.

Zufällig ergeben 30 wirkliche Mondjahre eine Zahl von genau 10631,016 Tagen. 30 Jahre bei einer Monatslänge von 29,5 Tagen ergeben 10620 Tage – gerade 11 Tage weniger als dem wirklichen Mondablauf entspricht. Aus diesem Grunde werden im Kalender der Mohammedaner während 30 Jahren 11 Tage aufgeholt, und das Aufholen wird dadurch erreicht, daß man kein Jahr mit weniger oder mehr als einem vollen Tag vor Neumond beginnen läßt. Im 30jährigen Zyklus gibt es 19 Jahre mit 354 Tagen und 11 Jahre mit 355 Tagen. So bleibt der Kalender mit dem Mond in Übereinstimmung.

Ein zusätzlicher Tag, eingeschaltet, um den Kalender mit der Bewegung des Himmelskörpers im Einklang zu halten, heißt »Schalttag«.

Das Mondjahr, sei es nun 354 oder 355 Tage lang, stimmt jedoch nicht mit dem Zyklus der Jahreszeiten überein. In den Anfängen der historisch bekannten Menschheitsgeschichte bemerkten die babylonischen Astronomen, daß sich die Sonne anders bewegt als der Sternenhintergrund (siehe Kapitel 4). Dieser Umstand erregte die Aufmerksamkeit der Beobachter, denn es wurde immer augenscheinlicher, daß ein vollständiger Sonnenzyklus am Himmel nahezu mit einem vollen Zyklus der Jahreszeiten übereinstimmt. (Dieser scheinbare Einfluß der Gestirne auf die Jahreszeiten war vermutlich der Anfang der babylonischen Neigung zur Astrologie, die bei uns noch heute nachklingt.)

Die Sonne durchläuft ihren Zyklus am Himmel den Tierkreis entlang in ungefähr 365 Tagen, das Mondjahr ist also 11 Tage kürzer als der Zyklus der Jahreszeiten oder als das »Sonnenjahr«. Drei Mondjahre fallen 33 Tage kürzer aus und bleiben also etwas mehr als einen ganzen Monat hinter dem Sonnenjahr zurück.

Dies ist wichtig. Wenn Sie einen Mondkalender benutzen, dessen Beginn in die Pflanzzeit fällt, dann pflanzen Sie drei Jahre später einen Monat zu früh, und wenn ein Jahrzehnt vergangen ist, pflanzen Sie sogar mitten im Winter. Nach 33 Jahren ist der erste Tag des Jahres dann wieder dort angelangt, wo er eigentlich sein sollte; dabei hat er ein ganzes Sonnenjahr durchlaufen.

Genau dies widerfährt dem mohammedanischen Jahr. Der neunte Monat des mohammedanischen Jahres wird Ramadan genannt. Er ist besonders heilig, denn in diesen Monat fiel der Beginn der Offenbarungen Mohammeds, die im Koran zusammengefaßt sind. Während des Ramadans wird bei den Mohammedanern zur Tageszeit streng gefastet, es wird weder gegessen noch getrunken. Allerdings fällt in jedem Jahr der Ramadan etwas früher in den Zyklus der Jahreszeiten, und in Abständen von 33 Jahren findet er mitten in der heißen Jahreszeit statt; sich jedoch zu dieser Zeit des Trinkens zu enthalten, ist besonders anstrengend, und das Gemüt der Mohammedaner wird dabei sicherlich auf eine harte Probe gestellt.

Die mohammedanische Zeitrechnung beginnt mit der Hedschra, das heißt mit dem Zeitpunkt, da Mohammed von Mekka nach Medina floh. Dies geschah im Jahre 622 n. Chr. Normalerweise, so mögen Sie annehmen, braucht man nur 622 von der Anzahl der Jahre christlicher Zählung abzuziehen, um die mohammedanische Jahreszahl zu erhalten. Das stimmt jedoch nicht, weil das mohammedanische Jahr kürzer als das unsere ist. Ich schreibe dieses Kapitel im Jahre 1964 n. Chr. Es sind jetzt 1342 Sonnenjahre nach der Hedschra vergangen. Die Hedschra liegt jedoch bereits 1384 Mondjahre zurück; während ich schreibe, befinden wir uns also im mohammedanischen Jahr 1384 nach Mohammed.

Ich habe ausgerechnet, daß die mohammedanische Zeitrechnung in ungefähr 19000 Jahren die christliche Zeitrechnung einholen wird. Das Jahr 20874 n. Chr. wird also auch das Jahr 20874 nach Mohammed sein, und die Mohammedaner werden dann in der Lage sein, sich mit dem geringstmöglichen Aufwand auf unsere Zeitrechnung umzustellen.

Was aber läßt sich machen, damit das Mondjahr gleich dem Sonnenjahr wird und mit den Jahreszeiten gleichläuft? Am Mondjahresende einfach 11 Tage hinzufügen? Dann würde das nächste Jahr jedoch nicht mit dem Neumond beginnen, was die alten Babylonier für notwendig hielten.

Wenn man ein Sonnenjahr mit Neumond beginnen läßt und wartet, wird das zwanzigste Sonnenjahr später wieder mit Neumond beginnen. Wie Sie sehen, enthalten 19 Sonnenjahre gerade 235 Mondmonate. Lassen Sie uns einmal 235 Mondmonate etwas näher betrachten.

Das sind also 19 Sonnenjahre, ein jedes aus 12 Mondmonaten bestehend, plus sieben Mondmonaten als Rest. Lassen wir wie die Mohammedaner die Mondmonate fortschreiten, bis 19 Jahre verstrichen sind, dann wird zu diesem Zeitpunkt der Kalender genau sieben Monate hinter den Jahreszeiten zurückgeblieben sein. Würden wir dann sieben Monate zum 19. Jahr hinzufügen (also ein 19. Jahr bestehend aus genau 19 statt 12 Monaten), hätten wir einen 19jährigen Zyklus, der sowohl mit dem Mond als auch mit den Jahreszeiten übereinstimmen würde.

Die Babylonier waren jedoch nicht gewillt, gegenüber den Jahreszeiten bis zu sieben Monate in Rückstand zu kommen. Sie verteilten daher die 7monatige Diskrepanz über den gesamten Zyklus von 19 Jahren: Jeder Zyklus erhielt 12 Jahre zu je 12 Monaten und 7 Jahre zu je 13 Monaten. Der »Schaltmonat« wurde dem 3., 6., 8., 11., 14., 17. und 19. Jahr eines jeden Zyklus zugefügt. Dadurch geriet das babylonische Jahr gegenüber der Sonne nie mehr als 20 Tage in Rückstand, und auch der Vorlauf blieb kleiner als 20 Tage.

Ein derartiger, auf den Mondmonaten aufgebauter, aber mit diesem Kunstgriff ständig der Sonne angepaßter Kalender wird ein »Mond-Sonnen-Kalender« (Lunar-Solar-Kalender) genannt.

Der babylonische Mond-Sonnen-Kalender war im klassischen Altertum beliebt: Er war den Jahreszeiten angepaßt, und die Heiligkeit des Mondes blieb unangetastet. Dieser Kalender wurde von den Hebräern und den Griechen übernommen und bildet noch heute die Grundlage des jüdischen Kalenders. Die einzelnen Daten des jüdischen Kalenders können gegenüber der Sonne etwas zurückgefallen sein, bis der Schaltmonat eingefügt wird, dann sind die Daten plötzlich der Sonne voraus. Darin liegt der Grund, warum Feiertage wie Passah und Jom Kippur in dem von uns benützten Kalender, der genau mit der Sonne in Einklang gehalten wird, zu verschiedenen Tagen erscheinen. Im jüdischen Kalender fallen diese Feiertage jedoch immer auf den gleichen Tag.

Drei Jahrhunderte lang benützten auch die ersten Christen den jüdischen Kalender und die Osterfeiertage wurden anhand des jüdischen Kalenders festgelegt. Im Laufe der Jahrhunderte aber wurde diese Angelegenheit immer schwieriger. Da die Römer, die sich in steigender Zahl zum Christentum bekannten, es nicht gewohnt waren, sich nach dem Mond-Sonnen-Kalender zu richten, gerieten sie über das unregelmäßige Hin und Her der Osterfeiertage in Verwirrung. Es mußte daher ein Weg gefunden werden, nach dem das genaue Datum der Osterfeiertage im voraus und anhand des römischen Kalenders berechnet werden konnte.

Im Jahre 325 n. Chr. (zu diesem Zeitpunkt bekannte sich Rom offiziell zum Christentum) beschloß man auf dem Konzil zu Nizäa, daß Ostern auf den Sonntag nach dem ersten Vollmond im Anschluß an die (Frühlings-)Tagundnachtgleiche fallen solle. Als Datum für die Tagundnachtgleiche wurde der 21. März festgelegt. Allerdings ist der Vollmond, auf den man sich bezog, nicht der wirkliche, sondern ein frei erfundener Vollmond, »Passah-Vollmond« genannt. (»Passah« ist aus dem hebräischen Wort Pesach hergeleitet und bedeutet soviel wie Ostern.) Das Datum des Passah-Vollmonds wird nach einem System berechnet, das »Goldene Nummern« und »Dominikanische Buchstaben« enthält; darauf möchte ich allerdings nicht näher eingehen.

Das Resultat: Ostern bewegt sich innerhalb des bei uns üblichen Kalenders noch immer hin und her; es kann bereits früh auf den 22. März, aber auch spät auf den 25. April fallen. Zahlreiche andere kirchliche Feiertage sind an Ostern gebunden und ändern sich deshalb gleichfalls von Jahr zu Jahr.

Mehr noch – die Christen konnten sich nicht immer auf eine einheitliche Formel einigen, aufgrund derer das Osterdatum kalkuliert werden sollte. Mangelnde Übereinstimmung war eine der Ursachen für das Schisma zwischen der katholischen Kirche des Westens und der orthodoxen Kirche des Ostens. Während des frühen Mittelalters existierte auch noch eine mächtige keltische Kirche, die ihre eigene Richtlinie besaß.

Wir haben den von uns heute verwendeten Kalender von den Ägyptern übernommen. Für diese hatten die Jahreszeiten keine besondere Bedeutung. Das besondere Ereignis des Jahres war bei ihnen die Nilflut, die durchschnittlich alle 365 Tage stattfand. Schon sehr früh – mit Sicherheit schon vor dem Jahre 2781 v. Chr. – wurde die an den Mond gebundene Zeitrechnung aufgegeben und ein Sonnenkalender mit 365 Tagen im Jahr eingerichtet.

Der Sonnenkalender behielt die herkömmliche Einteilung in 12 Monate bei. Da das Jahr von gleichbleibender Länge war, mußten auch die Monate gleichbleibende Länge haben – ein jeder hatte 30 Tage. Der Neumond konnte nun auf irgendeinen beliebigen Tag des Monats fallen, und die Ägypter kümmerten sich nicht weiter darum. (Ein Monat, der nicht an die Mondphasen gebunden ist, wird »Kalendermonat« genannt.)

Selbstverständlich ergeben 12 Monate, in denen jeder Monat 30 Tage hat, zusammen nur 360 Tage. Darum wurden am Ende eines 12monatigen Zyklus 5 Tage hinzugefügt, die als Feiertage galten.

Das Sonnenjahr ist aber nicht genau 365 Tage lang. Es gibt nämlich verschiedene Arten von Sonnenjahren, die in ihrer Länge etwas unterschiedlich sind; doch das eine, von dem die Jahreszeiten abhängen, ist das »tropische Jahr«, und dieses ist ungefähr $365^1/_4$ Tage lang.

Mit jedem Jahr geriet der ägyptische Kalender – mit 365 Tagen im Jahr – gegenüber der Sonne um $^1/_4$ Tag in Rückstand. Im Laufe der Zeit trat die Nilflut zu einem immer späteren Zeitpunkt des Jahres ein, bis sie schließlich eine Verschiebung von genau einem ganzen Jahr durchlaufen hatte. Mit anderen Worten: In 1460 tropischen Jahren würde es 1461 ägyptische Jahre geben.

Diese Periode von 1461 altägyptischen Jahren wurde nach Sothis, dem ägyptischen Namen für den Stern Sirius, die »Sothis-Periode« genannt. Wenn zu Beginn einer Sothis-Periode Sirius am ersten Tag des altägyptischen Jahres aufging, würde er in den darauffolgenden Jahren später und später aufgehen, bis endlich 1461 altägyptische Jahre danach eine neue Periode einsetzt, da Sothis wieder gemeinsam mit der Sonne am Neujahrstag aufgeht. Bereits im Jahre 380 v. Chr. fanden die Griechen heraus, daß $^1/_4$ Tag je Jahr fehlt. Diese Entdekkung machte Eudoxos von Knidos. Unter Ptolemäus Euergetes, einem makedonischen König von Ägypten, wurde 239 v. Chr. versucht, den altägyptischen Kalender zu korrigieren und den fehlenden Vierteltag zu erfassen. Aber die ultrakonservativen Ägypter wollten von einer derartig radikalen Neuerung nichts wissen.

Inzwischen war in der Römischen Republik ein Mond-Sonnen-Kalender eingeführt worden, in den ab und zu ein Schaltmonat eingefügt wurde. Die verantwortlichen priesterlichen Beamten waren gewählte Politiker und deshalb hinsichtlich Kalenderfragen weniger gewissenhaft als die Priester des Ostens. Die Römer fügten einen Monat hinzu, wenn sie ein langes Jahr haben wollten (d.h. wenn die übrigen jährlich gewählten Beamten ihrer eigenen Partei angehörten). Sie unterließen jedoch das Hinzufügen eines Monates, wenn sie ein kurzes Jahr haben wollten (z.B. wenn die übrigen Beamten einer anderen Partei zugehörten). Im Jahre 46 v.Chr. war der römische Kalender gegenüber der Sonne 80 Tage im Rückstand.

Zu dieser Zeit war Julius Cäsar an der Macht. Er entschied, diesem

Unsinn ein Ende zu bereiten, denn er hatte in Ägypten die Brauchbarkeit und Einfachheit des ägyptischen Sonnenjahres kennengelernt und den ägyptischen Astronomen Sosigenes mitgebracht, der ihm bei der Neugestaltung des Kalenders behilflich war. Auf dessen Rat ließ man das Jahr 46 v. Chr. 445 Tage lang sein, so daß es später als »Jahr der Verwirrung« in Erinnerung blieb. Wie dem auch sei – damit wurde der Kalender mit der Sonne wieder in Einklang gebracht; das Jahr 46 v. Chr. war also das letzte »Jahr der Verwirrung«.

Vom Jahre 45 v. Chr. an übernahmen die Römer einen modifizierten ägyptischen Kalender, bei dem die fünf zusätzlichen Tage – im ägyptischen ans Jahresende gesetzt – über das ganze Jahr verteilt wurden. So kamen die verschieden langen Monate in Gebrauch. Eigentlich müßten wir sieben Monate mit 30 Tagen und 5 Monate mit 31 Tagen haben. Da die Römer aber den Februar für einen Unglücksmonat hielten, verkürzten sie ihn, so daß wir die unglückliche Gliederung von sieben Monaten zu 31 und von vier Monaten zu 30 sowie einen Monat zu 28 Tagen erhielten.

Um den zusätzlichen Vierteltag auch noch unterzubringen, führten Cäsar und Sosigenes alle vier Jahre ein Schaltjahr mit 366 Tagen ein. (In der christlichen Zeitrechnung hat jedes Jahr, das durch vier teilbar ist, einen Schalttag – den 29. Februar.) Der von Cäsar eingeführte Kalender wird nach ihm der »Julianische« genannt. Die christliche Kirche übernahm ihn auf dem Konzil von Nizäa. Dort wurde Weihnachten als kirchlicher Feiertag akzeptiert und im Julianischen Kalender auf ein festes Datum gelegt. Darum wandert dieser Feiertag nicht hin und her; anders als Ostern haben daher die Weihnachtstage seit jener Zeit im Kalender einen festen Platz.

Das Jahr mit 365 Tagen enthält 52 Wochen plus einen Tag. Dies hat eine Besonderheit zur Folge: Fällt ein Datum, zum Beispiel der 6. Februar, auf einen Sonntag, so fällt er im nächsten Jahr auf den Montag und im übernächsten auf den Dienstag usw. Gäbe es nur Jahre mit 365 Tagen, dann würde sich jedes gegebene Datum gleichmäßig über die Wochentage vorwärtsbewegen. Wenn aber ein Schaltjahr auftritt, also ein Jahr mit 366 Tagen, so enthält es 52 Wochen plus zwei Tage. Fällt der 6. Februar in einem solchen Jahr auf den Dienstag, dann kommt er im nächsten auf den Donnerstag zu liegen. Der Mittwoch wird übersprungen.

Alles wäre in Ordnung gewesen, hätte das tropische Jahr wirklich genau 365,25 Tage. Es hat jedoch 365 Tage, 5 Stunden, 48 Minuten und

46 Sekunden oder 365,24220 Tage. Das Julianische Jahr ist daher im allgemeinen 11 Minuten und 14 Sekunden, oder 0,0078 Tage zu lang.

Dies mag zwar gering erscheinen, hat aber zur Folge, daß das Julianische Jahr in 128 tropischen Jahren einen vollen Tag hinzugewinnt. Dadurch fällt die Frühlings-Tagundnachtgleiche zurück und erscheint allmählich früher im Jahr. Beim Konzil zu Nizäa – 325 n. Chr. – fiel die Frühlings-Tagundnachtgleiche auf den 21. März. Im Jahre 453 n. Chr. fiel sie bereits auf den 20. März, 581 auf den 19. März usw. Zur Zeit Roger Bacons, im Jahre 1263, hatte das Julianische Jahr gegenüber der Sonne acht Tage Vorlauf und die Frühlings-Tagundnachtgleiche fiel schon auf den 13. März.

Die Kirche sah einer nicht geordneten Zukunft entgegen. Ostern war an die Frühlings-Tagundnachtgleiche, also an den 21. März, gebunden. Hätte man nun den Dingen ihren Lauf gelassen, wäre Ostern irgendwann einmal mitten im Sommer gefeiert worden und Weihnachten in den Frühling hineingefallen. Roger Bacon machte den damaligen Papst Urban IV. in einem Brief auf diesen Zustand aufmerksam. Die Kirche benötigte allerdings weitere drei Jahrhunderte, um diese Angelegenheit zu bereinigen.

Im Jahre 1582 hatte der Julianische Kalender zwei weitere Tage Vorlauf und die Frühlings-Tagundnachtgleiche fiel nun auf den 11. März. Papst Gregor XIII. veranlaßte schließlich eine Änderung: Zuerst wurde der 5. Oktober 1582 auf den 15. Oktober verlegt, also um 10 Tage verschoben. Dies brachte den Kalender mit dem Lauf der Sonne in Einklang und die Frühlings-Tagundnachtgleiche fiel 1583 wieder auf den 21. März, wie es das Konzil zu Nizäa beschlossen hatte.

Dann galt es, durch eine Korrektur den Kalender auf Dauer ins Gleichgewicht zu bringen. Das Julianische Jahr erhält einen vollen Tag Vorlauf in einer Zeitspanne von 128 Jahren, also drei Tage in einer Spanne von 384 Jahren, damit annähernd drei volle Tage innerhalb von vier Jahrhunderten. Innerhalb von 400 Jahren müßten demnach drei Schaltjahre ausgelassen werden.

Wir betrachten einmal Jahre, in denen eine Jahrhundertwende stattfindet, also zum Beispiel die Jahre 1500, 1600, 1700 usw. Im Julianischen Kalender sind alle Jahre mit einer Jahrhundertwende durch vier teilbar und demzufolge Schaltjahre. Alle 400 Jahre gibt es vier Jahre mit einer Jahrhundertwende, warum also nicht drei von ihnen als gewöhnliche Jahre beibehalten und eins von ihnen als Schaltjahr belassen, und zwar dasjenige Jahr, welches durch 400 teilbar ist? Dieser Beschluß ließ das Jahr genauer mit dem Lauf der Sonne übereinstimmen, und so erhielten wir den »Gregorianischen Kalender«.

Zusammenfassend: Innerhalb von 400 Jahren gestattet der Julianische Kalender 100 Schaltjahre mit einer Gesamtzahl von 146 100 Tagen. Innerhalb der gleichen 400 Jahre gestattet der Gregorianische Kalender nur 97 Schaltjahre mit einer Gesamtzahl von 146 097 Tagen. Vergleichen Sie diese Zeitabschnitte nun mit denen von 400 tropischen Jahren: Diese haben eine Gesamtzahl von 146 096,88 Tagen. In dieser Zeitspanne hätte der Julianische Kalender gegenüber der Sonne einen Vorlauf von 3,12 Tagen, während der Gregorianische Kalender nur 0,12 Tage vorläuft.

Trotzdem – 0,12 Tage sind nahezu drei Stunden. In 3400 Jahren wird der Gregorianische Kalender einen vollen Tag Vorsprung gegenüber der Sonne haben. Um das Jahr 5000 werden wir also in Betracht ziehen müssen, ein zusätzliches Schaltjahr ausfallen zu lassen.

Die Kirche allerdings hatte mit der Entscheidung etwas zu lange gewartet. Wäre sie ein Jahrhundert früher getroffen worden, hätte das gesamte Westeuropa ohne besondere Schwierigkeiten den Kalender ändern können. Im Jahre 1582 jedoch waren viele Länder Nordeuropas zum Protestantismus übergewechselt. Diese verzichteten lieber auf den Einklang mit dem Lauf der Sonne und bevorzugten die von Cäsar niedergelegten Regeln, als sich vom Papst berichtigen zu lassen. Sie behielten daher den Julianischen Kalender bei.

Das Jahr 1600 führte zu keiner Krise. Es war zwar ein Jahr mit einer Jahrhundertwende, aber ein solches, das durch 400 teilbar ist. Aus diesem Grunde war es ein Schaltjahr in beiden Kalendern, im Julianischen wie im Gregorianischen. Aber im Jahre 1700 lagen die Dinge anders. Im Julianischen Kalender galt dieses Jahr als Schaltjahr, nicht aber im Gregorianischen. Vom 1. März 1700 an hatte der Julianische Kalender wieder einen Tag mehr Vorsprung gegenüber der Sonne, nunmehr insgesamt elf Tage. Dänemark, die Niederlande und der protestantische Teil Deutschlands gaben nunmehr nach und übernahmen den Gregorianischen Kalender.

Großbritannien und die amerikanischen Kolonien zögerten bis zum Jahre 1752, bevor auch sie endlich nachgaben. Durch den zusätzlichen Tag – gewonnen im Jahre 1700 – mußten sie nun 11 Tage auslassen. Sie änderten den 2. September 1752 zum 13. September 1752 ab. Daraus resultierten Unruhen in ganz England, weil das Volk meinte, durch das neue Gesetz plötzlich um elf Tage gealtert zu sein.

»Gebt uns unsere elf Tage zurück!« schrie man verzweifelt. (Ein wesentlich verständlicherer Einwand war jedoch die Tatsache, daß die Hausbesitzer seelenruhig die Mieten für ein volles Quartal einkassierten, obwohl das dritte Quartal des Jahres 1752 elf Tage kürzer geworden war.)

Aus dem ergibt sich übrigens auch, daß Präsident George Washington nicht an seinem »Geburtstag« geboren wurde. Er wurde im Gregorianischen Kalender am 22. Februar 1732 geboren, aber das Datum im Familienbuch mußte ein Datum im Julianischen Kalender gewesen sein, nämlich der 11. Februar 1732. Als der Kalenderwechsel stattfand, wechselte Washington – ein bemerkenswert kluger Mann – auch sein Geburtsdatum und sicherte sich somit seinen wirklichen Geburtstag.

Die östlichen Nationen Europas mit einer orthodoxen Kirche waren wesentlich unnachgiebiger als die protestantischen Länder. Die Jahre 1800 und 1900 vergingen. Beide waren im Julianischen Kalender Schaltjahre, nicht jedoch im Gregorianischen. Im Jahre 1900 war also die Frühlings-Tagundnachtgleiche im Julianischen Kalender bereits auf den 8. März gefallen, der Kalender war dem Lauf der Sonne um 13 Tage voraus. Erst nach dem Ersten Weltkrieg paßte sich die Sowjetunion dem Gregorianischen Kalender an. Dabei wurde eine geringfügige Korrektur am Schaltjahrmuster angebracht, wodurch die Sache noch präziser wurde. Der sowjetische Kalender wird gegenüber dem Lauf der Sonne erst nach 35000 Jahren einen Vorsprung von einem Tag haben.

Die orthodoxen Kirchen jedoch halten sich noch immer an den Julianischen Kalender. Darum fällt das orthodoxe Weihnachtsfest in unserem Kalender auf den 6. Januar, denn in deren Kalender ist es der 25. Dezember.

Da kommt mir ein schrecklicher Gedanke –
Ich selbst bin zu einer Zeit geboren worden, da der Julianische Kalender in meiner alten Heimat noch in Gebrauch war. (Wen es interessieren sollte: Ich bin in der heutigen Sowjetunion geboren worden und kam im Alter von drei Jahren nach Amerika.) Ich habe leider nicht – wie George Washington – daran gedacht, mein Geburtsdatum ändern zu lassen. Ich feiere daher meinen Geburtstag um genau 13 Tage früher als ich eigentlich dürfte und mache mich um 13 Tage älter als ich eigentlich bin. Daß ich 13 Tage älter sein soll, ist überall festgelegt und niedergeschrieben, ich kann es nicht mehr ändern. Ich will meine 13 Tage wiederhaben! Ich will meine 13 Tage wiederhaben! Ich will . . .

2. Am Anfang anfangen

Alle Jahre erleben wir einen weiteren Neujahrstag, und da mein Geburtstag kurz auf Neujahr folgt, ist der Jahresanfang für mich immer ein doppelter Anlaß zu einer ausführlichen und ernsten Seelenforschung.

Vielleicht wird mich mein Wissen um den unerbittlichen Ablauf der Zeit weniger quälen, wenn ich die Sache etwas objektiver betrachte. Fragen wir also zum Beispiel danach, wer überhaupt bestimmt, wann ein neues Jahr beginnt. Was unterscheidet den Neujahrstag von den anderen Tagen und was hebt den 1. Januar so besonders hervor?

Wenn wir die Zeit tatsächlich in irgendwelche Einheiten zergliedern, wie legen wir dann die Grundeinheit fest?

Lassen Sie uns daher am Anfang anfangen (wie ich es mit Vorliebe zu tun pflege), und lassen Sie uns die Zeiteinheit namens Tag näher ansehen.

Der Tag besteht aus zwei Teilen, aus der Tageszeit und aus der Nachtzeit. Jeder Teil für sich hat einen natürlichen astronomischen Anfang. Die Tageszeit setzt mit dem Sonnenaufgang ein, die Nachtzeit mit dem Sonnenuntergang. (Morgengrauen und Abenddämmerung schmälern die Nachtzeit, was hier jedoch nebensächlich ist.)

Es ist leider sehr irreführend, daß »Tag« beides bedeutet: nämlich den sonnenerhellten Teil des Tages und die 24stündige Periode, in der Tageszeit und Nachtzeit zusammengefaßt sind. Dies ist ein völlig unnötiger Nachteil in einigen Sprachen. Ich habe gehört, daß die griechische Sprache für beide Teile verschiedene Bezeichnungen enthält. Ich werde für den von der Sonne erhellten Teil »Tageszeit« und für die Periode von 24 Stunden »Tag« verwenden.

In den geographischen Breiten, in denen der größte Teil der Menschheit lebt, ändern sich Tageszeit und Nachtzeit im Verlaufe eines Jahres (der eine Teil wird länger, während sich der andere verkürzt). Aus diesem Grunde ist es mit einer gewissen Bequemlichkeit verbunden, die Tageszeit und die Nachtzeit als eine einzige 24stündige Zeiteinheit zusammenzufassen. Die Verbindung dieser zwei Teile, die Zeiteinheit Tag, ist in guter Näherung eine unveränderliche Größe.

Sollte nun die Zeiteinheit Tag bei Sonnenaufgang oder bei Sonnenuntergang anfangen? Sie werden sich wahrscheinlich für das erstere entscheiden, weil dies seit jeher auch der Anfang des Arbeitstages bedeutet. Andererseits endet der Arbeitstag mit dem Sonnenuntergang, und ein Ende hat sicherlich auch einen neuen Anfang zur Folge.

Der Beginn des Tages wurde denn auch bei verschiedenen Völkern verschieden festgelegt. Die Ägypter zum Beispiel ließen die Zeiteinheit Tag bei Sonnenaufgang beginnen, die Hebräer dagegen mit dem Sonnenuntergang. Letzteres spiegelt sich im ersten Kapitel der Schöpfungsgeschichte wider. In ihr heißt es: »Da ward aus Abend und Morgen der erste Tag.« (1. Mose, 1, 5). Der Abend (d.h. die Nacht) steht vor dem Morgen (d.h. der Tageszeit), denn die Zeiteinheit Tag beginnt mit dem Sonnenuntergang.

Diese Gliederung blieb im jüdischen Kulturkreis bis zum heutigen Tage erhalten, jüdische Feiertage beginnen immer noch am »Vorabend«. Im Christentum, das aus dem jüdischen Kulturkreis hervorgegangen ist, findet man Überbleibsel dieser Tradition bei einigen Feiertagen. Der Ausdruck »Weihnachtsabend« bezeichnet, wenn wörtlich genommen, den Abend des 25. Dezember, ist aber – wie wir alle wissen – der Abend des 24. Dezembers. Weihnachten beginnt also am »Vorabend«, wie jüdische Feiertage. Gleiches gilt auch für das Neujahrsfest. Ein anderes bekanntes Beispiel ist der »Abend vor Allerheiligen«, der zur Abhaltung von Gedächtnismessen für alle Heiligen dient. Allerheiligen ist der 1. November, und der Abend vor Allerheiligen ist infolgedessen der 31. Oktober.

In Wirklichkeit aber ist weder der Sonnenuntergang noch der Sonnenaufgang der Tagesanfang. Die Periode von Sonnenaufgang zu Sonnenaufgang ist für die Dauer eines halben Jahres etwas mehr als 24 Stunden lang, weil sich die Periode der Tageszeit, des Tages im engeren Sinne, verkürzt; für die Dauer des nachfolgenden Halbjahres gilt das Umgekehrte. Dies trifft auch für die Periode von Sonnenuntergang zu Sonnenuntergang zu.

Sonnenaufgang und Sonnenuntergang wechseln im entgegengesetzten Sinne, sich entweder gegenseitig nähernd oder sich voneinander entfernend, so daß die Mitte der Tageszeit (Mittag) und die Mitte der Nachtzeit (Mitternacht) innerhalb einer Zeitspanne von 24 Stunden auf einen festen Zeitpunkt fallen, und zwar über das ganze Jahr hinweg. (Übrigens existieren hier geringfügige Abweichungen, die wir jedoch übergehen können.)

Man kann den Tag am Mittag beginnen lassen und im Zyklus von 24 Stunden weiterzählen, aber dann teilt sich die Arbeitsperiode auf zwei verschiedene Tagesdaten auf. Viel besser ist es, den Tag um Mitternacht beginnen zu lassen, wenn alle anständigen Leute schlafen, und genau das ist es, was wir machen.

Astronomen gehören jedoch zur unanständigen Minderheit, die um Mitternacht nicht in ihren Betten liegt. Sie bestanden sehr lange darauf, ihren Tag am Mittag beginnen zu lassen, um ihre nächtlichen Beobachtungen nicht zwei verschiedenen Tagesdaten zuordnen zu müssen. Da sie sich dem Gemeinschaftsgeist aber nicht weiter widersetzen konnten, akzeptierten die Astronomen im Jahre 1925 die Unbequemlichkeit eines Tagesanfangs um Mitternacht.

Alle Zeiteinheiten, die kürzer als ein Tag sind, können ohne Schwierigkeiten vom Tage abgeleitet werden: Sie zählen die Stunden vom Anfang des Tages an, die Minuten vom Anfang der Stunden an usw.

Eins ist nach alledem klar: Verschiebt sich der Zeitpunkt des Tagesanbruchs, hat dies Einfluß auf die Zählung der Stunden. Ursprünglich waren sowohl Tageszeit als auch Nachtzeit in jeweils 12 Stunden eingeteilt, die ab Sonnenaufgang bzw. ab Sonnenuntergang gezählt wurden. Die Länge der Stunden änderte sich mit der Änderung der Dauer von Tageszeit und Nachtzeit, so daß im Juni (in der nördlichen Erdhälfte) die Tageszeit aus 12 langen und die Nachtzeit aus 12 kurzen Stunden bestand, während sich im Dezember die umgekehrte Situation ergab.

Diese Art der Stundenzählung hat in der katholischen Kirche in Form von »kanonischen« Stunden (offizielle Gebetsstunden) überdauert. Dementsprechend kennzeichnet »prime« (»eins«) den Zeitpunkt um 6.00 Uhr morgens, »tierce« (»drei«) den Zeitpunkt 9.00 Uhr, »sext« (»sechs«) kennzeichnet 12.00 Uhr mittags und »none« (»neun«) 3.00 Uhr nachmittags. Beachten Sie bitte, daß »none« in der Mitte des Nachmittags liegt, wenn der Tag am wärmsten ist. Die wärmste Tageszeit mag sehr wohl als Mitte des Tages empfunden werden, aber das Wort Mittag wurde auf die astronomische Tagesmitte, also auf 12.00 Uhr gelegt. Diese ältere Art der Stundenzählung spielt in einem der Gleichnisse über Jesu eine Rolle (Matthäus 20, 1–16). Darin wird über die Einstellung von Arbeitern zu verschiedenen Tageszeiten bis zur »elften Stunde« berichtet. Die elfte Stunde ist in dem Gleichnis eine Stunde vor Sonnenuntergang, dem Ende des Arbeitstages.

Die Zeiteinheit Woche hat ihren Ursprung im babylonischen Kalender, in dem einer von 7 Tagen als Ruhetag galt. (Der Grund für diese Regel war die Ansicht, daß der siebente Tag ein Unglückstag sei.)

Die Juden übernahmen diese Idee während der babylonischen Gefangenschaft im 6. Jahrhundert v. Chr. Sie gaben diesem Tag jedoch eine religiöse Grundlage, so daß er als Tag des Glückes und nicht mehr als Unglückstag angesehen wurde. Sie begründeten diesen Tag mit der Schöpfungsgeschichte, in der es nach dem sechsten Tage heißt: » . . . und ruhte am siebenten Tage von allen seinen Werken, die er machte. Und Gott segnete den siebenten Tag und heiligte ihn . . .« (1. Mose, 2, 2).

Für jene Gesellschaften, in denen die Bibel als Buch von besonderer Bedeutung gilt, ist der jüdische »Sabbat« (was im Hebräischen »Ruhe« heißt) als der siebente und letzte Tag in der Woche definiert. In unserem Kalender ist der siebente Tag der Samstag. Der Sonntag ist der erste Tag der neuen Woche. Unsere Kalender ordnen die Tage in sieben Spalten ein, angefangen mit dem Sonntag als erstem und dem Samstag als siebtem Tag.

Die ersten Christen gaben dem ersten Tag der Woche besondere Bedeutung. Es war der »Tag Gottes«, denn der Tag der Auferstehung war ein Sonntag gewesen. Hinzu kam, daß die Christen sich im Laufe der Zeit von der Aura freihalten wollten, nur eine jüdische Sekte zu sein. So war es für sie wichtig, eigene Rituale zu besitzen. In den christlichen Gesellschaften wurde daher der Sonntag, und nicht der Samstag, zum Ruhetag erklärt. (Mittlerweile sind in der modernen, kräftezehrenden Zeit Samstag *und* Sonntag Ruhetage geworden und zum Wochenende zusammengewachsen, einem Zeitabschnitt, der besonders durch Verkehrsunfälle traurige Berühmtheit erlangt hat.)

Da die Arbeitswoche am Montag beginnt, sehen viele Menschen diesen Tag als den ersten Wochentag an. Auf diesen Umstand gründet sich das folgende Kinderrätsel (Ich erwähne es nur deshalb, weil ich selber gehörig darauf hereingefallen bin): Sie bitten Ihr Opfer, die Worte »Dienst«, »Dienstwagen« und »Dienstzeit« zu schreiben. Sodann bitten Sie es darum, den Namen des zweiten Wochentages hinzuschreiben. Das Gesicht des rechtschreibsicheren Opfers wird sich sogleich aufhellen, da es die Falle zu erkennen vermeint. Es wird in aller Deutlichkeit »Dienstag« schreiben, und zwar nur mit einem »t«. Sie dürfen dann etwas verwirrt dreinschauen und bemerken, daß Sie dafür immer »Montag« schreiben . . .

Die Zeiteinheit Monat, ein mit dem Mond verwandtes Wort, hatte im Altertum ihren Anfang zu feststehenden Mondphasen. In der Theorie genügt irgendeine Phase. Der Monat kann bei Vollmond einsetzen oder zu jedem ersten Viertel usw. Die nächstliegende Festsetzung ist jedoch die, den Monatsanfang auf den Neumond zu legen, das heißt auf denjenigen Abend, an welchem der erste Silberstreifen der wachsenden Mondsichel sichtbar wird. Für jeden logisch denkenden Zugehörigen eines Naturvolkes ist dann der Mond »neu erschienen« und der neue Monat sollte daher auch zu dieser Zeit beginnen.

Heutzutage ist der Monat aber nicht mehr an die Mondphasen gebunden, sondern an das Jahr, und das Jahr wiederum ist an die Sonne geknüpft. In unserem Kalender beginnt der erste Monat am ersten Tag des neuen Jahres, der zweite Monat am 32. Tag, der dritte Monat am 60. Tag, der vierte Monat am 91. Tag des Jahres usw. – ohne Rücksichtnahme auf die Mondphasen. (Im Schaltjahr fangen als eine Folge des 29. Februars alle Monate vom dritten Monat aufwärts einen Tag später an.)

Das führt uns zur Zeiteinheit Jahr. Wann fängt dieses an und warum? Primitive Ackerbaugesellschaften waren wohl die ersten, die sich durch die Abfolge der Jahreszeiten des Begriffs Jahr bewußt wurden. Frühling, Sommer, Herbst und Winter waren der Morgen, der Mittag, der Abend und die Nacht des Jahres. Und wie im Falle des Tages gab es auch hier anscheinend zwei gleichermaßen geeignete Anwärter für den Jahresanfang. Der Anfang des Arbeitsjahres ist für den Bauer der Frühling, wenn die Wärme zurückkehrt und die Aussaat beginnen kann. Sollte diese Zeit nicht auch der Jahresanfang sein? Andererseits liegt das Ende des Arbeitsjahres im Herbst, wenn die Ernte (für die ein gutes Ergebnis erhofft wird) sicher eingebracht wurde. Sollte also ein neues Jahr nicht nach dem Ende des Arbeitsjahres einsetzen?

Seit der Entwicklung der Astronomie wurde der Frühlingsanfang mit der Frühlings-Tagundnachtgleiche gleichgesetzt (siehe Kapitel 4), die gemäß unserem Kalender auf den 21. März fällt. Der Herbstanfang wird mit der Herbst-Tagundnachtgleiche verknüpft, die ein halbes Jahr später, am 23. September, eintritt.

Einige Gesellschaften wählten die eine oder die andere Tagundnachtgleiche als Jahresanfang. Bei den Hebräern wurden beide Tagundnachtgleichen mit einem Neujahrstag verbunden. Einer dieser Neujahrstage fiel auf den Anfang des Monats Nisan (der ungefähr in die Zeit der Frühlings-Tagundnachtgleiche fällt). In der Mitte dieses Monats findet das Passahfest statt, also ein mit der Frühlings-Tagundnachtgleiche verknüpftes Fest.

Nach der christlichen Lehre erfolgte die Kreuzigung Jesu Christi und seine Wiederauferstehung während der Passahzeit (das Abendmahl war ein Passahmahl). Demnach sind Karfreitag und Ostern ebenfalls mit der Frühlings-Tagundnachtgleiche verbunden (siehe Kapitel 1).

Die Hebräer feierten ein weiteres Neujahrsfest an den ersten zwei Tagen des Monats Tischri (der in die Zeit der Herbst-Tagundnachtgleiche fällt). Dieses Neujahrsfest entwickelte sich zum wichtigeren der beiden Ereignisse. Heutzutage wird es unter den Juden als Rosch ha-Scha'nah (»Haupt des Jahres«) gefeiert, allgemeiner bekannt noch als jüdisches Neujahrsfest.

Ein wesentlich späteres Beispiel für einen Neujahrstag in Verbindung mit der Herbst-Tagundnachtgleiche lieferte die Französische Revolution. Am 22. September 1792 wurde die französische Monarchie abgeschafft und an ihrer Stelle die Republik ausgerufen. Die Idealisten der Revolution meinten, daß für eine neue Epoche der Menschheitsgeschichte auch ein neuer Kalender erforderlich sei. Sie erklärten den 22. September zum Neujahrstag und stellten eine neue Folge von Monaten auf. Der erste Monat wurde Vendemiaire genannt, der 22. September wurde zum 1. Vendemiaire.

Dreizehn Jahre lang galt der 1. Vendemiaire in Frankreich als der amtliche Neujahrstag. Doch der neue Kalender wurde außerhalb der französischen Grenzen nicht akzeptiert, ja selbst vom französischen Volk nicht. Im Jahre 1806 gab Napoleon den Kampf um den neuen Kalender auf und setzte amtlich den alten Kalender wieder in Kraft.

Neben den beiden Tagundnachtgleichen gibt es noch zwei weitere bedeutsame Sonnenereignisse. Nach der Frühlings-Tagundnachtgleiche steigt die Sonne weiter höher und höher, bis sie ihren höchsten Stand am 21. Juni erreicht, Sommersonnenwende genannt (siehe Kapitel 4). Dieser Tag hat folgerichtig die längste Tageszeit im Jahr.

Der Stand der Mittagssonne sinkt in der Folge zunächst auf den Stand der Herbst-Tagundnachtgleiche, um dann weiter und weiter zu fallen und am 21. Dezember seinen niedrigsten Stand zu erreichen: die Wintersonnenwende mit der kürzesten Tageszeit im Jahr.

Die Sommersonnenwende hat keine besondere Bedeutung. In manchen Ländern feiert man jedoch die Mittsommernacht voller Frohsinn und Ausgelassenheit. Shakespeares *Sommernachtstraum* ist ein dem Unernst dieser Jahreszeit gewidmetes Schauspiel, und die im Englischen übliche Redewendung von der »mittsommerlichen Narretei« mag wohl damit zusammenhängen.

Die Wintersonnenwende ist dagegen eine wesentlich ernstere Angelegenheit. Die Höhe des Sonnenstandes verringert sich von Tag zu Tag. In einer primitiven Gesellschaft ohne Kenntnis der astronomischen Gesetze war es vorstellbar, daß der Sonnenstand einmal, vielleicht gerade diesmal, noch weiterhin sinkt und die Sonne gar auf Nimmerwiedersehen verschwindet, der Frühling nie wiederkehrt und somit alles Leben ersterben muß.

Deshalb muß der Tag, an dem die Sonne wieder zu steigen begann (nachdem sie zuvor von Tag zu Tag gesunken war), also muß der 21. Dezember große Erleichterung und Freude ausgelöst haben, die dann sogar in das Ritual eines großen religiösen Festes eingebettet wurde, das sich durch Fröhlichkeit und Zügellosigkeit auszeichnete.

Das beste Beispiel dafür sind die mehrere Tage dauernden Feiern der Römer. Diese Feiertage wurden zu Ehren des Saturn abgehalten (für die Römer der Gott des Ackerbaus). Sie wurden deshalb Saturnalien genannt. Es war eine Zeit des festlichen Gepränges, des Schenkens und des gegenseitigen Wohlwollens, während der sogar Sklaven vorübergehend ihre Freiheit erhielten und umgekehrt ihre Herren die Diener spielten. Natürlich wurde während der Saturnalien auch viel getrunken. Tatsächlich wird in einigen Ländern das Wort »Saturnalien« auch heute noch mit Zügellosigkeit in Verbindung gebracht.

Es ist also durchaus logisch, die Zeiteinheit Jahr zur Wintersonnenwende beginnen zu lassen, was sozusagen die Geburt einer neuen Sonne bedeutet, so wie die erste Erscheinung der Mondsichel nach dem Sonnenuntergang die Geburt eines neuen Mondes anzeigt. Ähnliches mag Julius Cäsar im Sinn gehabt haben, als er den römischen Kalender neu ordnete und ihn mehr mit der Sonne als mit dem Mond verknüpfte (siehe Kapitel 1).

Die Tradition schrieb bei den Römern den Jahresbeginn für den 15. März vor (»Iden des März«). Ursprünglich sollte er auf die Frühlings-Tagundnachtgleiche fallen, aber infolge der Nachlässigkeit der Römer bei der Kalenderführung geriet der Jahresbeginn aus dem Takt. Cäsar ordnete daher die Angelegenheit: Er verschob den Jahresanfang auf den 1. Januar und setzte ihn somit nahe an die Wintersonnenwende.

Diese Gewohnheit, das Jahr um die Wintersonnenwende beginnen zu lassen, wurde jedoch nicht allgemein übernommen. Der 25. März blieb in England (und in den amerikanischen Kolonien) bis zum Jahre 1752 der amtliche Jahresanfang, und zwar weil man ihn mit der Frühlings-Tagundnachtgleiche zusammengelegt wissen wollte. Erst später wurde er auf den 1. Januar gelegt.

Der Anfang einer neuen Sonnenphase spiegelt sich auch noch auf andere Weise in der Neuzeit wider: Während der Tage des Römischen

Reiches hatte der christliche Glaube seinen schärfsten Konkurrenten in dem aus Persien stammenden Mithrakult, einem der Sonnenanbetung gewidmeten Kult. Die rituellen Handlungen bewegten sich um die mythologische Figur des Mithras als Verkörperung der Sonne. Dessen Geburt wurde am 25. Dezember gefeiert – also um die Zeit der Wintersonnenwende. Dies war eine ausgesprochen günstige Zeit für Festtage, da die Römer es gewohnt waren, zu dieser Jahreszeit ihre Saturnalien zu feiern.

Schließlich unterlief das Christentum den Mithrakult, indem es die Geburt Jesu Christi auf den 25. Dezember festlegte (obwohl es hierfür keinen biblischen Nachweis gibt), so daß die Wintersonnenwende sowohl die Zeit der Geburt des heiligen Sohnes als auch die Zeit der Geburt der Sonne war. Es gibt einige Moralisten (zu denen auch ich gehöre), die eine unerhörte Ähnlichkeit der heutigen weltlichen Weihnachtsfeier mit den römischen Saturnalien zu sehen vermeinen.

Aber wo fängt die Zeiteinheit Jahr nun wirklich an? Sicher ist es sehr nützlich, die Jahre zu numerieren, aber wo beginnen wir mit der Numerierung? Im Altertum mit seinem ausgeprägten Sinn für Geschichte genügte es, die Jahre vom Augenblick der Thronbesteigung des lokalen Königs oder Herrschers an zu zählen. Die Zählung wurde mit jedem neuen König wieder begonnen. Wenn ein Stadtstaat ein jeweils nur für ein Jahr gewähltes Oberhaupt besaß, konnte es geschehen, daß man die Jahre nicht einmal zählte, sondern sie lediglich mit dem Namen des jeweiligen Oberhauptes benannte. Athen zum Beispiel benannte seine Jahre nach den jeweiligen Archonten.

Wenn die Bibel überhaupt Daten angibt, dann so wie im folgenden Beispiel. Im Buche der Könige steht geschrieben (2. Könige 16, 1): »Im siebzehnten Jahr Pekahs, des Sohnes Remaljas, ward Ahas König, der Sohn Jothams, des Königs in Juda.« (Pekah war zu dieser Zeit König von Israel.)

Und im Evangelium des Lukas (2, 2) wird die Zeit der Geburt Jesu Christi nur wie folgt datiert: »Und diese Schätzung war die allererste und geschah zu der Zeit, da Cyrenius Landpfleger in Syrien war.«

Wenn Sie keine genaue Liste der Könige und Oberhäupter haben und nicht genau wissen, wie viele Jahre ein jeder von ihnen regierte, und wenn Sie obendrein nicht wissen, wie die Liste der einen Gegend mit derjenigen der anderen zusammenhängt, werden Sie Schwierigkeiten haben. Diese Art der Zeitdatierung bringt es mit sich, daß so viele Daten des Altertums unbestimmt sind, sogar – wie ich bald darlegen werde – ein so wesentliches Datum wie die Geburt Jesu Christi.

Weit besser ist es, ein wichtiges Datum in der Vergangenheit als Bezugspunkt zu wählen (vorzugsweise ein weit zurückliegendes, so daß Sie nicht mit negativ numerierten Jahren vor dieser Zeit rechnen müssen) und die folgenden Jahre ohne Neuanfang fortlaufend zu numerieren.

Die Griechen verwendeten dazu die alle vier Jahre wiederkehrenden Olympischen Spiele. Ein Zyklus von vier Jahren wurde »Olympiade« genannt und die Olympiaden wurden fortlaufend numeriert, das jeweilige Jahr selbst war das erste, zweite, dritte oder vierte Jahr einer Olympiade.

Dieses Verfahren war allerdings aufwendig und kompliziert. In der Zeit nach Alexander dem Großen lernten die Griechen etwas Besseres kennen. Alexanders Generäle kämpften damals nach seinem Tode untereinander um die Nachfolge. Einer von ihnen, Seleukos, besiegte einen Konkurrenten bei Gaza und konnte sich nach diesem Sieg einen riesigen Teil Asiens als eigenes Reich sichern. Er befahl, fortan die Jahre vom Zeitpunkt der Schlacht bei Gaza an zu zählen, die im ersten Jahr der 117. Olympiade stattgefunden hatte. Es war das Jahr 1 in der Zeitrechnung der Seleukiden. Die folgenden Jahre wurden dann in der Reihenfolge 2, 3, 4, 5 usw. gezählt.

Die Zeitrechnung der Seleukiden ist von besonderer Bedeutung, da Seleukos und seine Nachkommen, die Seleukiden, Herrscher über Juda waren. Juda übernahm diese Zeitrechnung. Als sich die Juden unter der Führung der Makkabäer von den Seleukiden befreiten, hielten sie bei der Datierung ihrer Handelsgeschäfte an dieser Zählung fest. Da die Geschäftspartner weit über die Welt des Altertums verteilt waren, können an diese Datierung viele lokale Zeitrechnungen angeknüpft und solcherart genau fixiert werden.

Das wohl wichtigste System der Zeitrechnung des Altertums war allerdings die Zählung nach der »römischen Zeitrechnung«. Diese Zählung setzte mit dem Gründungsjahr der Stadt Rom ein. Entsprechend der damaligen Tradition wurde die Gründung auf das vierte Jahr der sechsten Olympiade datiert. Es wurde das Jahr 1 A. U. C. Die Abkürzung A. U. C. steht für »Anno Urbis Conditae«, das heißt »Jahr der Stadtgründung«.

Nach römischer Zeitrechnung fand die Schlacht bei Zama, in der Hannibal endgültig besiegt wurde, im Jahre 553 A. U. C. statt. Julius Cäsar wurde im Jahre 710 A. U. C. ermordet usw. Dieses System breitete sich mit der zunehmenden Macht Roms allmählich über die gesamte Welt des Altertums aus und wurde bis in das Mittelalter hinein angewendet.

Die ersten Christen waren um den Beweis bemüht, daß ihre Heilige Schrift früher als die der Griechen und Römer entstanden war. Deshalb strebten sie eine Zeitrechnung an, die vor der Gründung Roms und vor den Anfängen der Olympischen Spiele einsetzte. Der erste Verfasser einer Kirchengeschichte, Eusebius von Cäsarea – er lebte um das Jahr 1050 A. U. C. –, rechnete aus, daß der Patriarch Abraham 1263 Jahre vor der Gründung Roms geboren worden war und setzte das Geburtsjahr Abrahams als Jahr 1 einer neuen Zeitrechnung an.

Nachdem dann die Bibel als das Buch der westlichen Welt etabliert war, konnte man solche Gedankengänge ins Extrem weiterführen und die Jahre vom Beginn der Schöpfung an zählen. Die Juden des Mittelalters rechneten aus, daß die Welt 3007 Jahre vor der Gründung Roms erschaffen worden war. Verschiedene christliche Rechner kamen auf Werte, die zwischen 3251 und 4755 Jahren vor der Gründung Roms liegen. Diese Werte führen zu den verschiedenen »Mundanen Zeitrechnungen« (Welt-Zeitrechnungen). Die Jüdische Mundane Zeitrechnung wird heute im jüdischen Kalender angewandt, so daß im September 1964 der Anfang des jüdischen Jahres 5725 lag.

Die Mundanen Zeitrechnungen können einen wichtigen Punkt zu ihrem Vorteil verbuchen: Sie fangen so früh an, daß nur wenige Daten, wenn überhaupt, in der Geschichtsschreibung mit negativen Zahlen versehen werden müssen. Dies trifft zum Beispiel für die römische Zeitrechnung nicht zu. Die Gründung der Olympischen Spiele, der Trojanische Krieg, die Herrschaft Davids, der Bau der Pyramiden, all das fand vor der Erbauung Roms statt, und diesen Geschehnissen müssen deshalb negative Zahlen zugeordnet werden.

Selbstverständlich machten sich die Römer wenig daraus. Und nur wenige Leute des Altertums hatten ein chronologisches Bewußtsein, aber heutige Historiker haben es. Heute wären sie sogar noch schlechter dran, wenn die römische Zeitrechnung beibehalten worden wäre.

Um das Jahr 1288 A. U. C. kalkulierte ein syrischer Mönch namens Dionysius Exiguus, der an der Christlichen Mundanen Zeitrechnung arbeitete, daß Jesus im Jahre 754 A. U. C. geboren sein mußte. Der Zeitpunkt der Geburt Jesu Christi wurde von ihm als geeignet für den Beginn einer neuen Zeitrechnung angesehen. Dieser Gedanke setzte sich zur Zeit Karls des Großen durch (zweieinhalb Jahrhunderte nach Dionysius).

Das Jahr 754 A.U.C. wurde zum Jahre 1 A.D. (Anno Domini, »Jahr des Herrn«). Anhand dieser neuen »Christlichen Zeitrechnung« erfolgte die Gründung Roms im Jahre 753 v. Chr. Das erste Jahr der ersten Olympiade war das Jahr 776 v. Chr., das erste Jahr der Seleukiden-Ära war das Jahr 312 v. Chr. usw.

Dieses System der Zeitzählung wird heute angewandt. Dadurch mußte die gesamte Geschichte des Altertums, von den Sumerern bis hin zu Kaiser Augustus, mit negativen Zahlen versehen werden. Wir dürfen also niemals vergessen, daß Cäsar im Jahre 44 v. Chr. ermordet wurde und danach das Jahr 43 folgte, und nicht das Jahr 45. Schlimmer noch: Die Rechnung des Dionysius war falsch. Im Evangelium des Matthäus (2, 1) steht klar und deutlich geschrieben: »Da Jesus geboren war zu Bethlehem im jüdischen Lande zur Zeit des Königs Herodes . . .« Es handelt sich um »Herodes den Großen«, der im Jahre 681 A. U. C. geboren und durch Markus Antonius im Jahre 714 A. U. C. zum König von Juda ernannt wurde. Er starb im Jahre 750 A. U. C. (und dies ist so sicher wie alle anderen Daten des Altertums). Daher konnte Jesus nicht später als im Jahre 750 A. U. C. geboren worden sein.

Aber das Jahr 750 A. U. C. ist im System des Dionysius Exiguus das Jahr 4 v. Chr. und daher finden Sie fortwährend in Aufstellungen von Daten die Angabe, daß Jesus im Jahre 4 v. Chr. geboren wurde, also 4 Jahre vor Geburt Jesu.

Wir können aber nicht sicher sein, daß Jesus erst im Todesjahr des Herodes geboren wurde. Im Evangelium des Matthäus (2, 16) steht geschrieben, daß Herodes bei dem Bemühen, Jesus umzubringen, die Tötung aller Knaben im Alter von zwei Jahren und darunter anordnete. Dieser Vers kann als Hinweis interpretiert werden, daß Jesus bereits zwei Jahre hätte alt sein können, als Herodes noch lebte, und daß er demnach schon im Jahre 6 v. Chr. hätte geboren sein können. Einige Schätzungen setzen die Geburt Jesu Christi sogar in das Jahr 7 v. Chr.

Ich muß gestehen, daß ich nicht immer sicher sein kann, wo der Anfang ist, auch wenn ich immer gerne am Anfang anfange.

3. Geisterlinien im Himmel

Nur mit größter Beherrschung erträgt mein Sohn die vermeintlich humorvollen Änderungen, die seine Mitschüler an seinem Nachnamen gern vornehmen. Wenn ich ihm erkläre, daß der Name »Asimov«

– richtig ausgesprochen – einen vortrefflichen Nachhall besitzt, so etwa wie ein entfernter Aufprall von Schwert auf Schild zur Zeit der Ritter, dann beeindruckt ihn das keineswegs. Die Ablehnung in seinen Augen sagt deutlich, daß ich als sein Vater die Pflicht hätte, den Namen unverzüglich in »Schmidt« ändern zu lassen.

Ich kann ihn verstehen. Denn auch ich wurde in meiner Jugend ein Opfer derartiger Späße. Die gewöhnlichen Rechtschreibfehler möchte ich hierbei nicht erwähnen*, dagegen aber folgende Begebenheit.

Es war während meiner Militärdienstzeit. Kartenlesen war in der Grundausbildung eines der Fächer, denen wir ausgeliefert waren. Dieser Lehrgang hatte den Vorteil, besser als Drill und Marschieren zu sein. Während einer dieser Unterrichtsstunden sprach mich der verantwortliche Unteroffizier wie aus heiterem Himmel mit »Azimut« an. Sofort waren alle Augen auf mich gerichtet.

Erschrocken starrte ich die strammen Soldatenjungen an, denn ich bemerkte, daß hinter all den kleinen glänzenden Augenpaaren ein kleiner Geist plötzlich die Quelle eines nicht endenwollenden Spaßes entdeckt hatte.

Für jeden kleinen Witzbold im Dienst – und jeder Soldat im Dienst hielt sich leider für einen Komiker – war ich monatelang Isaac Azimut. In Abwandlung eines bekannten Dichterwortes sprach ich mir Mut zu: »So ist halt das Militär, Herr Azimut.«

Ich überlebte es.

Und was gibt es Besseres, als Ihnen, meinen harmlosen, gutmütigen Lesern, aus Rache in allen Einzelheiten auseinanderzusetzen, was ein »Azimut« ist?

Die ganze Angelegenheit fängt mit der Richtung an. Die erste, einfachste und nützlichste Art der Richtungsangabe besteht darin, in die jeweilige Richtung zu weisen: »Sie gingen da entlang.« Oder Sie verwenden einen markanten, allen bekannten Geländeort: »Wir werden sie bei der Schlucht überfallen.«

Diese Art der Richtungsangabe ist brauchbar, solange nur ein kleiner Teil der Erdoberfläche betroffen ist, ein Teil, der Ihnen und Ihren Freunden wohlbekannt ist. Sobald es aber über dessen Grenzen hinausgeht, muß man nach Methoden suchen, die auf keinen Fall von der örtlichen Landschaft abhängen, die aber überall auf der Erde anwendbar sind.

* Anmerkung des Übersetzers: Die englischen Worte »ass« und »asinine« bedeuten Esel bzw. eselhaft.

Eine naheliegende Methode ist die Verwendung der Richtungen von Sonnenaufgang und Sonnenuntergang. (Diese Richtungen ändern sich zwar von Tag zu Tag, aber man kann ja einen Jahresmittelwert annehmen.) Dies sind zwei einander entgegengesetzte Richtungen, wir nennen sie »Ost« und »West«. Man kann sie durch ein weiteres entgegengesetztes Paar dazu senkrechter Richtungen ergänzen, durch »Nord« und »Süd«.

Sind erst einmal an jedem Ort Norden, Osten, Süden und Westen festgelegt (dies konnte sogar hinreichend genau in vorgeschichtlicher Zeit durchgeführt werden, indem man den Gang der Sonne sorgfältig beobachtete), steht einer Festlegung noch genauerer Richtungen grundsätzlich nichts im Wege. Wir können Nord-Ost, Nord-Nord-Ost usw. einführen.

Mit einem Kompaß können Sie solcherart erklärten Richtungen über eine bestimmte Entfernung oder bis zu bestimmten Geländemarken folgen und überall hingelangen. Wenn Sie darüber hinaus eine Aufzeichnung der Erdoberfläche, eine Landkarte, machen wollen, so können Sie von irgendeinem Punkt aus anfangen, über eine bekannte Entfernung in eine bekannte Richtung zu einem anderen Punkt zu reisen und diesen Punkt auf der Karte einzeichnen. Das können Sie dann für einen dritten, einen vierten, einen fünften Punkt ausführen usw. Im Prinzip kann auf diese Art die gesamte Erdoberfläche mit beliebiger Genauigkeit auf einen Globus eingetragen werden.

Die Tatsache, daß etwas »im Prinzip« getan werden kann, ist jedoch wertlos, wenn die Durchführung unerträglich mühsam ist und die Arbeit von Millionen Menschen in Millionen Jahren erfordern würde. Hinzu kommt, daß der Kompaß den Bewohnern der westlichen Welt bis zum 13. Jahrhundert unbekannt war. Die griechischen Geographen mußten bei ihren Versuchen, die Welt auf einer Karte festzuhalten, andere Kniffe anwenden. Einer dieser Kniffe besteht darin, die Position der Mittagssonne zu markieren, also den Sonnenstand zum Zeitpunkt, da Sonnenaufgang in den Sonnenuntergang überwechselt. An irgendeinem bestimmten Tag wird es einige Punkte auf der Erde geben, wo die Mittagssonne genau über dem Scheitel steht. Die alten Griechen wußten zum Beispiel, daß dies für Südägypten im Spätjuni zutrifft. In Europa hingegen konnte nirgendwo ein Sonnenstand im Scheitelpunkt beobachtet werden.

Diese Beobachtungen konnten leicht erklärt werden, sobald man erkannt hatte, daß die Erde eine Kugel ist. Darüber hinaus konnte ohne Schwierigkeiten gezeigt werden, daß diejenigen Punkte auf der

Erdoberfläche, an denen die Mittagssonne an einem bestimmten Tag gleiche Ablage vom Scheitelpunkt hat, auf einer einzigen Ost-West-Linie liegen. Eine solche Linie konnte auf der Karte eingezeichnet und zur Beschreibung anderer Punkte herangezogen werden. Eingeführt wurde eine solche Beschreibung durch den griechischen Geographen Dicaearchus, der ungefähr 300 v. Chr. lebte und ein Schüler des Aristoteles war.

Eine solche Linie wird Breitenkreis genannt. Denn wenn man nach der üblichen Gewohnheit verfährt und die Richtung Norden auf den oberen Rand der Karte weisen läßt, dann laufen die Ost-West-Geraden in Richtung der Breite, das heißt von einer Breitseite zur anderen.

Natürlich können verschiedene Breitenkreise eingezeichnet werden. Alle verlaufen in Richtung Ost-West und in gleichbleibenden Abständen voneinander um die Erdkugel herum. Sie verlaufen daher parallel. Aus diesem Grunde werden sie gelegentlich auch Parallelkreise genannt.

Je näher die Breitenkreise an den einen oder den anderen Pol heranrücken, desto kleiner werden sie. (Überzeugen Sie sich davon, wenn Sie einen Globus besitzen!) Der Breitenkreis mit dem größten Umfang ist gleich weit von den Polen entfernt, sozusagen der weiteste Gürtel der Erdkugel. Da er die Erde in zwei gleiche Hälften teilt, in die Nord- und die Südhalbkugel, wird er Äquator genannt (dieses Wort stammt aus dem Lateinischen und bedeutet soviel wie »Gleichmacher«).

Würde man die Erde am Äquator zerschneiden, verliefe der Schnitt genau durch den Erdmittelpunkt. Deshalb ist der Äquator ein »Großkreis«. Jede Kugel besitzt eine unbegrenzte Zahl von Großkreisen, aber der Äquator ist der einzige Breitenkreis, der zugleich ein Großkreis ist.

Schon sehr früh wurde es üblich, die Lage der Breitenkreise in Grad anzugeben und von Breitengraden zu sprechen. Der volle Kreisumfang einer Kugel kann in 360 Grad eingeteilt werden. Bei einer Reise vom Äquator zum Nordpol würde man ein Viertel des Erdumfangs, also 90 Grad zurücklegen. Folgerichtig zählt man die Breitengrade von 0°, das ist der Äquator, bis 90°, das ist der Nordpol. (Die kleine »°« steht für »Grad«.)

Reisen Sie über den Nordpol hinweg wieder hin zum Äquator, überschreiten Sie die Breitenkreise (die ja die Erde in Ost-West-Richtung umkreisen) in umgekehrter Reihenfolge, von 90° zurück nach 0°, das heißt zurück zum Äquator. Allerdings erreichen Sie dort einen Punkt, der dem Ausgangspunkt gegenüberliegt. Den Äquator passierend, überqueren Sie einen zweiten Satz von Breitenkreisen um die südliche Hälfte des Globus. Sie gelangen schließlich bei 90° am Südpol an, um dann wieder 0° zu erreichen, und zwar am Ausgangspunkt Ihrer Reise.

Um die Strecke vom Äquator bis zum Nordpol von der ähnlichen Strecke Äquator-Südpol zu unterscheiden, sprechen wir von nördlichen und von südlichen Breitengraden. So liegt Philadelphia in Pennsylvania bei 40° nördlicher, Valdivia in Chile hingegen bei 40° südlicher Breite.

Breitenkreise allein, auch wenn sie ein ausgezeichnetes Mittel zum Kartenzeichnen sind, genügen nicht, um die Lage bestimmter Punkte auf der Erdoberfläche zu beschreiben. Die Aussage, daß Quito, die Hauptstadt Ecuadors, auf dem Äquator liege, besagt nur, daß die Stadt irgendwo entlang diesem Kreise liegen muß, entlang einem Kreis von 40000 km Umfang.

Für eine genaue Lagebeschreibung benötigt man ein Liniennetz – eine Anzahl von Nord-Süd-Linien und eine Anzahl von Ost-West-Linien. Die Nord-Süd-Linien, die auf einer gewöhnlich orientierten Karte von oben nach unten verlaufen (der Länge nach), heißen »Längenkreise«.

Wenn es an einem bestimmten Punkt auf der Erdoberfläche Mittag ist, so gilt dies für alle Punkte entlang der durch diesen Punkt verlaufenden Nord-Süd-Linie, wie man sehr leicht feststellen kann, wenn man beachtet, daß die Erdkugel sich dreht. Die Nord-Süd-Linie wird daher auch Meridian genannt, eine Kümmerform des lateinischen Wortes für Mittag.

Jeder Meridian verläuft in Nord-Süd-Richtung jeweils vom Nordpol zum Südpol, und sämtliche Meridiane laufen an den beiden Polen zusammen. Am weitesten entfernt voneinander sind sie am Äquator. So gesehen erscheint die ganze Welt in feine Linien aufgeteilt, ähnlich wie die Schnittlinien in einer Orangenschale. Versucht man sich vorzustellen, daß die Erdkugel entlang einem Meridian in zwei Teile zerschnitten wird, würde man feststellen, daß die Schnittfläche immer durch den Erdmittelpunkt geht. Alle Meridiane sind daher Großkreise, jeder mit einem Umfang von 40000 km.

Schon im Jahre 200 v. Chr. waren von den Griechen Karten angefertigt worden, auf denen die Längen- und Breitenkreise eingezeichnet waren. Doch dieses Netzwerk mit großer Genauigkeit anzufertigen, war ein Problem. Die Breitenkreise einzutragen war einfach. Man mußte nur die Orte mit gleichem mittleren Mittagssonnenstand verbinden oder – noch einfacher – die Orte mit gleicher mittlerer Höhe des Nordsterns. Solche Markierungen konnten zur Zeit der alten Griechen noch nicht mit der heute möglichen Genauigkeit durchgeführt werden, aber immerhin so genau, daß annehmbar korrekte Ergebnisse erzielt wurden.

Die Längenkreise waren allerdings schwieriger zu bestimmen, denn dazu war eine Zeitbestimmung erforderlich. Man mußte die Zeiten vergleichen können, zu denen die Sonne oder ein anderer Stern (auch die Sonne ist ein Stern) genau über einem Meridian an einem ersten Ort und genau über einem Meridian an einem anderen Ort stand. Wenn ein Stern zu einer bestimmten Zeit über dem Meridian von Athen in Griechenland hinwegwanderte und 32 Minuten später den Meridian von Messina auf Sizilien passierte, dann lag Messina 8 Längengrade westlich von Athen. Dazu waren genaue Zeitmesser erforderlich. Man mußte sich darauf verlassen können, daß zwei Zeitmesser über eine längere Zeitspanne hinweg bis auf Bruchteile von Minuten die gleiche Zeit anzeigten, auch wenn sie über große Entfernungen voneinander getrennt waren. Zudem mußte der Lauf des Zeitmessers im Gleichlauf mit der Erddrehung verbleiben.

Im Altertum waren solche Zeitmesser einfach noch nicht erhältlich, und so schafften es selbst die damals besten Geographen, ihre Meridiane durcheinander zu bringen. Eratosthenes von Kyrene, um das Jahr 200 v. Chr. in Alexandria auf dem Höhepunkt seines Ruhmes stehend, nahm an, daß der Meridian von Alexandria auch durch die Stadt Byzanz (durch das heutige Istanbul in der Türkei) verlief. In Wirklichkeit aber verläuft dieser Meridian ungefähr 112 Kilometer östlich an Istanbul vorbei. Derartige Unterschiede vergrößerten sich in Gebieten, die noch weiter vom Heimatort entfernt lagen.

War einmal der Erdumfang bekannt (und Eratosthenes selbst berechnete ihn), konnte man die Ost-West-Entfernung zwischen den einzelnen Längengraden berechnen. Am Äquator zum Beispiel beträgt der Abstand von einem zum anderen Längengrad 111 Kilometer, am 40. Breitengrad (entweder nördlich oder südlich vom Äquator) beträgt er nur 86 Kilometer usw. Entfernungsmessungen über bergiges Gelände oder über weite Meeresstrecken sind jedoch sehr schwierig.

Während der frühen Neuzeit, da europäische Nationen ihre ersten längeren Seereisen unternahmen, war dies ein gefürchtetes Problem.

Kapitäne zur See wußten nie mit Sicherheit, wo sie sich befanden; einen Hafen anzulaufen, war sowohl eine Sache des Betens als auch des Segelns. Im Jahre 1598 setzte Spanien, zu jener Zeit noch eine der großen Seefahrtnationen, eine hohe Belohnung für den Bau eines auf See verwendbaren Zeitmessers aus. Diese Belohnung brauchte allerdings nie ausgezahlt zu werden.

Im Jahre 1656 hatte der Holländer Christian Huygens die Pendeluhr erfunden – den ersten genauen Zeitmesser. Doch konnte diese Uhr nur zu Lande benutzt werden, weil das Stampfen, Rollen und Schwanken eines Schiffes das Pendel sofort aus seinem gleichförmigen Gang warf.

Großbritannien wurde nach 1600 zu einer großen Seefahrtnation. Im Jahre 1675 gründete Karl II. das Observatorium zu Greenwich (zu jener Zeit ein Vorort, heute ein Stadtteil Londons) zu dem erklärten Zweck, astronomische Beobachtungen durchzuführen, die einer genauen Festlegung der Längengrade dienten.

Immer noch war ein guter Zeitmesser gefragt. Im Jahre 1714 bot die britische Regierung eine Riesensumme von 20000 Pfund (in jenen Tagen sehr viel Geld) für die Anfertigung einer guten Uhr, die auch an Bord eines Schiffes benutzt werden konnte.

Das Problem wurde von John Harrison, einem tüchtigen und talentierten Mechaniker aus Yorkshire, gemeistert. Beginnend mit dem Jahre 1728 baute er nach und nach fünf Uhren, eine besser als die vorhergehende. Von den Schwingungen des Schiffes wurden diese Uhren nicht mehr gestört und sie hatten auf See größere Genauigkeit als andere Uhren jener Zeit zu Lande. Eine dieser Uhren zeigte über eine fünfmonatige Zeitspanne auf See eine Gangabweichung von weniger als einer Minute. Die ersten Uhren von Harrison waren vielleicht zu groß und zu schwer, um wirklich praktisch zu sein, aber die fünfte war bereits weniger groß als eine große Armbanduhr.

Das britische Parlament erwies sich bei dieser Angelegenheit als außerordentlich knauserig. Es hielt Harrison mit ständigem Zahlungsaufschub hin und verlangte immer wieder neue Modelle und Verbesserungen (möglicherweise hatte dieses Verhalten seinen Grund darin, daß Harrison nur ein Mechaniker aus der Provinz war und nicht einer der hohen Herren der »Royal Society«). Schließlich mußte sich sogar König Georg II. persönlich für Harrison verwenden, der im Jahre 1765 endlich sein Geld erhielt. Er war mittlerweile über 70 Jahre alt geworden.

Erst während der letzten 200 Jahre war es also möglich, das Netzwerk der Längen- und Breitengrade zu bestimmen.

Aber selbst nachdem eine genaue Längenbestimmung möglich geworden war, verblieb immer noch ein Problem: Es gibt keinen besonderen Längenkreis, den man als natürlichen Anfangs-Meridian hätte verwenden können – so wie den Äquator im Falle der Breitenkreise. Verschiedene Länder verwendeten daher verschiedene Systeme, und das war verwirrend. Für Rettungsaktionen im Falle von Seenot konnte das eine große Behinderung sein. Auch Seemanöver alliierter Mächte wurden dadurch gelegentlich blockiert.

Um diese Unzulänglichkeit auszuräumen, trafen sich im Jahre 1884 die wichtigsten Seefahrtnationen der Welt in Washington zur »Washington Meridian Konferenz«, wo man sich darauf einigte, den Meridian durch das Observatorium von Greenwich als Anfangsmeridian gelten zu lassen. Das ist verständlich, wenn man bedenkt, daß zu jener Zeit Großbritannien den Höhepunkt seiner Seemachtgeltung erreicht hatte. Der Meridian von Greenwich ist also der Längengrad Null.

Die Längengrade werden nach Westen als westliche und nach Osten als östliche Längengrade bezeichnet. Beide Arten treffen sich wieder auf der anderen Erdseite, genau gegenüber dem Anfangsmeridian. Dort liegt, mitten durch den Pazifischen Ozean verlaufend, der 180°-Meridian.

Ein Längengrad ist in 60 Minuten geteilt ('), jede Minute in 60 Sekunden ("), und die Sekunden können noch in Zehntel und Hundertstel geteilt werden usw. Jeder Punkt auf der Erde kann haargenau beschrieben werden, wenn man Längen- und Breitengrad dieses Punktes angibt. So liegt zum Beispiel ein zur Kennzeichnung der Lage der Stadt New York festgelegter Bezugspunkt bei 40° 45' 06" nördlicher Breite und 73° 59' 39" westlicher Länge; für Los Angeles liegt der entsprechende Punkt bei 34° 03' 15" nördlicher Breite und 118° 14' 28" westlicher Länge.

Für den Nordpol und für den Südpol ist keine Längenangabe möglich, da dort alle Meridiane zusammenlaufen. Der Nordpol wird allein durch die Breite gekennzeichnet, da 90° nördlicher Breite nur einen einzigen Punkt kennzeichnen – eben den Nordpol. Gleiches gilt für 90° südlicher Breite, diese Breite kennzeichnet den Südpol.

Es ist auch möglich, die Längen(kreise) durch Zeitangaben anstelle von Gradangaben zu benennen. Ein ganzer Tag mit 24 Stunden überdeckt genau 360 Längengrade. Wenn zwei Orte um 15° in der Länge auseinanderliegen, dann unterscheiden sich die zugehörigen Ortszeiten um eine Stunde. Ist es auf dem ersten Meridian genau Mittag, dann ist es auf dem Meridian 15° weiter östlich 13.00 Uhr, auf dem Meridian weiter westlich jedoch erst 11.00 Uhr.

Entschließen wir uns, für den Anfangsmeridian die Ortszeit 0 Stunden, 00 Minuten, 00 Sekunden zu vereinbaren, so können wir für die westlichen Längen eine positive und für die östlichen Längen eine negative Zeitangabe vereinbaren. Alle Punkte bei 15° westlicher Länge werden dann durch die Ortszeit + 1.00 Uhr, 00 Minuten, 00 Sekunden und alle Punkte bei 15° östlicher Länge durch die Ortszeit – 1.00 Uhr, 00 Minuten, 00 Sekunden gekennzeichnet. Da New York bei 73° 59' 39" westlicher Länge gelegen ist, liegt dort die Ortszeit 4 Stunden, 55 Minuten und 59 Sekunden vor der Ortszeit in London. Die Lage der Stadt New York kann daher durch die Ortszeit von + 4 Stunden, 55 Minuten, 59 Sekunden gekennzeichnet werden. Ähnlich erhält man für Los Angeles, das noch weiter westlich liegt, den Wert von + 8 Stunden, 04 Minuten, 48 Sekunden.

Kurz, jeder Punkt auf der Erde – mit Ausnahme der Pole – kann durch einen Breitengrad und eine Ortszeit gekennzeichnet werden. Für Nordpol und Südpol ist nur eine Breitenangabe sinnvoll. Das bedeutet jedoch nicht, daß an den Polen jegliche Zeitangabe sinnlos wäre, es bedeutet lediglich, daß das System der Ortszeitangabe, das sonst überall auf der Erde anwendbar ist, an den Polen versagt. Andere Zeitsysteme können an den Polen verwendet werden: Auf einem der beiden Pole kann man zum Beispiel die Greenwich-Zeit verwenden, auf dem anderen dagegen die Zeit des Meridians, der dem Meridian von Greenwich genau gegenüberliegt, also die Zeit des 180°-Meridians.

Auf gewöhnlichen Landkarten werden Länge und Breite in Grad angegeben. Das den Längen zugeordnete Zeitsystem aber wird benutzt, um lokale Zeitzonen auf der Erdoberfläche festzulegen. Für den 180°-Meridian wurde vereinbart, daß er »internationale Datumsgrenze« sei. (Die Datumsgrenze ist zur geographischen Vereinfachung stellenweise leicht ausgebeult.)

Wie steht es nun aber mit einer Kartierung des Himmels? Mit Himmelskarten beschäftigten sich die Astronomen sogar noch früher als mit Landkarten. Denn ist für einen Beobachter nur ein kleiner Teil der Erdoberfläche sichtbar, so kann er über sich die gesamte Ausdehnung einer halben Himmelskugel erblicken.

Die Himmelskugel läßt sich am leichtesten kartieren, wenn man sie als eine Fortsetzung der Erdkugel, als Schale um die Erdkugel auffaßt. Denkt man sich die Erdachse beidseitig bis zur Himmelskugel verlängert, dann trifft sie auf den »nördlichen Himmelspol« und auf den

»südlichen Himmelspol«.

Die Himmelskugel dreht sich um die »verlängerte« Erdachse scheinbar von Osten nach Westen. Diese vermeintliche Drehung ist das Gegenstück zur wirklichen* Drehung der Erde um ihre eigene Achse von Westen nach Osten. Nördlicher und südlicher Himmelspol sind folgerichtig feste Punkte, die nicht an der Himmelsdrehung teilnehmen, genau wie Nordpol und Südpol nicht an der Erddrehung teilnehmen.

In unmittelbarer Nachbarschaft des nördlichen Himmelspoles leuchtet ein heller Stern, Polaris, auch Polarstern oder Nordstern genannt. Seine Ablage vom nördlichen Himmelspol beträgt nur ungefähr 1°. Bei der täglichen Himmelsdrehung umläuft der Stern nur einen sehr kleinen Kreis. Der Kreis ist so klein, daß es den Anschein hat, als befände sich der Stern Tag für Tag, Jahr für Jahr in einer festen Position. Er kann daher als Bezugspunkt zur Bestimmung der Richtung Norden und damit auch aller anderen Richtungen verwendet werden. Seine Bedeutung für das Reisen in den Tagen vor der Einführung des Kompasses kann nicht hoch genug eingeschätzt werden.

Die für die Erde erdachten Bezugslinien können alle auf den Himmel projiziert werden, so daß man sich auch den Himmel – so wie die Erde – von einem Netz von Geisterlinien überzogen denken kann. Man hat dann einen »Himmelsäquator«, der einen Großkreis darstellt, gleich weit von den Himmelspolen entfernt; es gibt ferner »Himmelsbreiten« und »Himmelslängen«.

Die Himmelsbreite bezeichnet man als »Deklination«. Sie wird ebenfalls in Grad gemessen. Auf der nördlichen Hälfte der Himmelskugel wird die Deklination positiv gezählt (»nördliche Himmelsbreite«), auf der südlichen Hälfte negativ (»südliche Himmelsbreite«). Der Nordstern hat eine Deklination von ungefähr + 89°, Pollux von

* Anmerkung des Übersetzers: Bei strenger Betrachtungsweise ist es nicht zulässig, die Drehung der Himmelskugel bzw. der Fixsterne als scheinbar oder vermeintlich zu bezeichnen, die Erddrehung um ihre eigene Achse jedoch als wirklich. Denn jede Bewegung wird nur dann sinnvoll beschrieben, wenn zuvor Klarheit besteht, in welchem Bezugssystem diese Beschreibung erfolgt. Bei den hier betrachteten Drehungen handelt es sich um ein und denselben Bewegungsvorgang, der einmal in einem Bezugssystem beschrieben wird, das mit der Erde verbunden ist, ein zweites Mal in einem Bezugssystem, das mit dem Fixsternhimmel verbunden ist. Die Drehung im erdfesten Bezugssystem ist durchaus nicht weniger »wirklich« als im fixsternfesten Bezugssystem. – Da jedoch die Bewegungen in einem fixsternfesten Bezugssystem meist einfacher zu beschreiben sind und eine einfache Beschreibung das Verständnis erleichtert, sei hier die Wortwahl »scheinbar« und »vermeintlich« vom Leser verziehen. Mehr über Bewegung und Bezugssysteme bzw. über »wirkliche« und »scheinbare« Bewegungen findet man im Kapitel 6.

+ 30°, Sirius von ungefähr −15° und Acrux – der hellste Stern im Kreuz des Südens – von ungefähr −60°.

Die Himmelslänge wird »Rektaszension« genannt, und der Himmel hat – anders als die Erde – auch natürlich ausgezeichnete Meridiane, die sich als Anfangsmeridiane anbieten. Auf einen Anfangsmeridian hat man sich deshalb dort auch viel früher geeinigt.

Die Bahnebene der Erdbahn um die Sonne schneidet die Himmelskugel in einem Großkreis, »Ekliptik« oder »Tierkreis« genannt (siehe Kapitel 4). Deshalb erscheint es uns so, als würde sich die Sonne entlang dem Tierkreis bewegen*.

Da die Erdachse gegenüber der Vertikalen zur Erdbahn um 23,5° geneigt ist, sind auch die Ebenen der beiden Großkreise Himmelsäquator und Tierkreis gegeneinander um 23,5° geneigt.

Der Tierkreis kreuzt den Himmelsäquator in zwei Punkten. Befindet sich die Sonne an einem dieser Punkte, sind Tag und Nacht auf der ganzen Erde gleich lang (jeweils 12 Stunden). Jeder der beiden Punkte ist daher ein »Äquinoktium« oder – auf deutsch – eine Tagundnachtgleiche.

Beim Durchgang durch einen dieser beiden Punkte wechselt die Sonne von negativer zu positiver Deklination. Dieser Punkt wird Punkt der Frühlings-Tagundnachtgleiche oder kurz Frühlingspunkt genannt, weil die Sonne ihn am 20. März passiert und an diesem Tage in nördlichen Breiten, wo die überwiegende Mehrheit der Menschheit lebt, der Frühling beginnt. Am anderen Punkt wechselt die Sonne von positiver zu negativer Deklination über. Weil die Sonne diesen Punkt am 23. September, am Herbstanfang, durchläuft, spricht man vom Punkt der Herbst-Tagundnachtgleiche oder Herbstpunkt. Der Frühlingspunkt liegt auf einem Himmelsmeridian, dem die Rektaszension 0° zugeordnet wurde. Die Himmelslänge wird dann in Richtung Osten weitergezählt (entweder in Grad oder in Stunden), einmal um die ganze Himmelskugel herum, also bis zur Rektaszension von 360°.

Bei Ortsangabe eines Sterns mittels Deklination und Rektaszension verfährt man genauso wie bei der Verwendung von Längengrad und Breitengrad bei der Ortsbestimmung auf der Erde.

Trotzdem gibt es hier einen merkwürdigen Unterschied: Die Meri-

* Anmerkung des Übersetzers: Man beachte, daß sich sowohl Himmelskugel als auch Sonne scheinbar um die durch die Himmelspole verlaufende Achse drehen, daß aber die Drehung der Sonne gegenüber der Drehung der Himmelskugel einen Schlupf hat. Dieser Schlupf ist es, der die Sonne auf der Himmelskugel eine Bahn durchlaufen läßt, Ekliptik oder Tierkreis genannt. Die Umlaufdauer der Sonne auf dem Tierkreis beträgt ein Jahr.

PRÄZESSION · REKTASZENSION
ZENIT

diane auf der Erde sind so mit der Zeit verknüpft, daß sich der Längengrad eines Punktes auf der Erde nicht von Tag zu Tag verändert. Die Lage der Erdachse ändert sich jedoch mit der Zeit langsam, die Erdachse umfährt in 25800 Jahren einen Kegelmantel. Mit dieser Bewegung verändert sich auch langsam die Lage des Himmelsäquators, seine Schnittpunkte mit dem Tierkreis bewegen sich langsam westwärts.

Der Frühlingspunkt bewegt sich also auf der Himmelskugel westwärts – dabei den Himmel alle 25800 Jahre durchkreisend –, so daß jedes Jahr die Frühlings-Tagundnachtgleiche ein klein wenig früher eintritt. Dieses Vorauslaufen gegenüber der theoretischen Zeit wird deshalb »Präzession (Vorrücken) der Tagundnachtgleichen« genannt.

Während sich die Frühlings-Tagundnachtgleiche westwärts verlagert, wächst auch die Rektaszension eines am Himmel festen Punktes (weil ja die Rektaszension in bezug auf den Meridian durch den Frühlingspunkt gemessen wird). Der Punkt wandert mit einer Winkelgeschwindigkeit von $^{1}/_{7}$ Bogensekunde pro Tag, wenn ich richtig gerechnet habe.

Dieses System zur Markierung von Himmelspunkten nennt man »bewegliches Äquatorsystem«, weil die Markierungen auf den Himmelsäquator (und auf die Himmelspole) bezogen werden und weil dieses System mit der Himmelskugel täglich eine Drehung um die Achse durch die Himmelspole vollführt.

Ein zweites System zur Markierung von Himmelspunkten hat den Beobachter selbst zum Bezugspunkt. Anstatt den Himmelsnordpol mit Hilfe der Erddrehung zu fixieren, können wir auch den Scheitelpunkt über uns heranziehen. Eine jede Person auf Erden hat dann einen eigenen Scheitelpunkt – wenn auch für Menschen in einem enger begrenzten Gebiet, zum Beispiel für die Bewohner der Stadt New York, die verschiedenen Scheitelpunkte praktisch identisch sind.

Der Scheitelpunkt wird der »Zenit« genannt. Dieses Wort ist eine mittelalterliche Verballhornung einer arabischen Wortfolge, die soviel wie »über dem Kopf« bedeutet. Der dem Scheitelpunkt gegenüberliegende Punkt unter uns, unter der Erde also, ist der »Nadir«, eine mittelalterliche Verballhornung eines arabischen Wortes für »gegenüber«.

Derjenige Großkreis auf der Himmelskugel, der von Zenit und Nadir gleichen Abstand beibehält, ist der »Horizont«. Dieses Wort stammt aus dem Griechischen und bedeutet soviel wie »Grenzschnittlinie«, denn für uns scheint es die Schnittlinie zwischen Himmel und Erde zu sein (wenn die Erde eben wäre wie das Meer). Dieses System zur Punktmarkierung wird »Horizontsystem« genannt.

Der in Nord-Süd-Richtung von Horizont zu Horizont durch den Zenit verlaufende Großkreis ist der »Meridian des Himmels«. Der in Ost-West-Richtung von Horizont zu Horizont durch den Zenit verlaufende Großkreis, der mit dem Meridian des Himmels einen rechten Winkel bildet, ist der »Erste Vertikal«. Man beachte, daß hier nur ein einziger Meridian eingeführt wird.

Im Horizontsystem wird ein Punkt am Himmel durch die Angabe gekennzeichnet, wieviel Grad (positiv) er über dem Horizont oder wieviel Grad (negativ) er unter dem Horizont liegt. Diese Angabe ist die »Höhe« des Punktes. Ist sie gegeben, muß nur noch angegeben werden, wieviel Grad westwärts der betreffende Punkt in dieser Höhe vom südlichen Teil des Meridians entfernt ist. Wenigstens verfahren die Astronomen so. Navigatoren und Feldmesser rechnen vom nördlichen Teil des Meridians ausgehend ostwärts. (In beiden Fällen wird das Meßverfahren im Uhrzeigersinn durchgeführt!) Die Gradzahl westlich vom südlichen Teil des Meridians oder östlich vom nördlichen Teil (abhängig vom angewandten System) ist das »Azimut«. Das Wort stammt vom gleichen arabischen Ausdruck, aus dem auch das Wort »Zenit« hervorging. Azimut ist nur etwas weniger verfälscht.

Wenn Sie der Richtung Norden ein Azimut von 0° zuordnen, dann hat Osten ein Azimut von 90°, Süden ein Azimut von 180° und Westen ein Azimut von 270°. Anstatt den Kompaß mit Namen zu befrachten, können Sie auch die Richtung in Grad auftragen.

Und ich selbst?

Warum sollte ich. Ich habe natürlich ein Azimut von Isaac.

4. Der himmlische Zoo

Am 20. Juli 1963 konnte man in einigen Gebieten von Maine (USA) eine totale Sonnenfinsternis erleben. Dort aber, wo ich wohne, war sie nicht in ihrem vollen Ausmaß sichtbar. Um die totale Finsternis sehen zu können, hätte ich 300 Kilometer fahren müssen. In Erwägung, daß Wolken die Sicht verhindern könnten und daß ich weitere 300 Kilometer bei der Rückfahrt zurücklegen und womöglich noch Verkehrsstauungen ertragen müßte, weil Tausende von anderen Neugierigen das Ereignis wohl ebenfalls erleben mochten, entschied ich, nicht zu fahren. (Wie es so kommt: Wolken verhinderten die Sicht, meine Entscheidung war also richtig gewesen.) Von meinem Garten hinterm Haus konnte ich eine Sonnenfinsternis beobachten, bei der 95 Prozent der Sonne bedeckt waren. Doch eine Finsternis mit nur 95 Prozent Bedeckung unterscheidet sich von einer mit 100 Prozent Bedeckung wie ein Tropfen Wasser von einem ganzen Meer. Ich fühlte mich also doch nicht gerade überwältigt.

Was eine totale Sonnenfinsternis so bemerkenswert macht, ist der reine astronomische Zufall, daß die Sonne durch den Mond so vollkommen verdeckt wird. Der Mond ist hinreichend groß, um die Sonne völlig zu verdecken (zu bestimmten Zeiten). Es wird dann vorübergehend Nacht, und die Sterne werden sichtbar. Der Mond ist andererseits gerade so klein, daß während der Sonnenfinsternis der Strahlenkranz der Sonne, die Korona, insbesondere der hellere Teil nahe dem Sonnenkörper, noch frei bleibt.

Die scheinbare Größe von Sonne und Mond hängt ab von der wirklichen Größe der beiden Körper und von ihren Entfernungen von uns. Der Monddurchmesser beträgt 3476 km, die Sonne hat jedoch einen Durchmesser von 1392000 km. Sonnendurchmesser und Monddurchmesser verhalten sich wie 1392000 zu 3476 oder wie 400 zu 1. Mit anderen Worten: Befänden sich beide im gleichen Abstand von uns, würde die Sonne vierhundertmal größer erscheinen als der Mond.

Aber die Sonne ist weiter entfernt von uns als der Mond und erscheint uns daher stärker verkleinert als der Mond. Bei großen Entfernungen wie denjenigen von Mond und Sonne verkleinert sich der scheinbare Durchmesser um die Hälfte, wenn die Entfernung auf das Doppelte anwächst. Die mittlere Entfernung des Mondes beträgt 384000 km, die der Sonne jedoch 149500000 km. Die Entfernungen von Sonne und Mond verhalten sich also wie 149500000 zu 384000 oder wie rund 390 zu 1. Der scheinbare Durchmesser ist daher im Vergleich mit dem Mond in diesem Verhältnis geringer. Anders gesagt: Die größere Entfernung der Sonne hebt den Effekt ihrer Größe auf. Das Ergebnis: Mond und Sonne erscheinen (nahezu) gleich groß. Die Öffnung des Sichtwinkels (des Winkels zwischen den Blickrichtungen auf zwei entgegengesetzte Randpunkte) beträgt bei der Sonne im Mittel 32 Bogenminuten, beim Mond 31 Bogenminuten. Ein Grad entspricht 60 Bogenminuten, so daß Mond und Sonne einen scheinbaren Durchmesser von ungefähr $^1/_2$ Grad haben.

Die angegebenen Werte sind Mittelwerte, weil Mond und Erde die Sonne auf elliptischen Bahnen umlaufen. Der Mond ist der Erde zu manchen Zeitpunkten näher und erscheint uns dann größer, während die Erde zu anderen Zeitpunkten der Sonne näher liegt, so daß dann die Sonne größer erscheint. Der scheinbare Durchmesser ändert sich jedoch bei der Sonne nur um drei Prozent und beim Mond nur um ungefähr fünf Prozent. Der gewöhnliche Beobachter bemerkt das gar nicht.

Es gibt keinen zwingenden astronomischen Grund dafür, daß Mond und Sonne so gut aufeinander passen; es ist reiner Zufall. Von allen Planeten kann nur die Erde an diesem Glück teilhaben. Wenn es zutreffen sollte, daß sich wegen der Gezeitenreibung die Entfernung des Mondes von der Erde langsam vergrößert, wie es die Astronomen vermuten, dann trifft dieses ausgezeichnete Aufeinanderpassen nur für unsere eigene geologische Epoche zu. Für eine ideale totale Sonnenfinsternis war der Mond vor langer Zeit zu groß, in künftigen entfernten Zeiten wird er dafür zu klein sein.

Selbstverständlich muß man für dieses ausgezeichnete Aufeinanderpassen einen Preis zahlen. Die Tatsache, daß der Mond und die Sonne in ihrem scheinbaren Durchmesser ungefähr gleich groß sind, hat zur Folge, daß der kegelförmige Schatten des Mondes nahe der Erdoberfläche zu einem verschwindend kleinen Punkt wird. Wären beide Körper in ihrer scheinbaren Größe genau gleich, würde das spitze Ende des Schattens genau auf die Erdoberfläche treffen. Dann wäre die Finsternis nur für einen kurzen Augenblick total. Mit anderen Worten: Würde der Mond bei seiner Bewegung gerade das letzte Randstück der Sonne bedecken, müßte er bereits ein erstes Randstück auf der anderen Seite freigeben.

Unter den günstigsten Bedingungen, nämlich wenn der Mond den kleinstmöglichen und die Sonne zugleich den größtmöglichen Abstand haben (wenn der Mond also den größtmöglichen und die Sonne den kleinstmöglichen scheinbaren Durchmesser haben), liegt die Spitze des Mondschattens unterhalb der Erdoberfläche, der Schattenbereich auf der Erdoberfläche hat dann eine meßbare Ausdehnung. Anders gesagt: Nachdem der ungewöhnlich große Mond das letzte Randstück der ungewöhnlich kleinen Sonne bedeckt hat, dauert es trotz der Bewegung des Mondes eine kleine Weile, bevor die volle Bedeckung wieder aufhört und das erste Randstück der Sonne auf der anderen Seite wieder sichtbar wird. Eine Sonnenfinsternis kann unter den günstigsten Bedingungen nur $7^1/_2$ Minuten andauern.

Andererseits, wenn der Mond kleiner und die Sonne größer erscheint als sonst, fällt die Spitze des Mondschattens überhaupt nicht mehr auf die Erde. Der kleine Mond kann die Sonne nicht völlig verdecken, selbst wenn die Mittelpunkte von Sonne und Mond aufeinander liegen. Statt dessen wird ein schmaler Ring der Sonne um den Mond herum sichtbar sein. Man spricht dann von einer ringförmigen Sonnenfinsternis. Da der scheinbare Durchmesser des Mondes im Mittel geringer ist als derjenige der Sonne, tritt eine ringförmige Sonnenfinsternis eher auf als eine totale.

Diese Umstände erlauben es den Astronomen (und anderen sterblichen Liebhabern des Schönen) nur selten, in den Genuß eines derartigen Ereignisses zu kommen. Nicht allein, daß eine totale Sonnenfinsternis bloß wenige Minuten anhält, sie ist auch nur auf jenem schmalen Streifen der Erde sichtbar, der vom Mondschatten überzogen wird. Schlechter noch: Wir bekommen nicht einmal so viele Sonnenfinsternisse zu sehen wie wir könnten. Eine Sonnenfinsternis tritt immer dann ein, wenn der Mond zwischen uns und der Sonne steht. Dies trifft bei jedem Neumond zu, denn der Mond ist deshalb neu, weil er sich zwischen uns und der Sonne befindet, und weil dann die für uns nicht sichtbare Mondseite von der Sonne beleuchtet wird. Wir bekommen bestenfalls einen sichelförmigen Silberstreifen am Rande des Mondes zu sehen. Da Neumond zwölfmal im Jahr eintritt (manchmal dreizehnmal), müßten wir zwölfmal im Jahr eine Sonnenfinsternis zu sehen bekommen, und manchmal sogar dreizehnmal, nicht wahr?

Das stimmt natürlich nicht. Wir erleben im Jahr höchstens fünfmal eine Sonnenfinsternis (alle an weit auseinanderliegenden Teilen der Erdoberfläche) und manchmal sogar nur zweimal. Was passiert denn in der restlichen Zeit? Wir werden es sehen!

Die Umlaufbahn der Erde um die Sonne liegt in einer festen Ebene. Sie könnten ein absolut ebenes Blatt durch die gesamte Umlaufbahn ziehen. In dieser Ebene liegt auch die Sonne. (Das ist kein Zufall, sondern durch das Gesetz der Schwerkraft bedingt.)

Wenn wir uns die Bahnebene der Erde über die Sterne hinaus unendlich ausgedehnt vorstellen, würden wir – auf der Erdoberfläche stehend – feststellen, daß diese Ebene die Himmelskugel in zwei gleiche Hälften zerschneidet. Die Schnittlinie würde einen Großkreis am Himmel bilden. Diese Linie wird »Ekliptik« oder »Tierkreis« genannt. Selbstverständlich handelt es sich nur um eine gedachte und daher nicht sichtbare Linie. Trotzdem kann sie unter Zuhilfenahme der Sonne am Himmel markiert werden. Da die Sonne in der Bahnebene der Erde liegt, schauen wir beim Blick zur Sonne entlang dieser

Ebene. Die Position der Sonne am Himmel liegt immer auf dem Tierkreis. Wollen wir den Tierkreis am Fixstern-Hintergrund markieren, brauchen wir nur den sichtbaren Weg der Sonne am Himmel zu verfolgen. (Ich meine jetzt nicht den täglichen Weg der Sonne von Osten nach Westen, der das Abbild der Erddrehung ist, sondern den Weg der Sonne von Westen nach Osten gegen den Fixstern-Hintergrund. Dieser Weg ist das Abbild des Erdumlaufs um die Sonne.)

Die Sterne können selbstverständlich nicht gesehen werden, wenn die Sonne scheint. Sie sind im Streulicht der Sonnenstrahlung, das den Himmel blau erscheinen läßt, nicht mehr erkennbar. Wie kann dann die Position der Sonne am Sternenhintergrund ausgemacht werden?

Da die Sonne sich gegen den Sternenhintergrund bewegt, verändert sich die am Tage unsichtbare Hälfte als auch die zur Nacht sichtbare Hälfte des Sternenhimmels langsam von Tag zu Tag und von Nacht zu Nacht. Indem man den nächtlichen Himmel über das ganze Jahr beobachtet, können alle Sterne entlang des Tierkreises aufgezeichnet werden. Danach ist es möglich, die Position der Sonne gegen den Sternenhintergrund für jeden bestimmten Tag zu berechnen, da immer nur genau eine Position zu einer bestimmten Sternenbildkonstellation am Nachthimmel gehört.

Wenn Sie eine Himmelskugel anfertigen würden – das heißt einen Globus, auf dem außen die Sterne eingezeichnet werden –, können Sie einen Großkreis einzeichnen, den Tierkreis, der genau den Weg der Sonne darstellt. Die Sonne benötigt für einen vollen Umlauf entlang des Tierkreises ungefähr $365^1/_4$ Tage; diese Zeit bestimmt die Länge des »Jahres«.

Die Bahn des Mondes um die Erde ist eine Ellipse. Sie liegt in einer Ebene, die auch die Erde enthält. Wenn wir zum Mond sehen, blicken wir entlang dieser Ebene, und der Mond markiert uns die Schnittlinie dieser Ebene mit dem Fixstern-Hintergrund. Die Sterne selbst sind mehr oder minder sichtbar, wenn der Mond erleuchtet ist. Dadurch ist es wesentlich einfacher, die Bahn des Mondes (ebenfalls ein Großkreis) am Fixsternhimmel zu markieren. Der Mond benötigt für einen vollständigen Umlauf am Fixsternhimmel ungefähr $27^1/_3$ Tage; diese Zeitspanne bestimmt den »siderischen Monat«.

Wenn die Ebene der Mondbahn um die Erde und die Ebene der Erdbahn um die Sonne ein und dieselbe Ebene wären, so würden beide, Mond und Sonne, die gleichen Kreise gegen den Sternenhintergrund abgeben. Stellen Sie sich einmal vor, daß Sonne und Mond ihre Bewegung von der gleichen Position aus beginnen würden. Der Mond würde einen vollständigen Umlauf entlang des Tierkreises in 28 Tagen vollziehen, dann noch ein und einhalb zusätzliche Tage benötigen, um mit der Sonne gleichzuziehen, die sich (wenn auch wesentlich langsamer) in der Zwischenzeit fortbewegt hat. Alle $29^1/_2$ Tage gäbe es Neumond und eine Sonnenfinsternis. Weiterhin gäbe es einmal während dieser $29^1/_2$ Tage Vollmond, nämlich dann, wenn sich der Mond genau gegenüber der Sonne befände, so daß seine gesamte uns zugewandte Hälfte von der Sonne angestrahlt würde. Doch zu dieser Zeit würde der Mond in den Schatten der Erde eintauchen und es gäbe eine totale Mondfinsternis.

Das alles geschieht nicht alle $29^1/_2$ Tage, da die Ebene der Mondbahn um die Erde nicht mit der Ebene der Erdbahn um die Sonne übereinstimmt. Die beiden Ebenen bilden einen Winkel von 5° 8' (oder 308 Bogenminuten). Denkt man sich die beiden Großkreise in die Himmelskugel eingezeichnet, würde sich der eine leicht schräg vom anderen entfernen. An zwei diametral gegenüberliegenden Punkten würden sich die beiden Kreise schneiden. Auf genau halbem Wege zwischen den Schnittpunkten hätten sie den größtmöglichen Abstand voneinander. (Ein solcher Schnittpunkt wird »Nodus« genannt. Das Wort stammt aus dem Lateinischen und heißt »Knoten«.)

Sollten Sie Schwierigkeiten haben, sich das vorzustellen, so nehmen Sie am besten einen Ball und zwei Gummibänder zur Hand, um einige Experimente anzustellen. Wenn Sie mit jedem Gummiband einen Großkreis formen (einen Kreis also, der den Ball in zwei Hälften teilt) und diese Kreise nicht zusammenfallen lassen, werden Sie feststellen, daß sie sich so überschneiden, wie eben beschrieben.

Die Punkte größtmöglichen Abstandes von Mondkreis und Tierkreis (gleich Sonnenkreis) erscheinen wie erwähnt unter einem Winkel von 308 Bogenminuten. Dieser Winkelabstand ist ungefähr zehnmal so groß wie der scheinbare Durchmesser der Sonne oder des Mondes. Überholt der Mond die Sonne an einem Punkt größten Abstandes, liegt genügend Raum zwischen beiden Körpern, um neun weitere Mondkreise dazwischenzulegen, ohne daß Mond und Sonne sich überlappen würden.

In den meisten Fällen also wird der Mond die Sonne so überholen, daß es keine Überlappung und damit keine Sonnenfinsternis gibt.

Selbstverständlich kommt es vor, daß der Mond die Sonne in der Nähe eines der beiden »Knoten« überholt. Dann schiebt sich der Mond vor die Sonne und eine Sonnenfinsternis tritt ein. Wie ich bereits sagte, geschieht das nur zwei- bis fünfmal im Jahr. Wenn die Bewegungen von Sonne und Mond mathematisch genau analysiert werden, dann läßt sich vorausberechnen, wann ein solches Zusammentreffen in der Zukunft stattfinden wird, wann es in der Vergangenheit stattgefunden hat und von welchen Regionen der Erde aus diese Sonnenfinsternis sichtbar sein wird bzw. war.

Bei Herodot liest man, daß der griechische Philosoph Thales eine Sonnenfinsternis vorausberechnet hatte, die so günstig eintraf, daß Lyder und Meder eine Schlacht abbrachen. (Unter dem Zeichen eines derart himmlischen Mißfallens schien es sinnlos, die Schlacht fortzusetzen.) Die Schlacht ereignete sich um 600 v. Chr. in Kleinasien. Astronomische Rechnungen zeigten, daß in Kleinasien eine Sonnenfinsternis am 28. Mai 585 v. Chr. sichtbar war. Diese – mit den Sternen sich kreuzende – Schlacht ist daher das früheste Geschehen in der Geschichte, das bis auf den Tag genau festgelegt werden konnte.

Der Tierkreis diente der frühen Menschheit außer zur Vorausberechnung von Sonnenfinsternissen auch noch als zeitloser, am Himmel niedergeschriebener Kalender.

Die ersten Kalender hatten als Grundlage die Mondbahn. Denn wenn der Mond seine Bahn am Himmel zieht, durchläuft er sehr ausgeprägte Gestaltsänderungen oder – wie man auch sagt – Phasen, die selbst der flüchtigste Beobachter bemerken muß. Die $29^1/_2$ Tage von Neumond zu Neumond sind der »synodische Monat« (siehe Kapitel 6). Der ärgerliche Nachteil dieses Systems liegt darin, daß es wichtige periodische Erscheinungen gibt (zum Beispiel die Nilfluten, der Beginn der Regenzeit oder der kalten Jahreszeit), die nicht sehr gut in den synodischen Monat hineinpassen. Zwischen einer Nilflut und der nächsten lag nämlich nicht eine ganzzahlige Anzahl von Monaten, sondern der durchschnittliche Abstand lag irgendwo zwischen zwölf und dreizehn Monaten.

In Ägypten stellte man fest, daß der durchschnittliche Abstand zwischen den einzelnen Fluten mit einem vollen Sonnenkreis (dem Jahr) zusammentraf. Daraus resultierte der nach Jahren eingeteilte Kalender, in dem die Jahre wieder in Monate eingeteilt waren. In Babylonien wie bei den Griechen und Juden als Nachahmern waren die Monate fest mit dem Mondumlauf verbunden, so daß das Jahr manchmal aus zwölf, manchmal aus dreizehn Monaten bestand. Dies geschah nach einem komplizierten Muster, das sich alle neunzehn Jahre wiederholte. Dieses Muster diente dazu, die Jahre im Einklang mit den Jahreszeiten und die Monate im Einklang mit den Mondphasen zu halten. Allerdings hatten die Jahre unterschiedliche Längen (siehe Kapitel 1).

Die Ägypter und die sich an ihnen orientierenden Römer und wir selbst haben den Mond bei der Kalendergestaltung nicht mehr berücksichtigt und jedes Jahr gleich lang gemacht. Ein jedes hat leicht unterschiedlich lange Monate. Der »Kalendermonat« enthält anstelle der $29^1/_2$ Tage des synodischen Monats $30^1/_2$ Tage. Der Monat ist nicht mehr im Einklang mit den Mondphasen, aber die Menschheit hat das gut überlebt.

Die Sonnenbewegung entlang dem Tierkreis legt die Kalendereinteilung fest. Ein voller Umlauf ist ein Jahr, und da das Jahr in zwölf Monate eingeteilt war, hat man auch den Tierkreis in zwölf Abschnitte zerlegt. Die Sonne wandert innerhalb eines Monats durch einen ersten Abschnitt nach Osten zum zweiten Abschnitt, von dort im nächsten Monat in einen dritten usw. Nach zwölf Monaten ist sie wieder im ersten Abschnitt, am Ausgangspunkt, angelangt.

Jeder Abschnitt des Tierkreises hat sein eigenes typisches Sternenmuster. Es ist daher nur natürlich, zur Unterscheidung der Abschnitte diese Sternenmuster anzuwenden. Wenn ein Abschnitt vier Sterne in einer ungefähr viereckigen Anordnung aufweist, so könnte man ihn »Viereck« nennen, ein anderer Abschnitt könnte »V-Form«, wieder ein anderer »Großes Dreieck« usw. heißen.

Leider denken die meisten Leute allerdings nicht so streng geometrisch wie ich. Sie neigen eher dazu, in den Mustern vielgestaltigere Formen zu sehen. Eine Sternengruppe in Form eines V zum Beispiel wird als Kopf und die Hörner eines Stieres gedeutet. Für jeden Abschnitt erfanden die Babylonier phantasiereiche Musterbenennungen, die von den Griechen übernommen und ins Griechische übertragen wurden. Sie wurden an die Römer weitergegeben, die lateinische Namen einführten, die alsdann von uns übernommen wurden.

In der folgenden Aufstellung finden Sie diese Namen zusammen mit den deutschen Benennungen: 1) Aries oder Widder; 2) Taurus oder Stier; 3) Gemini oder Zwillinge; 4) Cancer oder Krebs; 5) Leo oder Löwe; 6) Virgo oder Jungfrau; 7) Libra oder Waage; 8) Scorpius oder Skorpion; 9) Sagittarius oder Schütze; 10) Capricornus oder Steinbock; 11) Aquarius oder Wassermann; 12) Pisces oder Fische.

Wie Sie sehen, wurden für sieben der zwölf Konstellationen Tiernamen gewählt. Die achte, Sagittarius oder Schütze, wird üblicherweise in Gestalt eines Zentaurs dargestellt, der – so nehme ich an – vielleicht als Tier angesehen werden darf. Wenn wir daran denken, daß die menschlichen Lebewesen einen Teil des Tierreiches darstellen, so ist die einzige nichttierische Konstellation Libra oder Waage.

EKLIPTIK

Die Griechen nannten diese Kette von Sternenkonstellationen folgerichtig *o zodiakos kyklos,* »Kreis der kleinen Tiere«, wovon sich die uns geläufigen Namen Tierkreis oder Zodiakus ableiten. Die modernen Astronomen unterteilen den Himmel in 88 Konstellationen. Dreißig dieser Konstellationen stellen leblose Objekte dar. (Es sind mehrheitlich Konstellationen am südlichen Himmel, die erst in jüngerer Zeit benannt wurden.) Von den verbleibenden 58 – meist alten – Namen stellen 36 Säugetiere dar (einschließlich 14 menschlicher Lebewesen), 9 Vögel, 6 Reptile, 4 Fische und 3 Gliederfüßer: Ein richtiger himmlischer Zoo!

Eigenartig ist jedoch folgendes: Obwohl die meisten Sternbilder von Ackerbaugesellschaften erfunden wurden, stellt keines davon einen Vertreter des Pflanzenreiches dar. Oder könnte dies als Argument dafür dienen, daß die ersten Sterngucker Hirten und keine Bauern waren?

Die Ekliptik oder der Tierkreis bildet mit dem Himmelsäquator einen Winkel von $23^{1}/_{2}{}^{\circ}$ (siehe Kapitel 3), weil die Erdachse um $23^{1}/_{2}{}^{\circ}$ gegen die Senkrechte auf die Erdbahn geneigt ist. Der Tierkreis schneidet daher den Himmelsäquator in zwei Punkten, die Äquinoktien oder Punkte der Tagundnachtgleiche genannt werden. Befindet sich nun die Sonne an einem dieser Schnittpunkte, so scheint sie senkrecht auf den Erdäquator herab, Tag und Nacht sind auf der ganzen Erde gleich lang, nämlich zwölf Stunden lang. Daher auch der Name.

Einer der beiden Punkte der Tagundnachtgleiche ist erreicht, wenn die Sonne auf ihrem Weg entlang des Tierkreises sich von der südlichen Himmelshalbkugel in die nördliche bewegt. Sie steigt höher in den Himmel (jedenfalls für uns in der nördlichen Hemisphäre), und der Frühling beginnt. Dies ist der Frühlingspunkt, der am 20. März erreicht ist.

An diesem Tag trat in der Zeit der alten Griechen die Sonne in das Sternbild des Widders ein. Da die Frühlings-Tagundnachtgleiche in einer Ackerbaugesellschaft ein guter Zeitpunkt für den Jahresbeginn ist, wurde es üblich, die Folge der Sternbilder am Tierkreis mit dem Sternbild des Widders zu beginnen – so wie ich es weiter oben getan habe.

Die Sonne verbleibt ungefähr einen Monat in jedem Sternbild, so daß sie sich vom 20. März bis zum 19. April im Sternbild des Widders bewegt, vom 20. April bis 20. Mai im Sternbild des Stiers usw. Dies war wenigstens die Anordnung der alten Griechen.

Da sich die Sonne nach dem Durchgang durch den Frühlingspunkt weiter entlang des Tierkreises bewegt, wächst ihr Abstand zum Himmelsäquator immer weiter an. Dabei steigt sie höher und höher in den nördlichen Himmel. Schließlich, auf halbem Wege zwischen den beiden Punkten der Tagundnachtgleiche, am 21. Juni, erreicht sie den Punkt größtmöglichen Abstandes zwischen Tierkreis und Himmelsäquator. Sie steht sozusagen für einen Moment in ihrer Nord-Süd-Bewegung still, wendet sich und beginnt eine Bewegung nach Süden. (So erscheint es uns wenigstens.) Dieser Wendepunkt wird Sommersonnenwende oder »Sommer-Solstitium« genannt. Das Wort »Solstitium« stammt aus dem Lateinischen und besagt soviel wie »Sonnenstillstand«.

Zu diesem Zeitpunkt liegt die Sonne $23^1/_2°$ nördlich des Himmelsäquators und tritt in das Sternbild des Krebses ein. Der Breitenkreis bei $23^1/_2°$ nördlicher Breite – über dem die Sonne am 22. Juni senkrecht herabscheint – wird »Wendekreis des Krebses« genannt.

Am 23. September hat die Sonne den Punkt der Herbst-Tagundnachtgleiche erreicht und ist dabei ins Sternbild der Waage eingetreten. Dann bewegt sie sich weiter südlich des Himmelsäquators und erreicht den maximal südlichsten Punkt am 21. Dezember, wobei sie in das Sternbild des Steinbocks eintritt. Das ist die Wintersonnenwende, und der Breitenkreis bei $23^1/_2°$ südlicher Breite auf der Erde ist der »Wendekreis des Steinbocks«.

Es gibt hier allerdings eine Schwierigkeit! Die Erdachse »wackelt«. Würde die Achse zur Himmelskugel hinaus verlängert sein, so würde ein jeder Pol langsam einen Kreis von 47° Durchmesser ziehen. Die Lage des Himmelsäquators hängt von der Schräglage der Erdachse ab; so bewegt sich der Himmelsäquator tatsächlich gegen den Hintergrund der Sterne von Osten nach Westen in einer Richtung, die parallel zum Tierkreis verläuft. Die Position der Punkte der Tagundnachtgleichen (die Schnittpunkte des sich bewegenden Himmelsäquators mit dem bewegungslosen Tierkreis) wandert westwärts auf die Sonne zu.

Die Punkte der Tagundnachtgleiche vollziehen so eine Umdrehung längs des Tierkreises in 25 760 Jahren. In einem Jahr ist demnach der Frühlingspunkt um 360 geteilt durch 25 760 oder 0,014° verlagert. Die Sonne, ihren Kreis von Westen nach Osten durchlaufend, trifft den Frühlingspunkt an einem Ort, der sich um 0,014° westlich vom vorhergehenden Treffpunkt befindet. Die Sonne muß deshalb zusätzlich noch 0,014° zurücklegen, um tatsächlich einen vollständigen Kreis bezüglich des Sternenhintergrundes zurückzulegen. Sie benötigt dafür 20 Minuten. Weil die Punkte der Tagundnachtgleiche sich sozusagen vorwärts bewegen und in jedem Jahr 20 Minuten nach dem festgelegten Plan erreicht werden, nennt man die dafür verantwortliche Bewegung der Erdachse das »Vorrücken der Tagundnachtgleichen«.

Durch sein Vorrücken tritt der Frühlingspunkt alle 2150 Jahre in ein neues Sternbild am Tierkreis ein. Zur Zeit der Pyramidenerbauer trat die Sonne während des Frühlingspunktes in das Sternbild des Stiers, zur Zeit der Griechen trat sie in das Sternbild des Widders ein. In der heutigen Zeit tritt sie in das Sternbild der Fische ein. Im Jahre 4000 n. Chr. wird sie in das Sternbild des Wassermanns eintreten.

Für einen vollen Kreis auf dem Sternenhintergrund benötigt die Sonne 365 Tage, 6 Stunden, 9 Minuten und 10 Sekunden. Dies ist das »siderische Jahr«. Für einen vollen Umlauf von Frühlingspunkt zu Frühlingspunkt benötigt sie 20 Minuten weniger: 365 Tage, 5 Stunden, 48 Minuten und 45 Sekunden. Dies ist das »tropische Jahr«, so genannt nach dem lateinisch-griechischen Wort »Tropus« für »Wendung«, weil es die Zeitspanne ist, in der sich die Sonne von Wendekreis zu Wendekreis und wieder zurück bewegt.

Die Gelehrten des Altertums meinten, daß die Position der Sonne am Tierkreis einen großen Einfluß auf die Erde ausübe. Wann immer sie sich im Sternbild des Löwen befand, schien die Sonne mit der Kraft eines Löwen und es war beständig heiß. Befand sie sich im Sternbild des Wassermanns, dann goß der Wasserträger üblicherweise seinen Behälter aus und es schneite sehr viel. Überdies wurden Sonnenfinsternisse als Vorzeichen für Katastrophen gedeutet, da immer nach einer Sonnenfinsternis Katastrophen beobachtet wurden. (Katastrophen gab es natürlich auch ohne Sonnenfinsternisse, doch achtete niemand darauf.)

Selbstverständlich suchten die Gelehrten nach weiteren Ursachen und fanden diese in den Bewegungen der fünf hellsten sternähnlichen Objekte Merkur, Venus, Mars, Jupiter und Saturn. Diese bewegten sich – wie Sonne und Mond – gegen den starren Sternenhintergrund und wurden daher von den Griechen »Planetes« (»Wanderer«) genannt. Auch heute noch sprechen wir von den »Planeten« oder »Wandelsternen«.

Die fünf Wandelsterne kreisen in gleicher Weise um die Sonne wie die Erde. Ihre Bahnebenen sind gegen die Ebene der Erdbahn nur geringfügig geneigt. Ihre Bewegung auf der Himmelskugel verläuft – wie diejenige von Sonne und Mond – durch die Sternbilder des Tierkreises. Ihre Bewegungen sind aber im Gegensatz zur Sonnen- und Mondbewegung recht kompliziert. Wegen der Bewegung der Erde formen die Bahnen der Wandelsterne dann und wann Schlingen. Das veranlaßte die Griechen, sich fünf Jahrhunderte lang ihre Köpfe zu zerbrechen, um für diese Bewegungen falsche Theorien auszuarbeiten.

Wenn die Theorien auch falsch waren, so reichten sie doch hin, um schließlich die vergangenen und die künftigen Positionen der Planeten zu berechnen. Man mußte sich nur noch entscheiden, welcher besondere Einfluß von welchem Planeten bei seinem Durchgang durch ein Sternbild des Tierkreises ausging. Die Position aller Planeten zur Zeit der Geburt eines Menschen sollte alles vorherbestimmen. Welcher Planet welchen Einfluß ausübt, dies zu entscheiden ist nicht weiter schwierig. Sie treffen einfach eine Entscheidung, der Sie Beachtung schenken wollen. Der Pseudowissenschaftler der Astrologie erfindet derartige Einflüsse offensichtlich ohne irgendwelche Schwierigkeiten, und jeder Astrologe hat da seine eigenen Vorstellungen.

Mehr noch – für den Astrologen hat sich seit der Zeit der Griechen nichts geändert. Die Zeit vom 20. März bis zum 19. April wird immer noch vom »Zeichen des Widders« bestimmt, selbst wenn sich derzeit als eine Folge des Vorrückens des Frühlingspunktes die Sonne im Sternbild der Fische befindet. Daher ist es heute notwendig, zwischen dem »Tierkreiszeichen« und der »Sternkonstellation im Tierkreis« zu unterscheiden, denn die Zeichen sind heute das, was die Konstellationen vor 2000 Jahren waren. Ich habe jedoch niemals gehört, daß sich ein Astrologe darum gekümmert hätte.

All das und mehr noch kam mir in den Sinn, als ich vor einiger Zeit zu einer Fernsehdiskussion eingeladen wurde, deren Thema die Astrologie war. Ich sollte die Wissenschaft gegen drei andere Teilnehmer der Diskussionsrunde vertreten, die professionelle Astrologen waren.

Anfangs meinte ich, daß es meine Pflicht als Rationalist sei, mit einem Schlag gegen Torheit und Aberglaube auszuholen. Dann fiel mir aber etwas anderes ein: Zweifellos waren die drei Fachleute Experten auf ihrem besonderen Gebiet des Kauderwelschs. Sie konnten mit Leichtigkeit einen Haufen Unsinn daherreden, während ich mit meinem bißchen Vernunft gegen sie anzutreten hätte. Überdies sind Astrologen sehr geschickt mit einer Argumentation, die alle Pseudowissenschaftler als »Beweis« ansehen. Ihre Argumentation würde ungefähr so aussehen: »Menschen, die unter dem Sternzeichen Löwe geboren sind, sind Führernaturen, da der Löwe ja der König der Tiere ist. Einen Beweis dafür findet man darin, daß Napoleon Bonaparte unter dem Sternzeichen Löwe geboren wurde.«

Nehmen Sie also an, ich hätte darauf geantwortet: »Aber ein zwölftel der Menschheit, was etwa 250 Millionen Menschen sind, wurde unter dem Sternzeichen Löwe geboren. Haben Sie, oder hat irgend jemand sonst jemals versucht herauszufinden, ob der Anteil der Führernaturen unter ihnen bedeutend größer ist als unter den Nichtlöwen? Und wie wollen Sie objektiv nachprüfen, wann Führungseigenschaften überhaupt vorhanden sind?«

Selbst wenn ich es geschafft hätte, dies alles zu sagen, man hätte mich sicherlich wie einen Mondsüchtigen angestarrt und möglicherweise für einen gefährlichen Umstürzler gehalten. Auch heute noch glaubt die breite Öffentlichkeit leidenschaftlich an die Astrologie und unterstützt mehr Astrologen (das vermute ich ernsthaft) als in allen vorhergehenden Jahrhunderten zusammengenommen . . . Man hätte bestimmt dazu aufgerufen, mich zu lynchen!

Da ich also zwischen dem Wunsch, für die Wahrheit zu kämpfen, und der Furcht, daß die Wahrheit massakriert und hoffnungslos untergehen würde, hin und her schwankte, entschloß ich mich, die Astrologie selber um Entscheidungshilfe heranzuziehen. Mit Sicherheit würde ein bißchen astrologische Analyse mir Aufschluß geben können, was ich bei einer derartigen Konfrontation zu erwarten hätte . . .

Ich bin am 2. Januar geboren, ich fiel also unter das Sternzeichen des Steinbocks – zur Gattung der Ziegen gehörig.

Das gab schließlich den Ausschlag! Höflich, aber bestimmt lehnte ich es ab, an dieser Fernsehdiskussion teilzunehmen.

5. Namengebung

Als die Welt noch jung (und ich ein Jüngling) war, mußte ein utopischer Roman in seinem Titel mindestens den Namen irgendeines Himmelskörpers haben, um interessant zu wirken. Unter meinen eigenen ersten phantastischen Romanen gab es zum Beispiel Titel wie »Marooned of Vesta« (Abseits von Vesta ausgesetzt), »Christmas on Ganymede« (Weihnachten auf Ganymed) und »The Callistan Menace« (Drohung von der Kallisto). (Wirklich ausgesprochen großartige Titel!)

GAEA TELLURIUM

Das ist inzwischen aus der Mode gekommen. Doch während der dreißiger Jahre wuchs eine ganze Generation von Anhängern utopischer Romane heran, denen die Namen von Himmelskörpern aus dem Sonnensystem so geläufig waren wie diejenigen der Bundesstaaten von Amerika. Vermutlich wußte nur jeder Zehnte, was diese Namen ursprünglich bedeuteten und wie man dazu kam, sie zur Benennung von Himmelskörpern zu verwenden. Manchmal wurden sie nicht einmal richtig ausgesprochen – aber wen kümmerte das schon! Wieviel beeindruckender war es doch, wenn ein zehnfüßiges Ungeheuer von Umbriel oder von Jo auftauchte, statt etwa nur aus Philadelphia.

Aber gegen Unwissenheit muß man ankämpfen. Wir wollen einmal sehen, was es mit den Namen auf sich hat. Gehen wir also das Sonnensystem in der Reihenfolge durch, in der die Namengebung erfolgt ist, und lassen Sie uns sehen, was wir da ausfindig machen können.

Ich denke, die Erde sollte zuerst an die Reihe kommen. Das Wort Erde ist ein altes germanisches Wort. Doch es wurden noch andere Ausdrücke benutzt, die ihren Ursprung in den klassischen Sprachen haben. Das griechische Wort für Erde war *Gaia*, lateinisch *Gaea*. Es ist der Wortstamm für Geographie (Erdbeschreibung), Geologie (Erdlehre), Geometrie (Erdmessung) usw.

Im Lateinischen wird Erde mit dem Wort *Terra* bezeichnet. In utopischen Romanen wird ein menschliches Wesen von der Erde vielleicht Erdbewohner oder Erdmensch genannt, häufig aber auch Terrestrianer, ein Wesen aus einer anderen Welt wird dagegen fast unvermeidlich ein »Extra-Terrestrianer« sein.

Die Römer nannten die Erde auch *Tellus Mater* (d.h. Mutter Erde). Der Genitiv zu Tellus lautet *Telluris*, so daß Erdmenschen in utopischen Romanen gelegentlich als Tellurianer erscheinen. Es gibt ferner ein chemisches Element, »Tellurium«, das zu Ehren dieser Version unseres Planeten benannt wurde.

Aber lassen wir einmal die Erde beiseite. Die ersten zwei besonders ins Auge fallenden Himmelskörper waren zweifellos und offensichtlich Sonne und Mond. Beide Worte sind – wie Erde – alte germanische Namen.

Für die Griechen war *Helios* die Sonne, für die Römer *Sol*. Heute ist die Bezeichnung Helios so gut wie vergessen, obwohl wir »Helium« als Namen für ein chemisches Element verwenden, das man ursprünglich nur in der Sonne zu finden glaubte.

Sol dagegen hat sich hartnäckiger erhalten. Das von der Sonne abgeleitete allgemein übliche Eigenschaftswort ist das Wort »sonnig«, aber in der Wissenschaft verwendet man das Eigenschaftswort »solar«. Wir sprechen zwar von einem sonnigen Tag und einem sonnigen Gemüt, niemals aber von einer »sonnig-erdigen«, sondern von einer »solar-terrestrischen« Beziehung. In utopischen Romanen bezeichnet man die Sonne häufig auch als »Sol« und die Erde gelegentlich als »Sol III«.

Mond heißt im Griechischen *Selene*, im Lateinischen *Luna*. Die erste Bezeichnung finden Sie in dem chemischen Element »Selen«, das nach dem Mond benannt wurde. Und die Herstellung von Mondkarten ist Sache der »Selenographie«. Der lateinische Name erscheint häufig als Eigenschaftswort »lunar«.

Die Übung, Himmelskörper mit Namen aus der Mythologie zu belegen, ist meiner Meinung nach nicht ursprünglich bei den Griechen entwickelt worden, sie war nichts anderes als Nachahmung.

Gewiß, man spricht von Helios als dem Sonnengott und von Gaea als der Göttin der Erde, aber es scheint mir offensichtlich zu sein, daß die Worte zuerst gebraucht wurden, um physische Objekte auszudrücken und daß erst später eine Personifizierung mit Göttern und Göttinnen hinzukam.

Tatsächlich bemerkten die späteren Griechen das Fehlen eines mythologischen Charakters. Sie versuchten deshalb, Apollo zum Sonnengott und Artemis (die Diana der Römer) zur Göttin des Mondes zu küren. Griechische Gelehrte mögen das aufgenommen haben, aber das einfache Volk nannte Sonne und Mond weiterhin Helios und Selene. (Dieser Versuch wirkte sich auf spätere Gelehrte derartig aus, daß kein anderer wichtiger Himmelskörper nach Apollo und Artemis benannt wurde.) Ich möchte diese Theorie noch etwas näher begründen, indem ich mich einem anderen Himmelskörper zuwende.

Nach Sonne und Mond müssen sicherlich als nächste Körper von Wichtigkeit die fünf hellen »Sterne« genannt werden, deren Positionen im Vergleich zu den Fixsternen nicht fest sind, die sich daher wie Sonne und Mond bewegen und Planeten oder Wandelsterne genannt wurden. (Siehe Kapitel 4.)

Der hellste dieser »Sterne« ist die *Venus*. Er wurde wohl zuerst bemerkt – aber nicht notwendigerweise allein. Die Venus erscheint manchmal am Abend nach Sonnenuntergang, manchmal am Morgen vor Sonnenaufgang, abhängig von der Position in ihrer Umlaufbahn. Daher wird sie manchmal als »Abendstern«, manchmal als »Morgenstern« bezeichnet. Für die frühen Griechen waren dies jedoch zwei verschiedene Himmelskörper und daher erhielt jeder seinen eigenen Namen.

Der Abendstern, regelmäßig im Westen nahe der untergehenden Sonne auftauchend, wurde *Hesperos* (»Abend« oder »West«) genannt. Der entsprechende lateinische Name war *Vesper*. Der Morgenstern hieß *Phosphoros* (»Lichtbringer«), denn sobald der Morgenstern auftauchte, waren Sonne und Licht nicht mehr fern. (Das chemische Element »Phosphor« erhielt seinen Namen, weil es im Dunkeln leuchtet, eine Folge seiner langsamen Verbrennung mit dem Luftsauerstoff.) Der lateinische Name für Morgenstern war *Lucifer*, was ebenfalls »Lichtbringer« bedeutet.

Beachten Sie bitte, daß die Griechen hierbei von der Mythologie keinen Gebrauch machten. Ihre Worte für Abend- und Morgenstern waren logisch beschreibende Worte. Aber dann (während des 6. Jahrhunderts v.Chr.) kehrte der griechische Philosoph Pythagoras von Samos von einer Reise durch Babylonien in die griechische Welt zurück. Bei seiner Heimkehr hatte er den Kopf voller babylonischer Ideen.

Zu jener Zeit war nämlich die babylonische Astronomie weit entwickelt und den griechischen Anfängen um vieles voraus. Das Interesse der Babylonier für die Astronomie war überwiegend astrologischer Natur, und so war es für sie völlig selbstverständlich, die mächtigen Planeten mit den mächtigen Göttern auf eine Stufe zu stellen. (Warum auch nicht, besaßen doch beide große Macht über die Menschen!) Die Babylonier wußten, daß Abend- und Morgenstern ein einziger Planet waren – schließlich erschienen sie ja niemals an ein und demselben Tag: War der eine anwesend, so fehlte der andere, und aus ihren Bewegungen konnte man erkennen, daß der Morgenstern an der Sonne vorbeizog und zum Abendstern wurde, wie auch umgekehrt. Da der Planet so hell und schön leuchtete, hielten es die Babylonier für angebracht, ihn mit »Ischtar«, ihrer Göttin für Schönheit und Liebe, gleichzustellen.

Pythagoras kehrte wie gesagt mit diesem Wissen der Babylonier nach Griechenland zurück. Hesperos und Phosphoros verschwanden vom Himmel, man kopierte das babylonische System und der Planet wurde nach Aphrodite, der griechischen Göttin für Schönheit und Liebe, benannt. Für die Römer war es die Göttin Venus, und deren

Namen trägt der Planet auch heute noch. Die Übung, Himmelskörpern die Namen von Göttern und Göttinnen zu geben, war also – wie mir scheint – bei den Griechen (und ihren Nachfolgern) ein Nachahmen der Babylonier.

Übrigens bringt der Name »Venus« eine Schwierigkeit mit sich: Eigenschaftswörter von klassischen Wörtern dieser Art müssen vom Genitiv abgeleitet werden, und der Genitiv zu »Venus« ist *Veneris*. Wir können also nicht von einer »venusischen Atmosphäre« oder einer »venutianischen Atmosphäre« sprechen, wie es Autoren utopischer Romane manchmal tun mögen, sondern nur von einer »venerischen Atmosphäre«. Unglücklicherweise sind hiermit aber recht unbequeme Assoziationen verbunden und deshalb wird diese Form nicht angewandt. In dieser Notlage könnten wir auf den griechischen Namen zurückgreifen, aber dessen Genitiv lautet *Aphrodisiakos*, und wenn wir von einer »aphrodisischen Atmosphäre« sprächen, würden wir – glaube ich – denn doch einen falschen Eindruck hinterlassen.

Aber etwas muß getan werden. Wir erforschen ja tatsächlich die Atmosphäre der Venus mit Raumsonden, und irgendein Eigenschaftswort ist daher wünschenswert. Glücklicherweise gibt es einen Ausweg: In früheren Tagen war der Venus-Kult auf einer kleinen Insel südlich von Griechenland sehr berühmt. Sie wurde Kythera (lateinisch Cythera) genannt, so daß man sich im poetischen Sinn auf Aphrodite als die »Kytherische Göttin« bezog. Unsere »poetischen Astronomen« erfanden daher die »kytherische Atmosphäre«. (In der deutschen Sprache ist allerdings die Forderung nach einem Eigenschaftswort weniger zwingend, da man schlicht auch von einer Venus-Atmosphäre sprechen kann.)

Die anderen vier Planeten werfen keine Probleme auf. Der zweithellste von ihnen ist in Wirklichkeit der Königsplanet. Die Venus mag zwar heller sein, aber sie ist zu sehr an die Nachbarschaft der Sonne gebunden und daher nie um Mitternacht sichtbar. Der zweithellste Planet jedoch kann die ganze Nacht über gesehen werden und es ist durchaus angemessen, ihn nach dem wichtigsten Gott zu benennen. Die Babylonier nannten ihn dementsprechend »Marduk«. Die Griechen folgten diesem Beispiel und hießen ihn »Zeus«, die Römer gaben ihm den Namen *Jupiter*. Der Genitiv von Jupiter lautet *Jovis*. Ein Mensch, der unter dem astrologischen Einfluß von Jupiter geboren ist, gilt daher als »jovial«.

Weiter gibt es einen rötlichen Planeten. Rot ist die Farbe des Blutes, des Krieges und der Konflikte. Die Babylonier tauften ihn nach ihrem Kriegsgott »Nergal«. Die Griechen folgten diesem Beispiel und nannten ihn nach ihrem Kriegsgott »Ares«. Astronomen, die dessen Oberfläche studieren, treiben daher »Areographie«. Die Lateiner benutzten für diesen Planeten gleichfalls den Namen ihres Kriegsgottes *Mars*. Der Genitiv lautet *Martis*, so daß wir manchmal von »martianischen Kanälen« sprechen. (Auch hier macht sich die Besonderheit der deutschen Sprache bemerkbar, nämlich neue Wörter durch Aneinanderreihen von zwei Hauptwörtern bilden zu können, wodurch ein einfaches Mittel zur Vermeidung von Eigenschaftswörtern gegeben ist. Man spricht in der Regel schlicht von Marskanälen.)

Der Planet mit der geringsten Entfernung zur Sonne erscheint wie die Venus zweimal, einmal als Abend- und einmal als Morgenstern. Weil er aber kleiner ist als die Venus, weniger Licht zurückwirft und näher zur Sonne steht, ist er wesentlich schwieriger zu sehen. Als die Griechen darangingen, ihm einen Namen zu geben, waren sie bereits von den mythologischen Ideen besessen. Als Abendstern wurde er »Hermes«, als Morgenstern »Apollo« benannt.

Der letzte Name ist einleuchtend, da die späteren Griechen Apollo mit der Sonne assoziierten und der Planet am Himmel sichtbar war, kurz bevor die Sonne aufging. Da er näher bei der Sonne war als irgendein anderer Planet, bewegte er sich viel schneller als jeder andere Körper gegen den Fixstern-Hintergrund, den Mond ausgenommen. (Natürlich wußten die Griechen noch nicht, daß die Sonnennähe der Grund für die schnelle Bewegung gegen den Fixstern-Hintergrund war.) Die schnelle Bewegung dieses Planeten verlieh ihm Ähnlichkeit mit dem flügelfüßigen Götterboten Hermes. Ihm aber zwei Namen zu geben, war unzeitgemäß. Mit der Richtigstellung in Sachen Venus wurde auch Hermes/Apollo bald zu einem Planeten reduziert und der Name Apollo fallengelassen. Die Römer benannten ihn nach »Mercurius«, der bei ihnen die Rolle des Hermes einnahm. Heute nennen wir ihn *Merkur*.

Ein Planet ist noch übriggeblieben. Soweit den Griechen bekannt, handelte es sich um den langsamsten (der die größte Sonnenferne hat). Sie gaben ihm deshalb den Namen eines Gottes, von dem man erwarten konnte, daß sein Schritt langsam und würdig war. Sie nannten ihn »Kronos«, nach dem Vater des Zeus und Herrscher im Universum vor dem erfolgreichen Aufstand der Olympiaden unter der Führung von Zeus. Der Kronos gleichwertige Gott bei den Römern aber war »Saturnus«, daher der heute übliche Name *Saturn*. Menschen, die unter dem Zeichen des Saturn geboren wurden, sollen demnach seine Würde widerspiegeln und werden gelegentlich als »saturnisch« bezeichnet.

Zweitausend Jahre lang blieben Erde, Sonne, Mond, Merkur, Venus, Mars, Jupiter und Saturn die einzigen bekannten Körper im Sonnensystem. Dann kam das Jahr 1610, in dem der italienische Astronom Galileo Galilei ein selbstgebautes Fernrohr in den Himmel richtete. Alsbald entdeckte er vier untergeordnete Objekte, die den Planeten Jupiter umkreisen. (Der deutsche Astronom Johannes Kepler nannte diese untergeordneten Körper kurz darauf »Satelliten«, nach dem lateinischen Wort für das Gefolge eines machtvollen Mannes.)

Wie sollte man nun diese neuen Körper benennen? Die mythologischen Namen der Planeten blieben in der Zeit des Christentums erhalten, aber ich kann mir vorstellen, daß natürlich Bedenken vorhanden waren, heidnische Götternamen für die neuen Satelliten zu verwenden. Galileo selbst wollte Cosimo Medici II., Großherzog von Toskana, ehren, von dem er ein Amt erwartete (und später auch erhielt). Er nannte die Satelliten *Sidera Medicea* (Medici-Sterne). Glücklicherweise setzte sich diese Namengebung aber nicht durch. Heutzutage nennen wir sie die »Galiläischen Satelliten« und einzeln verwenden wir für sie doch mythologische Bezeichnungen. Ein deutscher Astronom, Simon Marius, gab ihnen die Namen, als er sie – einen Tag nach Galileo! – entdeckt hatte. Die Namen wurden zu Ehren der Liebschaften des Jupiter gegeben. Es gab deren allerdings recht viele. In der Reihenfolge von Jupiter nach außen sind es: *Jo*, nach einer jungen Dame, die Zeus in eine Kuh verwandelt hatte, um sie vor der Eifersucht seiner Frau zu schützen. Der zweite Satellit ist nach *Europa* benannt, die der in Stiergestalt verwandelte Zeus heimlich von der Küste Phöniziens entführt und nach Kreta gebracht hatte (auf diese Weise erhielt Europa seinen Namen). Der dritte ist benannt nach *Ganymed*, einem trojanischen Jüngling (nun, die Griechen waren in solchen Angelegenheiten sehr liberal), von Zeus in Adlergestalt heimlich entführt. Und der vierte heißt *Kallisto*, nach einer Nymphe, die von der Gemahlin des Zeus gefangen und in eine Bärin verwandelt worden war.

Dem dritten dieser Himmelskörper eher einen männlichen als einen weiblichen Namen zu geben, stellte sich als passend heraus, da Ganymed der größte der Galiläischen Satelliten wie auch der größte aller Satelliten im Sonnensystem überhaupt ist. (Er ist sogar größer als

Merkur, der kleinste Planet.)

Die Namengebung der Galiläischen Satelliten begründete die Übung, daß alle Körper des Sonnensystems mit mythologischen Namen versehen werden, und seitdem wurde diese Gepflogenheit mit Ausnahme höchst seltener Fälle beibehalten.

Im Jahre 1655 entdeckte der holländische Astronom Christian Huygens einen Satelliten des Saturn (heute als der sechste des Planeten bekannt), den er *Titan* nannte. Einesteils ist das treffend, da Saturn (Kronos) und seine Brüder und Schwestern, die das Universum beherrschten, bevor Zeus an Kronos' Stelle trat, alle als »Titanen« bezeichnet wurden. Andererseits ist es sehr bedauerlich, daß sich dieser Name auf eine ganze Göttergruppe und nicht auf eine einzelne Gottheit bezieht. Der Name war sogar auf eine zweite Art zutreffend. »Titan« wird heute im Sinne von Gigant verstanden, da die Titanen und ihre Verbündeten von den Griechen in übermenschlicher Größe dargestellt wurden; es stellte sich heraus, daß Titan einer der größten Satelliten im Sonnensystem ist.

Der italienisch-französische Astronom Gian Domenico Cassini verfuhr etwas gründlicher als Huygens. Während der Jahre 1671 bis 1684 entdeckte er vier weitere Satelliten des Saturn und benannte sie nach den einzelnen männlichen und weiblichen Titanen. Die Satelliten, die heute als der dritte, vierte und fünfte des Saturn bekannt sind, nannte er nach den drei Geschwistern des Saturn *Tethis, Dione* und *Rhea*. Rhea war gleichzeitig Saturns Gemahlin. Den achten Satelliten des Saturn nannte er *Japetus*, nach dem Namen eines Bruders des Saturn. Hier werden also letztlich griechische Namen verwendet, da es mit Ausnahme von Rhea keine entsprechenden lateinischen gab. Der Rhea entspricht im Lateinischen die Ops. Cassini versuchte, die vier von ihm entdeckten Himmelskörper unter dem Namen »Ludovici« nach seinem Patron Ludwig XIV. – lateinisch »Ludovicus« – zusammenzufassen, aber auch dieser zweite Versuch, eine königliche Hoheit zu ehren, scheiterte.

So wurden innerhalb von 75 Jahren nach der Erfindung des Fernrohrs neun neue Körper des Sonnensystems entdeckt: Vier Satelliten des Jupiter und fünf des Saturn. Dann tauchte etwas Aufregenderes auf. Am 13. März 1781 entdeckte der deutsch-englische Astronom William Herschel bei seinen Himmelsbeobachtungen ein Objekt, das er zunächst für einen Kometen hielt. Es stellte sich aber bald heraus, daß es kein Komet war, sondern ein neuer Planet mit einer Umlaufbahn außerhalb jener des Saturn.

Wie sollte der neue, der erste in geschichtlicher Zeit entdeckte Planet benannt werden? Herschel selbst nannte ihn nach seinem Förderer König Georg III. von England »Georgium Sidus« (Georg-Stern). Aber auch dieser dritte Versuch, eine königliche Hoheit zu ehren, mißlang. Viele Astronomen hielten es für angemessener, ihm den Namen seines Entdeckers zu verleihen und ihn »Herschel« zu nennen. Die Mythologie jedoch behielt abermals die Oberhand. Der deutsche Astronom Johann Bode machte einen wirklich klassischen Vorschlag: Er meinte, daß die Planeten eine himmlische Familie ergeben sollten. Die drei innersten Planeten (mit Ausnahme der Erde), nämlich Merkur, Venus und Mars, waren Geschwister und Kinder des Jupiter, dessen Umlaufbahn außerhalb der ihren lag. Jupiter wiederum war der Sohn des Saturn, dessen Umlaufbahn außerhalb der seinigen lag. Da der neue Planet seine Umlaufbahn außerhalb von Saturn einnahm, warum sollte man ihn dann nicht *Uranus* nennen, nach dem Gott des Himmels und dem Vater des Saturn? Der Vorschlag wurde angenommen und man nannte ihn von da an Uranus. (Die Betonung liegt auf der ersten Silbe!) Mehr noch, im Jahre 1798 entdeckte der deutsche Chemiker Martin Heinrich Klaproth ein neues chemisches Element, das er zu dessen Ehren »Uran« nannte.

Herschel entdeckte im Jahre 1787 noch die zwei größten Satelliten des Uranus (den vierten und fünften der Uranus-Satelliten). Er gab ihnen Namen aus der Mythologie, aber nicht aus der griechisch-römischen Mythologie. Da er die englische Staatsangehörigkeit angenommen hatte, fühlte er sich vielleicht als übereifriger Engländer (manchmal ist das der Fall) und bemühte sich um englische Sagen; er nannte die Satelliten *Titania* und *Oberon*, nach der Königin und dem König des Feenlandes in Shakespeares Schauspiel »Ein Sommernachtstraum«.

Im Jahre 1789 entdeckte er zwei weitere Satelliten des Saturn (die zwei innersten) und durchbrach noch einmal die mythologische Logik. Der Planet und seine damals bekannten fünf Satelliten waren alle nach verschiedenen männlichen und weiblichen Titanen benannt worden (auch einschließlich des Sammelbegriffs Titan). Herschel nannte seine beiden Satelliten *Mimas* und *Enceladus*, nach zwei Giganten, die sich lange nach der Niederlage der Titanen gegen Zeus erhoben hatten.

Nach der Entdeckung von Uranus scheinen plötzlich alle Astronomen vom Entdeckerfieber gepackt zu sein. Sie suchten besonders in dem ungewöhnlich großen Raum zwischen Mars und Jupiter. Als erster fand dort der italienische Astronom Giuseppe Piazzi einen Körper. Er gewahrte ihn am 1. Januar 1801 im Observatorium von Palermo auf Sizilien. Obwohl Priester, blieb er der mythologischen Übung treu und nannte den neuen Körper *Ceres*, nach der Schutzgöttin seiner Heimat Sizilien. Ceres war die Schwester des Jupiter und die Göttin der Feldfrüchte und des Wachstums (daher Zerealien). Dies war der zweite Planet, der einen weiblichen Namen erhielt (Venus war selbstverständlich der erste), und das wurde Mode. Es stellte sich heraus, daß Ceres ein kleines Objekt war (etwa 780 km im Durchmesser). Noch viele kleine Körper wurden im Raum zwischen Mars und Jupiter gefunden, und hundert Jahre lang erhielten alle Neuentdeckungen weibliche Namen.

Während der nächsten sechs Jahre wurden noch drei solcher kleinerer Planeten, »Planetoiden«, entdeckt. Zwei nannte man *Juno* und *Vesta*, nach den zwei Schwestern der Ceres. Selbstverständlich waren sie Schwestern des Jupiter, und Juno war obendrein seine Gemahlin. Der dritte Planetoid wurde *Pallas* genannt, nach einem Beinamen der Athene, Tochter des Zeus (Jupiter), daher eine Nichte der Ceres. (Zwei chemische Elemente, entdeckt innerhalb jenes Jahrzehnts, wurden »Cer« [oder »Zer«] und »Palladium« genannt, nach Ceres und Pallas.)

Spätere Planetoiden benannte man nach weniger bedeutenden Göttinnen, so zum Beispiel nach *Hebe*, Mundschenk der Götter, nach *Iris*, Botin der Götter, nach den verschiedenen Musen, Grazien, Horen, Nymphen usw. Schließlich war der Vorrat an Namen erschöpft und die weiteren Planetoiden erhielten triviale und alberne Namen. Wir wollen uns mit ihnen nicht weiter beschäftigen.

Im Jahre 1846 ereignete sich wieder etwas Aufregendes: Die Bewegungen des Uranus zeigten leichte Unregelmäßigkeiten. Der Franzose Urbain J. J. Leverrier und der Engländer John Couch Adams sagten die Position eines Planeten hinter Uranus voraus, dessen Schwerefeld für die unregelmäßigen Bewegungen des Uranus verantwortlich sein sollte. In der vorausberechneten Position wurde der Planet tatsächlich entdeckt. Wieder gab es Schwierigkeiten bei der Namengebung. Bodes mythologisches Familienkonzept konnte nicht weitergeführt werden, da Uranus, der erste Gott, aus dem Chaos gekommen war und keinen Vater hatte. Einige schlugen vor, ihn nach Leverrier zu benennen. Es setzte sich jedoch ein besserer Vorschlag durch. Der neue, grünlich schimmernde Planet wurde nach dem Seegott *Neptun* benannt.

Leverrier berechnete noch die Bahn eines weiteren unbekannten Planeten innerhalb der Umlaufbahn des Merkur und nannte ihn nach dem Gott des Feuers, »Vulcanus«, ein natürlicher Hinweis auf die dichte Stellung des Planeten zum zentralen Feuer des Sonnensystems. Ein derartiger Planet wurde jedoch nie entdeckt und heute weiß man, daß ein solcher Planet nicht existiert.

Als Neptun entdeckt worden war, richtete der englische Astronom William Lassell sein Fernrohr auf ihn und seine Umgebung: Er entdeckte einen großen Satelliten, den er *Triton* nannte, ein passender Name, da Triton ein Halbgott des Meeres und ein Sohn Neptuns (Poseidons) war. 1851 entdeckte er noch zwei weitere Satelliten des Uranus, die dem Planeten näher standen als Herschels Oberon und Titania. Lassell, ebenfalls Engländer, folgte Herschels Vorbild, Namen aus der englischen Sagenwelt zu verwenden. Er hielt sich an das Epos »Der Lockenraub« von Alexander Pope, in dem zwei Elfengestalten, *Ariel* und *Umbriel*, vorkommen.

Weitere Satelliten tauchten auf. Saturn hatte, soweit bekannt, sieben Satelliten; im Jahre 1848 entdeckte der amerikanische Astronom Georg P. Bond einen achten; 1898 vervollständigte der amerikanische Astronom William H. Pickering die Liste mit der Entdeckung eines neunten. Sie wurden nach einem Titanen und einer Titanin benannt: *Hyperion* und *Phoebe*. Pickering glaubte im Jahre 1905, noch einen zehnten Satelliten gefunden zu haben, und nannte ihn nach einer anderen Titanin »Themis«; diese Entdeckung erwies sich jedoch als Irrtum.

1877 entdeckte der amerikanische Astronom Asaph Hall, während er auf eine ungewöhnlich nahe Position von Mars wartete, bei einer sorgfältigen Prüfung seiner Umgebung zwei winzige Satelliten. Er nannte sie *Phobos* (Furcht) und *Deimos* (Terror), nach den beiden Söhnen des Kriegsgottes Mars (Ares), die in der griechischen Sage natürlich nur Sinnbilder der unvermeidlichen Folgen eines Krieges waren.

Im Jahre 1892 entdeckte der amerikanische Astronom Edward E. Barnard einen fünften Satelliten des Jupiter. Er lag näher am Jupiter als die Galiläischen Satelliten und lange Zeit erhielt er keinen Namen, sondern wurde »Jupiter V« (der fünfte in der Reihenfolge der Entdekkungen) oder »Barnards Satellit« genannt. Der französische Astronom Camille Flammarion wählte für ihn den mythologischen Namen *Amalthea*, und diese Bezeichnung kommt langsam in Gebrauch. Ich bin froh darüber, denn Amalthea war die Amme des Jupiter (Zeus), und es ist erfreulich, daß die Amme seiner Kinderzeit dichter neben ihm zu sehen ist als die jugendlichen Freunde und Freundinnen seiner Erwachsenenjahre.

Im zwanzigsten Jahrhundert wurden nicht weniger als sieben weitere Satelliten des Jupiter entdeckt, alle sehr weit entfernt, alle recht klein, alle wahrscheinlich eingefangene Planetoiden und alle namenlos. Davon erhielten die drei Planetoiden, die Jupiter am nächsten sind, Namen nach den griechischen Göttinnen *Hestia*, *Hera* und *Demeter*, den drei Schwestern des Jupiter (Zeus). Hera war natürlich gleichzeitig seine Frau. Die entsprechenden römischen Namen (in gleicher Reihenfolge: Vesta, Juno und Ceres) wurden bereits als Namen für Planetoiden verwendet. Die zwei Satelliten des Jupiter mit der größten Entfernung erhielten Namen nach zwei Brüdern des Jupiter (Zeus) *Poseidon* und *Hades*. Die römische Version des Gottes Poseidon, nämlich Neptun, wurde bereits einem Planeten verliehen. Von den restlichen Satelliten heißt einer *Pan*, nach einem Enkelsohn des Jupiter (Zeus), und der andere *Adrastea*, nach einer anderen Amme aus seiner Kindheit.

Der Name der Gemahlin Jupiters (Zeus), Hera, wurde einem Satelliten verliehen, der viel weiter entfernt und kleiner ist als diejenigen Satelliten, die zu Ehren seiner außerplanmäßigen Liebschaften benannt wurden. Ich bin nicht sicher, ob so etwas richtig ist, aber ich stelle mir vor, daß Astronomen von diesen Dingen mehr verstehen als ich.

Im Jahre 1898 entdeckte der deutsche Astronom G. Witt einen ungewöhnlichen Planetoiden: Er hatte eine Umlaufbahn, die näher an die Sonne heranführte als irgendeine andere Bahn der bis dahin bekannten Planetoiden. Sie verlief dicht an Mars vorbei und auch ziemlich nahe an der Umlaufbahn der Erde. Die Erde einmal außer Betracht lassend, könnte dieser Planetoid als eine Verbindung zwischen Mars und Venus angesehen werden. Witt gab ihm daher den Namen *Eros*, nach dem Gott der Liebe, Sohn des Mars (Ares) und der Venus (Aphrodite).

Das war der Anfang einer neuen Übung: Man gab den Planetoiden mit auffälligen Umlaufbahnen männliche Namen. So erhielten zum Beispiel die Planetoiden mit Bahnen innerhalb der Umlaufbahn des Jupiter Namen von männlichen Teilnehmern am Trojanischen Krieg: *Achilles, Hektor, Patroklus, Ajax, Diomedes, Agamemnon, Priamus, Nestor, Odysseus, Antilochus, Äneas, Anchises* und *Troilus*.

Ein besonders interessanter Fall erschien im Jahre 1948, als der deutsch-amerikanische Astronom Walter Baade einen Planetoiden entdeckte, der dichter zur Sonne vordrang als selbst Merkur. Er gab ihm den Namen *Ikarus*, nach dem mythischen Jüngling, der so nahe an der Sonne vorbeiflog, bis das Wachs in den Federn seiner künstlichen Flügel zerschmolz, so daß er abstürzte und starb.

Zwei weitere Satelliten wurden noch entdeckt: Im Jahre 1948 bemerkte der holländisch-amerikanische Astronom Gerard P. Kuiper einen Satelliten des Planeten Uranus, der den Uranus auf einer engeren Bahn umkreiste, als alle seine anderen Satelliten. Da Ariel, der folgende Uranus-Satellit, eine Figur in Shakespeares »Der Sturm« als auch in Popes »Der Lockenraub« ist, hatte Kuiper die Eingebung, den neuen Satelliten nach der Heldin im Schauspiel »Der Sturm« zu benennen: *Miranda*. 1949 entdeckte er den zweiten Satelliten des Neptun. Triton, nach dem der erste Satellit benannt wurde, repräsentiert nicht nur einen Halbgott, sondern auch eine ganze Gattung menschenähnlicher Meereshalbgötter. Kuiper gab daher dem zweiten Satelliten nach einer ganzen Gattung von Meeresnymphen den Namen *Nereid*.

Inzwischen hatte während der ersten Jahrzehnte des zwanzigsten Jahrhunderts der amerikanische Astronom Percival Lowell nach einem neunten Planeten hinter Neptun gesucht. Ohne Erfolg starb er im Jahre 1916. Aber 1930 konnte Clyde W. Tombaugh, der in Lowells Observatorium in dessen Geist weitergearbeitet hatte, die Entdekkung melden. Der neue Planet wurde nach dem Gott der Unterwelt *Pluto* getauft. Der Name war treffend gewählt, war es doch der dem Sonnenlicht am weitesten entrückte Planet. (Im Jahre 1940, als man im System der chemischen Elemente jenseits der Stelle des Urans zwei weitere chemische Elemente fand, gab man diesen die Namen »Neptunium« und »Plutonium«, nach Neptun und Pluto, den beiden Planeten jenseits des Uranus.)

Beachten Sie bitte, daß die ersten beiden Buchstaben von »Pluto« die Initialen von Percival Lowell sind: So brachte endlich ein Astronom seinen Namen mit einem der Planeten in Verbindung. Wo Herschel und Leverrier sich sozusagen nicht durchsetzten, da hatte Percival Lowell wenigstens mit seinen Initialen und unter dem Deckmantel mythologischen Brauchtums mehr Erfolg.

6. Dreht sich und dreht sich und . . .

Jeder, der für ein breites Publikum Bücher über Astronomie schreibt, stößt meist auch auf das Problem, wie es zu erklären sei, daß der Mond der Erde immer nur eine Seite zuwendet, sich aber trotzdem dreht. Der Durchschnittsleser, der vorher noch nicht auf dieses Problem gestoßen ist und der wenig Geduld für schwierige Spitzfindigkeiten aufbringt, sieht da einen eindeutigen Widerspruch. Er ist allerdings bereit, die Tatsache zu akzeptieren, daß der Mond der Erde immer nur eine Seite zuwendet – da das für ihn ja mit bloßem Auge erkennbar ist, weil sich die schattigen Flecken auf der Mondoberfläche stets in derselben Position befinden. Dies einmal akzeptiert, scheint es ihm klar zu sein, daß der Mond sich nicht dreht. Denn würde er sich drehen, so könnten wir jeden Teil seiner Oberfläche Stück für Stück zu sehen bekommen.

Es ist sinnlos, über diesen Trugschluß des normalen Lesers lächeln zu wollen, denn zufällig hat er recht. Was den Beobachter auf der Erde betrifft, so dreht sich der Mond nicht. Wenn der Astronom sagt, daß sich der Mond dreht, bezieht er sich dabei auf andere Beobachter. Wenn man den Mond zum Beispiel über eine längere Zeit hinaus beobachtet, sieht man die Trennlinie zwischen beleuchteter Region und Schattenregion ständig um den Mond herumwandern, die Sonne bescheint mit stetem Weiterrücken jeden Teil des Mondes. Für einen Beobachter auf der Sonnenoberfläche würde sich der Mond drehen, da der Beobachter nach und nach jeden Teil der sich drehenden Mondoberfläche zu sehen bekäme, sobald sie dem Sonnenlicht ausgesetzt ist.

Aber unser Durchschnittsleser mag sich selbst folgendes klarmachen: »Ich sehe nur eine Seite des Mondes und sage: Er dreht sich nicht.« Ein Beobachter von der Sonne sieht alle Teile des Mondes und sagt: »Er dreht sich.« Selbstverständlich bin ich wichtiger als der Beobachter von der Sonne, denn erstens existiere ich, und er nicht, und zweitens, selbst wenn er existieren würde, ich bin ich selbst, und er ist es nicht. Darum bestehe ich darauf, daß ich recht habe. Der Mond dreht sich nicht!

Es muß aber einen Ausweg aus dieser verwirrenden Lage geben. Lassen Sie uns also die Sache einmal etwas systematischer durchdenken. Wir wollen bei der Erdumdrehung anfangen, da die Erde schließlich ein Platz ist, der uns allen näher steht.

Gleich zu Anfang können wir zugeben: Für einen Beobachter auf der Erde dreht sich die Erde nicht. Wenn Sie von diesem Augenblick bis zum Jüngsten Tag auf einer Stelle stehen blieben, so würden Sie nichts weiter als nur einen Teil der Erdoberfläche und keinen anderen Teil zu sehen bekommen. Für Sie also steht die Erde still. Während fast der gesamten Zeit der zivilisierten Menschheitsgeschichte bestand selbst der weiseste Mensch darauf, daß »Realität« (was auch immer das sein mag) mit der Erscheinung genau übereinstimme und daß sich die Erde »wirklich« nicht drehe. Das wurde sogar bis zum Jahre 1633 angenommen, und Galilei selbst bekam Schwierigkeiten, als er etwas anderes behauptete.

Aber nehmen Sie an, wir hätten einen Beobachter auf einem anderen Stern plaziert, der Einfachheit halber auf einem Stern in der Ebene des Erdäquators oder – was dasselbe bedeutet – in der Ebene des Himmelsäquators (siehe Kapitel 5). Wir wollen zudem noch annehmen, daß der Beobachter mit einem Instrument ausgerüstet sei, mit dem er die Erdoberfläche genau studieren könnte. Für ihn hätte es den Anschein, als würde sich die Erde drehen, da er einen jeden Teil ihrer Oberfläche nach und nach vor seinen Augen vorbeiwandern sähe. Indem er Aufzeichnungen über besonders kleine Merkmale machte (z. B. wenn Sie und ich an einem Punkt des Äquators stünden) und deren Wiederkehr zeitlich festhielte, könnte er sogar die genaue Zeit der Erdumdrehung festlegen – das heißt die Zeit der Umdrehung bezüglich seines Standortes.

Wir können dieses Kunststück auch noch verdoppeln, denn wenn uns der auf dem Stern befindliche Beobachter genau im Zentrum des für ihn sichtbaren Erdteiles sehen kann, so sehen wir den Stern (auf dem der Beobachter steht) direkt über uns im Scheitelpunkt. Und genauso wie er unsere periodische Rückkehr berechnen könnte, so könnten auch wir die Rückkehr seines Sternes bis zum Scheitelpunkt bestimmen. Die so bestimmte Periode wird in jedem Falle die gleiche sein. (Übrigens, lassen Sie uns diese Zeit in Minuten angeben. Eine Minute besteht aus 60 Sekunden, eine Sekunde ist der Bruchteil $^{1}/_{31\,556\,925{,}9747}$ des tropischen Jahres.)

Die Zeit der Erdumdrehung für den Beobachter auf dem Stern beträgt gerade 1436 Minuten. Dieser Wert ist unabhängig davon, welchen Stern wir wählen, weil die scheinbare Bewegung der Sterne gegeneinander von der Erde aus gesehen so verschwindend gering ist, daß die Bewegung aller Sternbilder als eine einzige Gesamtbewegung angesehen werden darf. Die Zeit von 1436 Minuten wird »Sterntag« oder »siderischer Tag« der Erde genannt. Das Wort »siderisch« stammt vom lateinischen Wort für »Stern«, und der Ausdruck bedeutet daher soviel wie »auf die Sterne bezogener Tag«.

Nehmen Sie an, wir würden einen weiteren Beobachter auf der Sonne haben. Bei der Betrachtung der Erde würde er ebenfalls ihre Umdrehung erkennen können, aber er würde nicht die gleiche Umlaufzeit wie der Beobachter auf dem Stern notieren. Der Beobachter auf der Sonne wäre der Erde viel näher, so dicht, daß bei der Bewegung der Erde um die Sonne ein neuer Faktor ins Spiel kommt: Im Verlauf einer Erdumdrehung (beurteilt aus der Sicht des Beobachters auf dem Stern) hätte sich die Erde auch um eine nicht vernachlässigbare Strecke durch das All fortbewegt, und der Beobachter auf der Sonne sähe den Planeten aus einem anderen Winkel als zuvor. Die Erde müßte sich um vier weitere Minuten drehen, bevor sie unter dem neuen Blickwinkel das gleiche Bild böte wie zuvor. Um gleichartige Messungen auf der Erde durchzuführen, müßten wir die Zeitspanne zwischen einem ersten Durchgang der Sonne durch den Scheitelpunkt bis zum nächsten Durchgang bestimmen (mit anderen Worten: die Zeitspanne von Mittag zu Mittag). Wegen des Umlaufs der Erde um die Sonne scheint sich die Sonne gegen den Fixstern-Hintergrund von Westen nach Osten zu bewegen. Nach Ablauf eines Sterntages würde ein bestimmter Stern wieder in die Position im Scheitelpunkt zurückkehren, aber die Sonne würde nach einem Sterntag weiter ostwärts zu einem Punkt gedriftet sein, von dem aus sie noch vier weitere Minuten benötigt, bis sie den Scheitelpunkt passiert. Der »Sonnentag« beträgt daher 1440 Minuten, also 4 Minuten mehr als der Sterntag.

Nehmen Sie als nächstes an, daß wir einen Beobachter auf dem Mond hätten. Er läge noch näher zur Erde und die scheinbare Bewegung der Erde gegen den Fixstern-Hintergrund ist für ihn ungefähr dreizehnmal größer als für einen Beobachter auf der Sonne. Daher ist der Zeitunterschied zwischen dem, was er sähe, und dem, was der Beobachter auf dem Stern sähe, ungefähr dreizehnmal größer als der entsprechende Unterschied für Beobachter auf Sonne und Stern.

Wenn wir diese Situation von der Erde aus betrachten, müßten wir die Zeit zwischen aufeinanderfolgenden Mondumläufen, das heißt die

Zeitspanne zwischen zwei Durchgängen am Scheitelpunkt, messen. Der Mond zieht dreizehnmal schneller als die Sonne über den Fixstern-Hintergrund ostwärts hinweg. Wenn ein Sterntag abgelaufen ist, müssen wir noch ganze 54 Minuten warten, bis der Mond wieder über uns hinwegzieht. Der »Mondtag« der Erde ist darum 1490 Minuten lang.

Wir könnten solcherart auch die Erdumlaufzeit für einen Beobachter auf der Venus, auf Jupiter, auf Haleys Kometen oder auf einem künstlichen Satelliten berechnen usw. Aber ich möchte gnädig sein und davon absehen. Statt dessen können wir das Bisherige kurz zusammenfassen:

Sterntag	1436 Minuten
Sonnentag	1440 Minuten
Mondtag	1490 Minuten

Jetzt könnte man fragen: Aber wie lang ist *der* Tag? Der wirkliche Tag?

Antwort: Die Frage ist der Sachlage überhaupt nicht angemessen, sondern recht unvernünftig. Und einen wirklichen Tag, eine wirkliche Umlaufzeit gibt es gar nicht. Es gibt nur verschiedene Perioden, deren Dauer von der Position des Beobachters abhängig ist. Um einen besser klingenden Ausdruck zu verwenden: Die Periodendauer des Erdumlaufes ist vom Bezugssystem abhängig und alle Bezugssysteme sind einander gleichwertig.

Aber wenn alle Bezugssysteme gleichwertig sind, dann haben wir also nichts, woran wir uns halten können? Nichts! Bezugssysteme mögen zwar gleichwertig sein, aber sie sind meist nicht gleich nützlich. In einer Hinsicht mag ein bestimmtes Bezugssystem sehr nützlich sein, in anderer Hinsicht wieder ein anderes. Wir können also das Bezugssystem nach Belieben wählen, einmal das eine anwenden, dann wieder das andere, so wie es uns gerade in den Sinn kommt.

Ich sagte, daß der Sonnentag 1440 Minuten lang ist, aber das ist eine Lüge. Weil die Achse der Erde schräg zur Ebene ihrer Umlaufbahn steht und weil die Erde der Sonne manchmal näher, manchmal ferner steht (so daß sie sich mal schneller und mal langsamer in ihrer Umlaufbahn bewegt), deshalb ist der Sonnentag manchmal ein wenig länger als 1440 Minuten und manchmal ein wenig kürzer. Wenn Sie das ganze Jahr über die Mittagszeit so berechnen, daß jeder Mittag vom nächsten Mittag genau 1440 Minuten Abstand hat, dann wird es während dieses Jahres Zeiten geben, zu denen die Sonne ihren Höchststand volle 16

Minuten vor der festgelegten Zeit passiert, zu anderen Zeiten wird sie ganze 16 Minuten hinter der festgelegten Zeit ihren Höchststand erreichen. Glücklicherweise heben sich diese Fehler auf und nach Ablauf des Jahres ist alles wieder gleich.

Aus diesem Grunde ist nicht der Sonnentag selbst 1440 Minuten lang, sondern der Mittelwert aus allen Sonnentagen eines Jahres. Dieser Mittelwert ist der »mittlere Sonnentag«. Und an jedem Mittag – mit Ausnahme von vier Tagen im Jahr – erreicht nicht die eigentliche Sonne ihren Höchststand, sondern ein fiktiver Körper, der »mittlere Sonne« genannt wird. Die mittlere Sonne liegt dort, wo sich die eigentliche Sonne befände, wenn letztere sich tatsächlich immer gleichmäßig bewegen würde.

Der Mondtag ist sogar noch unregelmäßiger als der Sonnentag, aber der Sterntag ist eine ausgesprochen gleichmäßig verlaufende Angelegenheit. Ein bestimmter Stern passiert unseren Scheitelpunkt auf die Sekunde genau alle 1436 Minuten. Wollen wir also Zeit messen, dann eignet sich offensichtlich der Sterntag dazu am besten, weil er die geringste Veränderung hat. Wird der Sterntag als Grundlage für das Überprüfen der Uhren benutzt – durch Fixierung der Zeitpunkte, an denen ein bestimmter Stern im Fadenkreuz eines Fernrohrs liegt –, dann dient uns dabei die Erde selbst mit ihrer Umdrehung mit Bezug auf die Sterne als Uhr. Die Minute kann als der Bruchteil $^{1}/_{1436,09}$ eines Sterntages festgelegt werden. (Übrigens ist die Länge eines Jahres noch weniger veränderlich als die Länge eines Sterntages. Deshalb wird die Sekunde jetzt amtlich als der Bruchteil eines tropischen Jahres angegeben.)

Der Sonnentag, unregelmäßig wie er ist, besitzt dennoch einen wichtigen Vorteil: Er ist auf der Position der Sonne aufgebaut, und die Position der Sonne legt fest, ob sich ein bestimmter Teil der Erde im Licht oder im Schatten befindet. Kurz, der Sonnentag ist gleich der Periode des Lichtes (Tageszeit) plus einer Periode der Dunkelheit (Nachtzeit). Der Mensch hat sich durch die ganze Geschichte hindurch nicht von der Position der Sterne beeindrucken lassen. Er kümmerte sich herzlich wenig darum, wann sich einer von ihnen über seinen Scheitel bewegte, aber er konnte sicherlich nicht außer acht lassen, daß zu bestimmten Zeitpunkten Tag oder Nacht, Sonnenaufgang oder Sonnenuntergang, Mittag oder Dämmerung herrschte.

Der Sonnentag ist daher der bei weitem nützlichste und wichtigste Tag von allen. Ursprünglich bildete er die Grundlage für die Zeitmessung und wurde in genau 24 Stunden eingeteilt, diese in 60 Minuten (24×60 ergibt 1440, also gerade die Länge eines Sonnentages in Minuten). Auf dieser Grundlage ist der Sterntag 23 Stunden und 56 Minuten, der Mondtag 24 Stunden und 50 Minuten lang.

Der Sonnentag ist so nützlich, daß die Menschen ihn als *den* Tag schlechthin ansehen und glauben, die Erde drehe sich »wirklich« in genau 24 Stunden um ihre eigene Achse, obwohl das nur ihre Umdrehung in bezug auf die Sonne ist, nicht weniger »wirklich« oder »unwirklich« als ihre Umdrehung in bezug auf irgendeinen anderen Himmelskörper. Tatsächlich sind diese Umdrehungen nicht weniger »wirklich« oder »unwirklich« als die Umdrehung der Erde in bezug auf einen Beobachter auf der Erde selbst – das heißt nicht weniger »wirklich« oder »unwirklich« als das Fehlen der Umdrehung überhaupt.

Auch der Mondtag hat seine Anwendung gefunden. Wenn wir unsere Uhren schneller laufen lassen, so daß wir in jeder Stunde 2 Minuten und 5 Sekunden verlieren, dann würden sie auf der Grundlage des Mondtages die Zeit angeben. In diesem Falle würden wir merken, daß Flut (oder Ebbe) genau zweimal am Tag stattfinden und an jedem Tag zur gleichen Zeit – selbstverständlich dann auch in Zeitabständen von 12 Stunden (mit geringen Abweichungen).

Und außerordentlich nützlich ist die Anwendung der Erde selbst als Bezugssystem, das heißt anzunehmen, daß die Erde sich überhaupt nicht dreht. Bei der Abschätzung eines Billardstoßes, beim Werfen eines Baseballs, bei der Planung eines Ausflugs über Land ziehen wir nie die Erddrehung in Betracht. Wir gehen immer davon aus, daß die Erde ruht.

Wir wollen uns jetzt dem Mond zuwenden. Wie ich bereits erwähnt habe, dreht er sich für den Beobachter von der Erde aus überhaupt nicht, und sein »terrestrischer Tag« ist von unbegrenzter Dauer. Trotzdem können wir weiterhin behaupten, daß sich der Mond dreht, wenn wir unser Bezugssystem verlagern (was üblicherweise ohne Warnung oder Erklärung erfolgt, so daß der Leser Schwierigkeiten hat, den Darlegungen zu folgen). Wir können unser Bezugssystem entweder auf die Sonne oder auf die Sterne verlagern, so daß wir dem Mond nicht nur eine Drehung schlechthin, sondern Umdrehungen mit zwei verschiedenen Perioden zuordnen können.

In bezug auf den Sternenhintergrund beträgt die Umdrehungsperiode des Mondes 27 Tage, 7 Stunden, 43 Minuten und 11,5 Sekunden oder 27,3217 (mittlere Sonnen-)Tage. Diese Zeit ist der Sterntag des Mondes. Er ist auch in bezug auf die Sterne die Periode seiner Umdrehung um die Erde, so daß diese Periode nahezu unausweichlich »Sternmonat« genannt wird.

In einem Sternmonat bewegt sich der Mond ungefähr $^1/_{13}$ auf seiner Bahn um die Sonne vorwärts, und für einen Beobachter auf der Sonne wäre die Veränderung des Gesichtswinkels beträchtlich. Der Mond muß sich mehr als zwei weitere Tage drehen, um das auszugleichen. Die Umdrehungsperiode des Mondes, von der Sonne aus gesehen, ist gleich der Periode seines Umlaufs um die Erde, wiederum von der Sonne aus gesehen. Diese Periode kann als Sonnentag des Mondes bezeichnet werden oder besser noch als Sonnenmonat. (Übrigens wird keine der beiden Bezeichnungen angewandt, worauf ich noch hinweisen werde.) Der Sonnenmonat ist 29 Tage, 12 Stunden, 44 Minuten und 2,8 Sekunden oder 29,5306 Tage lang.

Von Sternmonat und Sonnenmonat ist der letztere für die Menschheit von wesentlich höherem Nutzen, da die Mondphasen von den Positionen des Mondes relativ zur Sonne abhängen. Aus diesem Grund machen 29,5306 Tage oder ein Sonnenmonat die Zeitspanne von Neumond zu Neumond oder von Vollmond zu Vollmond aus. Im Altertum, als die Mondphasen zur Kennzeichnung der Jahreszeiten benutzt wurden, war der Sonnenmonat die wichtigste Zeiteinheit.

Selbstverständlich unternahm man große Anstrengungen, den genauen Tag des nächsten Neumondes vorauszubestimmen, um einen genauen Kalender führen zu können (siehe Kapitel 1). Dies war die Aufgabe der Priester, und das Wort Kalender stammt von einem lateinischen Wort, das soviel wie »zu verkündigen« bedeutet, weil der Anfang eines jeden Monats mit viel Zeremonie verkündet wurde. Eine Versammlung von priesterlichen Beamten wird eine »Synode« genannt. Eine Synode verkündete im Altertum auch den Beginn des neuen Monats. Daher wird die Zeitspanne, die ich logischerweise Sonnenmonat nannte, in Wirklichkeit »synodischer Monat« genannt.

Je weiter ein Planet von der Sonne entfernt ist und je schneller er sich bezüglich des Sternenhintergrundes dreht, desto geringer ist der Unterschied zwischen seinem Sterntag und seinem Sonnentag. Für die jenseits der Erde umlaufenden Planeten kann dieser Unterschied außer acht gelassen werden.

Für die sonnennäheren Planeten ist dieser Unterschied jedoch sehr groß. Die Planeten Merkur und Venus haben der Sonne ewig eine Seite zugewandt und besitzen daher keinen Sonnentag. Trotzdem, bezüglich des Sternenhintergrundes drehen sie sich und deshalb existiert für sie ein Sterntag, der aber so lang ist wie die Dauer ihres Umlaufs um die Sonne (wieder bezüglich des Sternenhintergrundes gesehen).

Wenn die verschiedenen echten Satelliten im Sonnensystem (siehe Kapitel 7) dauernd nur eine Seite ihrem Zentralkörper zuwenden, was sehr wahrscheinlich der Fall ist, dann ist deren Sterntag gleich der Umlaufperiode um ihren Zentralkörper. Wenn das zutrifft, kann ich eine Tabelle anfertigen (unähnlich allen Tabellen, die ich jemals zu Gesicht bekam), in der die Umdrehungsperiode relativ zum Sternenhintergrund für jeden der 32 Hauptkörper des Sonnensystems aufgelistet sind: für Sonne, Erde, für die acht weiteren Planeten, für den Mond und die 21 anderen echten Satelliten. Um Vergleiche zu erleichtern, werde ich die Perioden allesamt in Minuten angeben und die Körper entsprechend ihrer Periodenlänge aufführen. Bei den Satelliten wird in Klammern der Name des zugehörigen Zentralkörpers erwähnt, ferner eine die Position des Satelliten kennzeichnende Zahl, vom Zentralkörper nach außen gezählt.

Körper	*Sterntag (Minuten)*
Venus	324 000
Merkur	129 000
Japetus (Saturn -8)	114 000
Mond (Erde -1)	39 300
Sonne	35 060
Hyperion (Saturn -7)	30 600
Kallisto (Jupiter -5)	24 000
Titan (Saturn -6)	23 000
Oberon (Uranus -5)	19 400
Titania (Uranus -4)	12 550
Ganymed (Jupiter -4)	10 300
Pluto	9 180
Triton (Neptun -1)	8 450
Rhea (Saturn -5)	6 500
Umbriel (Uranus -3)	5 950
Europa (Jupiter -3)	5 100
Dione (Saturn -4)	3 950
Ariel (Uranus -2)	3 630
Tethis (Saturn -3)	2 720
Jo (Jupiter -2)	2 550

Miranda (Uranus -1)	2 030
Enceladus (Saturn -2)	1 975
Deimos (Mars -2)	1 815
Mars	1 477
Erde	1 436
Mimas (Saturn -1)	1 350
Naptun	840
Amalthea (Jupiter -1)	720
Uranus	645
Saturn	614
Jupiter	590
Phobos (Mars -1)	460

Diese Werte stellen für einen Beobachter auf der Oberfläche des jeweiligen Körpers die Zeitspanne dar, in der für ihn die Sterne einen vollen Umlauf am Himmel vollführen. Wenn Sie jeden Wert durch 720 teilen, würden Sie die Anzahl der Minuten erhalten, die ein (in der Äquatorregion des jeweiligen Körpers sichtbarer) Stern benötigt, um den Winkelabstand zu überstreichen, der von der Erde aus gesehen den Durchmesser der Sonne oder des Mondes angibt.

Auf der Erde selbst dauert das, ob Sie es glauben oder nicht, ungefähr zwei Minuten. Auf Phobos (dem inneren Satelliten des Mars) dauert dies nur ein wenig mehr als eine halbe Minute. Die Sterne würden für einen dort befindlichen Beobachter ungefähr viermal schneller als uns gewohnt vorbeiwirbeln, während der aufgeblasene Mars bewegungslos am Himmel hinge. Was das für ein Anblick wäre!

Auf dem Mond wiederum würde ein Stern 55 Minuten benötigen, um den scheinbaren Durchmesser der Sonne zu durchlaufen. Von dort aus könnten Himmelskörper mit einem nachgeführten Instrument nahezu 30mal länger beobachtet werden als auf der Erde. Ich habe noch nie gehört, daß dies als Vorteil für die Aufstellung eines Fernrohrs auf dem Mond erwähnt wurde. Zusammen mit dem Fehlen von Wolken oder anderen störenden atmosphärischen Einflüssen wäre ein Observatorium auf dem Mond jedenfalls etwas, wofür auch Astronomen gewillt sein sollten, eine Raumfahrt zu unternehmen.

Auf der Venus würde ein Stern 450 Minuten oder $7^1/_2$ Stunden benötigen, um den uns gewohnten scheinbaren Durchmesser der Sonne zu überstreichen. Wie die Astronomen wohl da über den Himmel herfallen würden, wenn es dort nur keine Wolken gäbe!

RÜCKSTRAHLUNGSVERMÖGEN VON NICHT REFLEKTIERENDEN FLÄCHEN *

7. Nur so zum Zeitvertreib

Nahezu alle mir bekannten Bücher über Astronomie, ob dick oder dünn, enthalten eine kleine Tabelle über das Sonnensystem. Da wird für jeden Planeten der Durchmesser, der Abstand von der Sonne, seine Umlaufszeit, seine Albedo, seine Dichte, die Anzahl seiner Monde und anderes mehr angegeben. Da ich von Zahlen nahezu krankhaft fasziniert bin, studiere ich derartige Tabellen sofort in der Hoffnung, neue Informationen zu erhalten. Gelegentlich werde ich mit so seltenen Angaben wie Oberflächentemperatur oder Umlaufgeschwindigkeiten belohnt, aber ich kann wirklich nie genug davon bekommen. *

Wenn dann die Räder des Scharfsinns mit annehmbarer Sanftheit in meinem Gehirn zu surren beginnen, dann errechne ich mir anhand der verfügbaren Angaben selbst neue Arten von Daten und verbringe damit einige Stunden. (Wenigstens tat ich das früher einmal, als ich noch Mußestunden hatte.) Ich kann es auch heute noch, sofern sich die Ergebnisse in einem Aufsatz unterbringen lassen. Machen Sie also mit! Wir werden auf diese Art einfach unsere Zeit vertreiben und sehen, was dabei herauskommt.

Fangen wir einmal so an . . .

Nach Newton übt ein jeder Körper im Universum auf einen jeden anderen Körper eine gewisse Kraft (K) aus. Diese Kraft ist proportional dem Produkt der Massen (m_1 und m_2) der zwei Körper, geteilt durch die Quadratzahl des Abstandes (d) zwischen ihnen, der Abstand von Mittelpunkt zu Mittelpunkt gerechnet. Wir multiplizieren noch mit der Gravitationskonstante (G), um die Proportionalität in eine Gleichheit zu verwandeln und erhalten:

$$K = \frac{G \cdot m_1 \cdot m_2}{d^2} \quad \text{(Gleichung 1)}$$

Dieses Gesetz besagt zum Beispiel, daß eine anziehende Kraft zwischen Erde und Sonne wirksam ist, aber auch zwischen Erde und Mond und zwischen Erde und einem jeden der verschiedenen Planeten, zwischen Erde und jedem Meteoriten oder zwischen Erde und einem jeden Häufchen kosmischen Staubes.

Glücklicherweise ist die Sonne im Vergleich zu allen anderen Kör-

GRAVITATION

pern des Sonnensystems so überwältigend massiv, daß bei der Berechnung der Umlaufbahn der Erde oder irgendeines anderen Planeten eine ausgezeichnete erste Näherung erreicht wird, wenn man nur die Erde und die Sonne in Betracht zieht, so als würden sie alleine im Universum sein. Der Einfluß der anderen Körper kann später für vergleichsweise geringe Korrekturen hinzugezogen werden.

Auf gleiche Art kann man die Umlaufbahn eines Satelliten in einer ersten Näherung berechnen, das heißt, man tut so, als ob der Satellit und sein Zentralkörper sich alleine im Weltraum befänden. An diesem Punkt interessiert mich etwas: Wenn die Sonne soviel massiver als jeder andere Planet ist, sollte sie dann nicht eine wesentlich größere Anziehungskraft auf einen Satelliten ausüben als der Zentralkörper dieses Satelliten, selbst wenn sie sich in einem viel größeren Abstand vom Satelliten befindet als der Zentralkörper? Wie wesentlich ist dann »wesentlich«?

Anders ausgedrückt: Wir stellen uns vor, daß der Satellit Opfer eines Tauziehens ist – auf der einen Seite der anziehende Planet, auf der anderen Seite die anziehende Sonne. Wie schneidet die Sonne bei diesem Tauziehen ab? Ich nehme an, daß so etwas von Astronomen bereits berechnet wurde, aber ich habe diese Ergebnisse noch nie in irgendeinem astronomischen Text gelesen und auch nirgendwo einige Aussagen zu diesem Thema gefunden. Also werde ich es selbst machen.

Dabei können wir wie folgt vorgehen. Wir bezeichnen die Masse eines Satelliten mit m, die Masse eines Zentralkörpers (womit ich den Planeten meine, den er umkreist) mit m_p und die Masse der Sonne mit m_s. Der Abstand des Satelliten von der Sonne soll d_s sein. Die *Massenanziehungskraft,* auch *Gravitationskraft* oder *Schwerkraft* genannt, zwischen dem Satelliten und seinem Zentralkörper wird durch K_p und die Anziehungskraft zwischen der Sonne und dem Satelliten durch K_s gekennzeichnet – und das ist alles. Ich verspreche, in diesem Kapitel keine weiteren Symbole mehr zu verwenden.

Auch Gleichung 1 können wir ersehen, daß die Anziehungskraft zwischen einem Satelliten und seinem Zentralkörper durch die folgende Formel gegeben ist:

$$Kp = \frac{G \cdot m \cdot m_p}{{d_p}^2} \quad \text{(Gleichung 2)}$$

diejenige zwischen dem gleichen Satelliten und der Sonne durch:

$$K_s = \frac{G \cdot m \cdot m_s}{d_s^2} \quad \text{(Gleichung 3)}$$

Uns interessiert der Vergleich der Anziehungskräfte zwischen Satellit und Zentralkörper einerseits und zwischen Satellit und Sonne andererseits. Mit anderen Worten: Wir möchten den Wert des Verhältnisses K_p/K_s wissen, den wir als das Kräfteverhältnis beim Tauziehen bezeichnen können. Um dieses Verhältnis zu erhalten, müssen wir Gleichung 2 durch Gleichung 3 dividieren. Die Division liefert folgendes Ergebnis:

$$\frac{Kp}{K_s} = \left(\frac{m_p}{m_s}\right) \cdot \left(\frac{d_s}{d_p}\right) \text{ß} \quad \text{(Gleichung 4)}$$

Bei der Division konnten einige Vereinfachungen durchgeführt werden. Zuerst einmal fehlt jetzt die Gravitationskonstante, damit brauchen wir uns um eine unbequem niedrige Zahl und um eine unbequeme Maßeinheiten nicht weiter zu kümmern. Eine weitere Vereinfachung liegt darin, daß die Masse des Satelliten nicht mehr auftritt. (Mit anderen Worten: Für das Kräfteverhältnis beim Tauziehen ist es belanglos, wie groß oder klein ein bestimmter Satellit ist. Das Ergebnis würde auf jeden Fall dasselbe sein.)

Was wir für die Berechnung des Kräfteverhältnisses (K_p/K_s) benötigen, ist der Quotient von Planetenmasse zu Sonnenmasse ($m_{p/ms}$) und die Quadratzahl des Quotienten von Sonnenabstand und Zentralkörperabstand des Satelliten $(d_s/d_p)^2$.

Nur sechs Planeten haben Satelliten: Es sind – in der Reihenfolge abnehmenden Abstandes von der Sonne – Neptun, Uranus, Saturn, Jupiter, Mars und Erde. (Aus persönlichen Gründen nenne ich die Erde zuletzt und nicht zuerst, wie natürlicher Chauvinismus es mir eigentlich befehlen sollte. Sie werden feststellen, warum.) *

Wir wollen für diese Planeten erst den Quotienten von Satellitenmasse zu Sonnenmasse berechnen. Man erhält folgende Werte:

Neptun	0,000052
Uranus	0,000044
Saturn	0,00028
Jupiter	0,00095
Mars	0,00000033
Erde	0,0000030

* EXZESSIVER NATIONALISMUS

SONNEN MASSE

Wie Sie sehen, fällt der Massenquotient wirklich außerordentlich zugunsten der Sonne aus. Selbst die Masse des Jupiter, des bei weitem massivsten Planeten, macht nicht einmal ein Tausendstel der Sonnenmasse aus. Tatsächlich machen alle Planeten zusammen (einschließlich Satelliten, Planetoiden, Kometen und Meteoriten) nicht mehr als $^{1}/_{750}$ der Sonnenmasse aus.

Soweit fällt also das Tauziehen zugunsten der Sonne aus.

Als nächstes wollen wir das Abstandsverhältnis feststellen und dieses fällt sehr zugunsten der Planeten aus, da jeder Satellit seinem Zentralkörper selbstverständlich viel näher gelegen ist als zur Sonne. Und mehr noch, dieses (für die Planeten) günstige Verhältnis muß quadriert werden, was wiederum zugunsten der Planeten ausfällt. Wir können daher ziemlich sicher sein, daß die Sonne bei diesem Tauziehen verlieren wird. Trotzdem, wir wollen das prüfen.

Nehmen wir zuerst Neptun. Er hat zwei Satelliten, Triton und Nereid. Der mittlere Abstand beider von der Sonne ist notwendigerweise genau gleich und gleich dem Abstand des Planeten Neptun, der 4500 Millionen Kilometer beträgt. Der mittlere Abstand von Triton zu Neptun hingegen beträgt nur 354 000 Kilometer, von Nereid zu Neptun 5 567 000 Kilometer.

Wenn bei beiden Satelliten der Abstand von der Sonne durch den Abstand vom Zentralkörper dividiert wird und dann quadriert, erhalten wir die Zahlen 162 Millionen für Triton und 653 000 für Nereid. Wir multiplizieren eine jede dieser Zahlen mit dem bereits berechneten Massenquotienten von Neptun und Sonne und erhalten folgende Kräfteverhältnisse für das Tauziehen:

Triton	8400
Nereid	34

Die Ergebnisse sind für die beiden Satelliten sehr unterschiedlich. Die Wirkung der Massenanziehung (Gravitation) von Neptun auf seinen näheren Satelliten Triton ist überwältigend größer als die Wirkung der Sonne. Triton befindet sich fest in Neptuns Gewalt. Der äußere Satellit, Nereid, wird zwar stärker von Neptun angezogen als von der Sonne, aber nicht überwältigend stärker. Zudem hat Nereid eine außerordentlich exzentrische Umlaufbahn, die exzentrischste von allen Satelliten des Sonnensystems überhaupt. Er nähert sich Neptun bis auf 1 300 000 Kilometer an einem Ende seiner Bahn, und er entfernt sich am anderen Ende bis zu 9 000 000 000 Kilometern. Wenn er am weitesten von Neptun entfernt ist, gilt bei Nereid nur ein Kräfteverhältnis für das Tauziehen mit einem Wert von 11!

Aus verschiedenen Gründen (einer davon ist die Exzentrizität von Nereids Umlaufbahn) vermuten die Astronomen, daß Nereid kein echter Satellit Neptuns ist, sondern ein Planetoid, der von Neptun bei einer zu dichten Annäherung eingefangen wurde.

Neptuns schwacher Einfluß auf Nereid scheint dies zu bestätigen. Tatsächlich mag auf lange astronomische Sicht die Verbindung zwischen Neptun und Nereid nur von vorübergehender Dauer sein. Vielleicht wird ihn der störende Einfluß der Sonnenanziehung allmählich aus Neptuns Gewalt wieder herauslösen. Triton hingegen wird niemals Neptuns Gesellschaft verlassen können, es sei denn, im gesamten Sonnensystem träte eine Katastrophe ein.

Es ist sicher nicht notwendig, Einzelheiten derartiger Rechnungen für alle Satelliten niederzuschreiben. Ich werde diese Arbeit allein ausführen und Ihnen nur die Ergebnisse vorlegen. Uranus zum Beispiel hat fünf Satelliten, die alle in seiner Äquatorebene kreisen, und die von den Astronomen als echte Satelliten angesehen werden. Vom Planeten nach außen gezählt sind es: Miranda, Ariel, Umbriel, Titania und Oberon. Die Kräfteverhältnisse für das Tauziehen haben folgende Werte:

Miranda	24 600
Ariel	9 850
Umbriel	4 750
Titania	1 750
Oberon	1 050

Alle befinden sich sicher in Uranus' Gewalt. Die hohen Werte des Kräfteverhältnisses für das Tauziehen stimmen mit ihrem Status, echte Satelliten zu sein, überein.

Wenden wir uns nun Saturn zu, der neun Satelliten hat: Mimas, Enceladus, Tethis, Dione, Rhea, Titan, Hyperion, Japetus und Phoebe. Acht von ihnen kreisen in Saturns Äquatorebene und werden als echte Satelliten angesehen. Phoebe, der neunte, hat eine Umlaufbahn mit einer außerordentlich großen Neigung der Bahnebene und wird daher als eingefangener Planetoid betrachtet.

Die Werte für das Kräfteverhältnis beim Tauziehen sind folgende:

Mimas	15 500
Enceladus	9 800
Tethis	6 400
Dione	4 150
Rhea	2 000
Titan	380
Hyperion	260
Japetus	45
Phoebe	$3^1/_2$

Beachten Sie den niedrigen Wert bei Phoebe.

Jupiter hat zwölf Satelliten. Ich möchte sie in zwei Tabellen aufführen. Die ersten fünf: Amalthea, Jo, Europa, Ganymed und Kallisto kreisen alle in der Äquatorebene des Jupiter und werden als echte Satelliten angesehen. Für das Kräfteverhältnis beim Tauziehen gelten die Werte:

Amalthea	18 200
Jo	3 260
Europa	1 260
Ganymed	490
Kallisto	160

Sie alle befinden sich einwandfrei in Jupiters Gewalt.

Jupiter hat aber noch sieben weitere Satelliten, die keine offiziellen Namen besitzen (siehe Kapitel 5), und die gewöhnlich unter römischen Ziffern (von VI bis XII), verliehen in der Reihenfolge ihrer Entdeckung, bekannt sind. In der Reihenfolge wachsenden Abstandes von Jupiter sind es VI, X, VII, XII, XI, VIII und IX. Sie sind alle klein und haben exzentrische Umlaufbahnen, deren Bahnebenen einen ungewöhnlich großen Neigungswinkel gegen die Äquatorebene des Jupiter aufweisen. Astronomen betrachten sie als eingefangene Planetoiden. (Jupiter ist wesentlich massiver als die anderen Planeten und befindet sich näher am Planetoidengürtel, so daß es nicht erstaunlich ist, wenn er sieben Planetoiden eingefangen hat.)

Die Werte für das Kräfteverhältnis beim Tauziehen für diese sieben Satelliten stützen die Vorstellung, daß es sich hier um eingefangene Planetoiden handelt. Die Werte sind:

VI	4,4
X	4,3

VII	4,2
XII	1,3
XI	1,2
VIII	1,03
IX	1,03

Jupiters Gewalt über diese äußeren Satelliten ist wahrhaftig schwach.

Mars besitzt zwei Satelliten, Phobos und Deimos, beide winzig und beide in kleinem Abstande von Mars. Sie kreisen in der Äquatorebene des Mars und werden als echte Satelliten angesehen. Die Werte des Kräfteverhältnisses beim Tauziehen betragen:

Phobos	195
Deimos	32

Bis jetzt habe ich die Werte für 30 Satelliten angegeben, von denen 21 als echte Satelliten und 9 gewöhnlich als (wahrscheinlich) eingefangene Planetoiden betrachtet werden. Ich möchte im Augenblick den 31. Satelliten einmal beiseite lassen – es handelt sich um unseren Mond, auf den ich noch zurückkommen werde – und für die 30 besprochenen Satelliten eine Zusammenfassung geben:

	Anzahl der Satelliten	
Planet	*echte*	*eingefangene*
Neptun	1	1
Uranus	5	0
Saturn	8	1
Jupiter	5	7
Mars	2	0

Es ist unwahrscheinlich, daß noch weitere echte Satelliten entdeckt werden (doch ganz sicher können wir nicht sein, Miranda zum Beispiel wurde erst kürzlich, im Jahre 1948, entdeckt). Aber es ist gut vorstellbar, daß weitere winzige Körper, die in die Kategorie der eingefangenen Planetoiden fallen, auch heute noch entdeckt werden, besonders wenn wir uns einmal dorthin begeben und genauer nachsehen können.

Aber lassen Sie uns jetzt die zusammenfassende Tabelle in bezug auf die Werte des Kräfteverhältnisses beim Tauziehen analysieren. Unter den wahren Satelliten hat Deimos den niedrigsten Wert: 32. Bei den als eingefangen geltenden Satelliten ist das Kräfteverhältnis für das Tauziehen bei Nereid am größten: im Mittel 34.

Diesem Sachverhalt entnehmen wir die Vermutung, daß der Wert 30 für das Kräfteverhältnis beim Tauziehen ein annehmbares Minimum für einen echten Satelliten darstellt und daß jeder Satellit mit einem niedrigeren Wert höchstwahrscheinlich ein eingefangener Planetoid ist und nur zeitweiliges Mitglied der Planetenfamilie.

Da die Masse eines Planeten und sein Abstand von der Sonne bekannt sind, können wir denjenigen Abstand vom Mittelpunkt des Planeten berechnen, bei dem das Kräfteverhältnis den Mindestwert von 30 für echte Satelliten annimmt. Dazu benutzen wir Gleichung 4 und setzen für K_p/K_s den Wert 30 ein und für m_p, m_s und d_s deren bekannte Werte. Durch Auflösen der Gleichung erhalten wir den gesuchten Wert d_p. Das ist dann der größte Abstand, bei dem wir noch einen echten Satelliten vorfinden können. Der einzige Planet, der nicht auf diese Weise untersucht werden kann, ist Pluto, weil dessen Masse m_p sehr unbestimmt ist, aber ich lasse Pluto mit Freuden aus.

Neben dem größten Abstand können wir auch noch einen kleinsten Abstand angeben, bei dem wir noch einen echten Satelliten erwarten dürfen oder wenigstens einen Satelliten von üblicher Form. Man hat nämlich ausgerechnet, daß ein echter Satellit in zu großer Nähe seines Zentralkörpers durch Gezeitenkräfte in Stücke zerbrechen würde. Umgekehrt, befinden sich bereits Bruchstücke in solch geringen Abständen, dann können sie sich nicht zu einem einzigen Körper verschmelzen. Dieser kleinste Abstand wird die »Roche-Grenze« genannt, nach dem Astronomen E. Roche, der sie im Jahre 1849 berechnete. Die Roche-Grenze liegt bei 2,44 Planetenradien Abstand, vom Planetenmittelpunkt aus gerechnet.

Um Ihnen die Rechnungen zu ersparen – hier sind die Ergebnisse für die vier äußeren Planeten:

Planet	*Entfernung der echten Satelliten (in Kilometern vom Mittelpunkt des Zentralkörpers)*	
	Maximum *(Kräfteverhältnis = 30)*	Minimum *(Roche-Grenze)*
Neptun	5 900 000	61 000
Uranus	3 500 000	62 000
Saturn	4 300 000	139 000
Jupiter	4 300 000	170 000

Wie Sic sehen, hat also jeder dieser äußeren Planeten, alle mit riesiger Masse und weit von der Sonne entfernt, reichlich Platz für große und komplizierte Satellitensysteme innerhalb dieser großzügigen Grenze. Die 21 echten Satelliten liegen alle innerhalb dieser Grenzen.

Saturn besitzt, etwas innerhalb der Roche-Grenze, einen Ring. Die äußerste Grenze dieses Ringes liegt, vom Mittelpunkt des Planeten aus gerechnet, bei einer Entfernung von 136 000 Kilometern. Offensichtlich hätte sich das Material, das diesen Ring bildet, zu einem Satelliten zusammenballen können, läge es nicht so sehr in Saturns Nähe.

Unter den sichtbaren Planeten ist der Ring etwas Einmaliges, aber wir können nur die Planeten innerhalb unseres eigenen Sonnensystems sehen. Selbst von diesen können wir bei Fragestellungen hinsichtlich der Satelliten nur die vier großen genauer untersuchen. (Ich werde gleich erklären, warum das so ist.)

Von den großen Planeten besitzt Saturn einen Ring, Jupiter hätte beinahe einen Ring haben können. Sein innerster Satellit, Amalthea, befindet sich ungefähr 176 000 Kilometer vom Mittelpunkt des Planeten entfernt und die Roche-Grenze liegt bei 170 000 Kilometern. Einige Tausend Kilometer einwärts – und Jupiter würde einen Ring besitzen. Ich möchte daher die Vermutung äußern, daß wir bei der Erforschung anderer Sternsysteme (zuerst möglicherweise zu unserem Erstaunen) bei ungefähr der Hälfte der großen Planeten Ringe nach Art des Saturn finden werden.

Als nächstes wollen wir das gleiche in bezug auf die inneren Planeten tun. Weil diese alle wesentlich weniger massiv sind als die äußeren und näher an der konkurrierenden Sonne liegen, wird man erwarten, daß der Raum für die Bildung echter Satelliten begrenzter ist. Das stimmt auch. Hier sind die von mir berechneten Werte:

Planet	*Entfernung der echten Satelliten (in Kilometern vom Mittelpunkt des Zentralkörpers)*	
	Maximum (Kräfteverhältnis = 30)	*Minimum (Roche-Grenze)*
Mars	24 000	8 290
Erde	47 000	15 450
Venus	30 000	14 800
Merkur	2 100	6 100

Wie Sie erkennen können, ist hier die Situation begrenzter. Hat jeder der äußeren Planeten einen Spielraum von drei Millionen Kilometern oder mehr für die Bildung echter Satelliten, so sind es bei den inneren Planeten nur noch einige Tausend Kilometer. Mars und Venus haben einen zulässigen Raum von nicht mehr als 16 000 Kilometern. Die Erde schneidet mit rund 32 000 Kilometern ein wenig besser ab.

Merkur ist der interessanteste Fall. Die maximale Entfernung für einen natürlichen Satelliten liegt weit innerhalb der Roche-Grenze. Daraus läßt sich schließen – wenn meine Ausführungen richtig sind –, daß Merkur keinen echten Satelliten haben kann und daß nicht mehr als einige Steinsplitter zu erwarten sind.

Tatsächlich ist auch kein Satellit des Merkur gefunden worden. Aber soweit mir bekannt ist, hat sich bisher niemand um eine Begründung für diesen Sachverhalt bemüht oder ihn anders denn als eine gegebene Tatsache behandelt. Sollte einer meiner geschätzten Leser mehr wissen als ich, bitte ich um Mitteilung, wer schon vor mir eine diesbezügliche Begründung gegeben hat. Ich werde dann versuchen, diese Nachricht in philosophischer Ruhe zu bewältigen. Zum mindesten würde ich fortan meine geistige Produkte in die Bereiche privater Studien verbannen.

Venus, Erde und Mars sind in einer günstigeren Lage als Merkur, denn sie haben tatsächlich jenseits der Roche-Grenze ein wenig Raum für echte Satelliten. Es ist aber nicht sehr viel, und die Chancen für die Ansammlung von genügend Materie in einem derartig kleinen Raum, so daß mehr als nur ein sehr winziger Satellit sich formt, sind gering. Und tatsächlich haben weder Venus noch die Erde irgendwelche Satelliten innerhalb der angezeigten Zone (außer möglichen geringfügigen Steinbrocken). Mars hat nur zwei kleine Satelliten, der eine mit einem Durchmesser von ungefähr 20 Kilometern, der andere mit 10 Kilometern Durchmesser, so daß die Bezeichnung Satellit kaum zutrifft.

Es ist erstaunlich – und sehr befriedigend für mich – festzustellen, wie sehr alles so erfreulich Hand und Fuß hat und wie gut ich die Einzelheiten des Satellitensystems zu begründen in der Lage bin. Es ist nur bedauerlich, daß eine Kleinigkeit noch nicht in Betracht gezogen wurden, eine lächerliche Kleinigkeit . . .

Was, zum Teufel, macht unser eigener Mond denn nun da draußen?

Er befindet sich – wenn wir die wunderbaren Regeln anwenden – zu weit außen, um ein echter Satellit der Erde zu sein. Gleichwohl sind die Regeln für mich einfach zu gut, um wieder verworfen zu werden. Der Mond ist andererseits zu groß, um von der Erde eingefangen worden zu sein. Die Chancen, daß ein derartiges Einfangen stattgefunden und der Mond dann eine nahezu kreisförmige Umlaufbahn um die Erde eingenommen hat, sind zu gering, um diese Möglichkeit glaubwürdig erscheinen zu lassen.

Einige Theorien laufen darauf hinaus, daß der Mond einst der Erde viel näher stand (nämlich innerhalb der von mir angegebenen Grenzen für einen echten Satelliten) und daß er sich, verursacht durch den Einfluß der Gezeiten, dann allmählich von der Erde entfernte. Dem kann ich jedoch nicht zustimmen, denn wenn der Mond ein echter Satellit gewesen wäre und die Erde ursprünglich in einer Entfernung von vielleicht 30 000 Kilometern umkreist hätte, so hätte er mit ziemlicher Sicherheit eine Umlaufbahn innerhalb der Äquatorebene der Erde eingenommen, und das ist nicht der Fall. Ist der Mond aber weder ein echter noch ein eingefangener Satellit der Erde, was ist er denn dann? Sie mögen erstaunt sein, aber ich habe eine Antwort darauf. Um sie zu erläutern, lassen Sie uns auf mein Kräfteverhältnis beim Tauziehen zurückkommen. Für den Mond habe ich es bisher noch nicht berechnet und das wollen wir jetzt nachholen.

Die mittlere Entfernung des Mondes von der Erde beträgt 384 000 Kilometer, vom Mond zur Sonne 149 500 000 Kilometer. Der Quotient aus beiden Abständen hat den Wert 389. Quadrieren ergibt den Wert 151 000. Der Quotient von Erdmasse zu Sonnenmasse wurde bereits erwähnt und beträgt 0,0000030. Diese Zahl mit 151 000 multipliziert ergibt den folgenden Wert für das Kräfteverhältnis beim Tauziehen:

Mond 0,45.

Mit anderen Worten: Der Mond ist einmalig unter den Satelliten des Sonnensystems, weil sein Zentralkörper beim Tauziehen gegen die Sonne verliert. Die Sonne zieht den Mond zweimal so stark wie die Erde an. Wir können demnach den Mond weder als echten noch als eingefangenen Satelliten der Erde betrachten, sondern als einen eigenen Planeten, der sich im Gleichschritt mit der Erde um die Sonne bewegt. Gewiß, innerhalb des Erde-Mond-Systems wird die Bewegung des Mondes am einfachsten dargestellt, wenn wir von einer Umkreisung der Erde sprechen. Wenn Sie sich aber ein maßstabgerechtes Bild der Umlaufbahnen von Erde und Mond um die Sonne zeichnen, werden Sie feststellen, daß die Umlaufbahn des Mondes von der Sonne aus gesehen überall konkav ist. Der Mond »fällt« immer auf die Sonne zu. Alle anderen Satelliten – ohne Ausnahme – »fallen« in bestimmten Abschnitten ihres Umlaufes von der Sonne weg, eingefangen von der übermächtigen Anziehung ihres Zentralkörpers – nicht jedoch der Mond.

Beachten Sie ferner, daß der Mond sich nicht in der Äquatorebene um die Erde dreht, so wie dies bei einem echten Satelliten vorausgesetzt wird. Er umkreist die Erde vielmehr in einer Ebene, die in der Ekliptik liegt, das heißt in der Ebene des Tierkreises. Er umkreist die Erde also auf jener Ebene, in der im allgemeinen die Planeten die Sonne umkreisen. Eine solche Bahnebene ist geradezu eine Voraussetzung dafür, daß ein Körper als Planet angesehen werden kann.

Ist es dann vielleicht denkbar, daß es einen Zwischenzustand gibt zwischen der Situation eines massiven, sonnenfernen Planeten, der sich um einen einzigen Kern, jedoch bei gleichzeitiger Bildung vieler Satelliten formte, und der Situation eines kleinen, sonnennahen Planeten, der sich um einen einzigen Kern ohne Satelliten formte? Gibt es eine Randbedingung, bei der eine Kondensation um zwei Hauptkerne erfolgt, so daß sich ein Doppelplanet bildet?

Möglicherweise liegt die Erde gerade noch im Rahmen einer für die Bildung von Doppelplaneten zulässigen Spanne für Masse und Entfernung. Ein wenig zu klein und ein wenig zu nah. Wäre die Erde günstiger gelegen, würden die beiden Hälften vielleicht von gleicher Größe gewesen sein. Vielleicht hätten beide Planeten Atmosphäre und Ozeane und – Leben gehabt. Möglich, daß man in anderen Sternsystemen häufiger Doppelplaneten mit gleichartigen Partnern findet.

Wie schade, wenn wir das verpaßt haben . . .

Oder vielleicht (wer weiß), welch ein Glück!

8. Die erste und zugleich die letzte

Während meiner Schulzeit war ich ein begeisterter Turner an den Ringen. (Damals war ich noch etwas leichter und wagemutiger.) Einmal war ich der gewöhnlichen Übung überdrüssig, so daß ich die Ringe am Ende einer Schwingung plötzlich losließ. Ich erinnere mich noch ganz genau: Ich glaubte, meine halbkreisförmige Bahn fortzusetzen und weiter nach oben hinauszuschießen, bis mich die Schwerkraft herabzwingen würde, um dann federleicht niederzuschweben und nach einem perfekten »Entrechat« (Luftsprung) auf meinen Füßen zu landen.

Es ereignete sich jedoch nichts Derartiges. Meine Bahn verlief nahezu geradeaus, an jenem Punkt aus dem Halbkreis ausbrechend, an dem ich die Ringe losgelassen hatte. Ich prallte hart auf einer Seite auf. Nach einer Weile war mein Kopf wieder klar, und ich stand auf.

Der Mensch reagiert oft seltsam: Nachdem ich aufgestanden war, bemerkte ich mein arg verstauchtes Handgelenk (möglicherweise gebrochen, auch wenn sich später herausstellen sollte, daß es nicht gebrochen war) überhaupt nicht. Ich hob mein unverletztes linkes Handgelenk zum Ohr, denn ich fragte mich besorgt, ob meine Armbanduhr noch intakt war.

Bis zum heutigen Tag war das mein härtester Sturz. Vielleicht hätte ich aus diesem Zwischenfall einiges lernen und mir den Kopf über die Auswirkungen des Trägheitsgesetzes zerbrechen, Methoden zur Addition von Vektoren austüfteln oder einige Lehrsätze über die Differentialrechnung zusammenstellen sollen.

Ich möchte Ihnen gegenüber aufrichtig sein: Mich beeindruckte lediglich, daß die Schwerkraft beides war, nämlich kraftvoll und gefährlich. Würde man sie nicht dauernd beachten, konnte sie Schmerzen bereiten.

Vermutlich hatte ich das, wenn auch weniger drastisch, schon früher in meinem Leben gelernt. Und vermutlich hatte jeder Mensch, der einst im Alter von einem Jahr oder weniger versucht hatte, sich auf seine eigenen zwei Beine zu stellen, um dabei auch gleich vornüberzufallen, die gleiche Erfahrung gemacht. Man hat mir berichtet, daß Kinder eine instinktive Furcht vor dem Fallen haben, herrührend aus jenen Äonen, da eine derartig instinktive Furcht die Überlebenschancen unserer baumbewohnenden Vorfahren vergrößerte.

Wir können also sagen, daß die Schwerkraft (Gravitationskraft) die erste Kraft ist, mit der ein Mensch in Berührung kommt. Zudem können wir die Existenz dieser Kraft niemals übersehen, da sie bei jedem Schritt, bei jedem Atemzug und bei jedem Herzschlag überwunden werden muß. Wir dürfen nicht einen Augenblick lang versäumen, eine Gegenkraft aufzuwenden.

Es ist aber auch beruhigend zu wissen, daß uns diese mächtige und überwältigende Kraft zu allen Zeiten schützt: Sie hält uns auf der Erde fest und hindert uns daran, in das Weltall hinauszuschießen. Sie bindet ferner unsere Luft und unser Wasser zu unserem ständigen Gebrauch an unseren Planeten und sie hält die Erde selbst auf ihrer Bahn um die Sonne, so daß wir immer das lebensnotwendige Maß an Licht und Wärme bekommen.

Nach alledem ist es für viele Leute im allgemeinen eine Überraschung, wenn sie erfahren, daß die Schwerkraft nicht die stärkste Kraft im Universum ist. Wir wollen sie mit den elektromagnetischen Kräften vergleichen, den Kräften also, die einen Magneten befähigen, Eisen anzuziehen, und ein Proton in die Lage versetzen, ein Elektron an sich zu binden. Die elektromagnetischen Kräfte können auch abstoßend wirken, was bei der Schwerkraft nicht der Fall ist. Aber das ist eine Einzelheit, die uns im Augenblick kein Kopfzerbrechen bereiten muß.

Wie können wir nun die Stärke der elektromagnetischen Kräfte mit der Schwerkraft vergleichen? Wir wollen zwei Körper betrachten und einmal davon absehen, daß noch andere Körper im Universum auf diese beiden einwirken. Wir wollen also so tun, als ob die beiden Körper allein im Universum seien. Die Schwerkraft zwischen den beiden Körpern kann nach Newton durch die folgende Gleichung dargestellt werden (siehe auch Kapitel 7):

$$Kg = \frac{G \cdot m \cdot m'}{d^2} \quad \text{(Gleichung 1)}$$

K_g ist die Schwerkraft zwischen den Körpern (auch Gravitationskraft oder Massenanziehung genannt), m ist die Masse des einen Körpers, m' die Masse des anderen, d ist der Abstand zwischen den beiden Körpern und G ist eine universelle konstante Größe, die sogenannte »Gravitationskonstante«.

Wir müssen mit unseren Maßeinheiten vorsichtig sein. Wenn wir die Masse in Gramm messen, den Abstand in Zentimetern und G in etwas komplizierteren Einheiten, erhalten wir die Schwerkraft in einer Maßeinheit, die als »dyn« bezeichnet wird. (Bevor ich am Ende dieses Kapitels angelangt bin, werden sich die »dyn« wegkürzen, deshalb brauchen wir sie für die augenblicklichen Betrachtungen nicht weiter zu beachten.) Wir können sie als ein neues Fremdwort hinnehmen. Es wird aber in Kapitel 12 erläutert werden. Wir wollen weitergehen. Die Konstante G hat (soweit uns bekannt) überall im Universum denselben Wert. Der Wert hat in den Einheiten, die ich hier anwende, den Betrag $6{,}67 \cdot 10^{-8}$. Wenn Sie ellenlange Dezimalzahlen anstelle der Exponentialdarstellung vorziehen, können Sie den Betrag wie folgt angeben: 0,000 000 0667.

Wir wollen weiter annehmen, daß zwei Körper mit gleichen Massen vorliegen. Dann gilt $m = m'$, so daß $m \cdot m'$ zu $m \cdot m$ oder m^2 wird. Wir wollen ferner annehmen, daß die Körper genau 1 Zentimeter voneinander entfernt sind, von Mittelpunkt zu Mittelpunkt gerechnet. In diesem Falle gilt $d = 1$ und auch $d^2 = 1$. Gleichung 1 vereinfacht sich daher zu folgendem Ausdruck:

$$K_g = 0{,}000\,000\,0667 \cdot m^2 \quad \text{(Gleichung 2)}$$

Nun betrachten wir die elektromagnetische Kraft zwischen zwei Ladungen, die wir durch K_e symbolisieren.

Genau einhundert Jahre nachdem Newton die Gleichung für die Schwerkraft aufgestellt hatte, konnte der französische Physiker Charles Augustin de Coulomb (1736–1806) zeigen, daß die elektromagnetische Kraft zwischen zwei elektrisch geladenen Körpern durch eine sehr ähnliche Gleichung beschrieben wird.

Wir unterstellen einmal, daß die zwei Körper, für die wir bereits die Schwerkraft angegeben haben, auch elektrisch geladen seien, so daß zwischen ihnen eine elektromagnetische Kraft wirke. Um sicherzugehen, daß die elektromagnetische Kraft eine Anziehung bewirkt und daher direkt mit der Schwerkraft vergleichbar wird, wollen wir voraussetzen, daß einer der beiden Körper positiv elektrisch geladen sei und der andere negativ. (Das Prinzip würde unverändert sein, wenn wir gleichnamige elektrische Ladungen zulassen würden, so daß sich eine Abstoßung ergäbe, aber warum sollten wir Verwirrung stiften?)

Nach Coulomb wird die elektromagnetische Kraft zwischen zwei geladenen Körpern durch folgende Gleichung gegeben:

$$K_e = \frac{q \cdot q'}{d^2} \quad \text{(Gleichung 3)}$$

In dieser Gleichung ist q die elektrische Ladung eines der beiden Körper, q' die elektrische Ladung des anderen, und d ist der Abstand zwischen ihnen.

Wenn wir den Abstand in Zentimetern und die elektrische Ladung in sogenannten »elektrostatischen Einheiten« messen, und wenn wir voraussetzen, daß die Körper sich im Vakuum befinden, dann entfällt hier eine Konstante, die der Gravitationskonstante im Schwerkraftgesetz analog wäre. Und da ich von der Annahme ausging, daß die Körper im Universum allein seien, ist die Voraussetzung eines Vakuums zwischen ihnen gegeben.

Wenn wir die gerade genannten Maßeinheiten verwenden, erhalten wir den Wert der elektromagnetischen Kraft in der Maßeinheit »dyn«.

Schließlich wollen wir die ganze Sache noch durch die Annahme vereinfachen, daß die positive elektrische Ladung des einen Körpers dem Betrage nach gleich sei der negativen elektrischen Ladung des anderen, so daß $q = q'$ gilt und damit $q \cdot q' = q \cdot q = q^2$. Wir können wieder davon ausgehen, daß die Körper gerade einen Zentimeter auseinanderliegen, von Mittelpunkt zu Mittelpunkt gerechnet, so daß erneut $d^2 = 1$ gilt. Folglich wird aus Gleichung 3

$$K_e = q^2 \text{ (Gleichung 4)}$$

Lassen Sie uns das Gesagte zusammenfassen: Wir haben zwei Körper im Abstand von einem Zentimeter vorliegen, von Mittelpunkt zu Mittelpunkt gerechnet, die Körper besitzen gleichgroße Ladungen (einmal positiv, einmal negativ) und gleichgroße Massen. Zwischen ihnen bewirkt sowohl die Schwerkraft als auch die elektromagnetische Kraft eine Anziehung.

Wir stehen nun vor der Frage: Um wieviel ist die elektromagnetische Kraft stärker als die Schwerkraft (oder um wieviel schwächer). Dazu müssen wir das Verhältnis dieser Kräfte errechnen. Das Verhältnis erhalten wir, wenn wir die Gleichung 4 durch die Gleichung 2 dividieren. Man erhält

$$\frac{K_e}{Kg} = \frac{q^2}{0{,}0000000667 \cdot m^2} \text{ (Gleichung 5)}$$

Eine Dezimalzahl im Nenner zu haben, ist unangenehm. Aber wenn wir den reziproken Wert der Zahl im Nenner (das Ergebnis der Rechenoperation 1 dividiert durch die Dezimalzahl) einführen, wird der Ausdruck angenehmer. Denn nun tritt eine Zahl im Zähler auf. Da 1 dividiert durch $0{,}0000000667 = 1{,}5 \cdot 10^7$ oder 15 Millionen ist, können wir die Gleichung neu schreiben:

$$\frac{K_e}{Kg} = \frac{15000000 \cdot q^2}{m^2} \text{ (Gleichung 6)}$$

oder noch einfacher

$$\frac{K_e}{Kg} = 15000000 \cdot \left(\frac{q}{m}\right)^2 \text{ (Gleichung 7)}$$

Da beide Kräfte K_e und K_g in »dyn« gemessen werden, müssen wir bei der Berechnung des Verhältnisses der beiden Kräfte dyn durch dyn dividieren. Die Einheiten kürzen sich deshalb weg und wir erhalten einen reinen Zahlenwert. Mit anderen Worten: Wir werden also herausfinden, wieviel mal die eine Kraft stärker ist als die andere. Der Wert dieses Verhältnisses ist unabhängig von der Wahl der Maßeinheit. Welche Maßeinheiten ein intelligentes Wesen auf einem fünften Planeten des Sternes *Formalhaut* auch verwenden mag, für das Verhältnis kommt immer derselbe Zahlenwert heraus. Wir werden daher eine universelle Konstante erhalten.

Um das Verhältnis der beiden Kräfte zu bestimmen, müssen wir in Gleichung 7 zuerst den Wert von q/m bestimmen, d.h. die Ladung eines Körpers dividiert durch seine Masse. Wir wollen zuerst die Ladung betrachten.

Alle Körper bestehen aus subatomaren Teilchen vielfältiger Art. Allerdings fallen diese Teilchen bezüglich ihrer elektrischen Ladung in drei Gruppen:

1. In die Gruppe A fallen jene Teilchen, die – wie zum Beispiel das Neutron und das Neutrino – überhaupt keine Ladung besitzen. Ihre Ladung ist gleich Null.

2. In die Gruppe B fallen die Teilchen, die – wie das Proton und das Postiron – eine positive elektrische Ladung besitzen. Aber alle Teilchen mit einer positiven elektrischen Ladung enthalten notwendigerweise die gleiche Menge an positiver Ladung, wie auch sonst sie sich immer unterscheiden mögen. Das trifft wenigstens für die uns bis jetzt bekannten Teilchen zu. Ihre Ladung kann daher durch den Betrag +1 gekennzeichnet werden.

3. In die Gruppe C fallen alle Teilchen, die – wie das Elektron und das Anti-Proton – eine negative elektrische Ladung enthalten. Auch hier hat die Ladung immer den gleichen Betrag, nämlich −1.

Sie sehen: Ein Körper von irgendeiner Größe kann eine elektrische Nettoladung Null haben, vorausgesetzt, daß er aus neutralen Teilchen und aus positiven und negativen Teilchen besteht, wenn die Anzahl der positiven und negativen Teilchen genau gleich ist.

Für einen solchen Körper gilt $q = 0$, und es spielt keine Rolle, wie groß seine Masse ist. Der Wert des Quotienten q/m ist ebenfalls 0. Für solche Körper zeigt uns die Gleichung 7, daß das Verhältnis der Kräfte K_e/K_g den Wert Null annimmt. Die Schwerkraft hat niemals den Wert Null (solange die Körper überhaupt irgendeine Masse haben) und sie ist daher in einem solchen Fall unendlich viele Male stärker als die (nicht vorhandene) elektromagnetische Kraft. Allein die Schwerkraft spielt in einem solchen Fall eine Rolle.

Dieser Fall trifft auf wirkliche Körper zu. Die Nettoladung der Erde und der Sonne ist praktisch Null. Um die Bahn der Erde um die Sonne zu bestimmen, muß man nur die Schwerkraft zwischen den beiden Körpern berücksichtigen.

Doch der Fall $K_e = 0$ und daher $K_e/K_g = 0$ ist offensichtlich nur ein Grenzfall und nicht gerade ein besonders interessanter. Wie steht es mit dem anderen Grenzfall? Was ist, wenn wir anstelle eines Körpers ohne Ladung einen Körper mit maximaler Ladung betrachten?

Wenn wir den Fall maximaler Ladung untersuchen wollen, dann ist es zweckmäßig, die neutralen Teilchen wegzulassen, denn sie fügen Masse ohne Ladung hinzu. Wir wollen deshalb von einem Stück Materie ausgehen, das ausschließlich aus geladenen Teilchen zusammengesetzt ist. Es ist wenig sinnvoll, geladene Teilchen beider Arten zuzulassen, weil dann die eine Ladungsart die andere aufheben würde und die Gesamtladung geringer wäre als das mögliche Maximum.

Wir setzen also einen Körper als gegeben voraus, der ausschließlich aus positiv geladenen Teilchen besteht, ferner einen anderen Körper, der ausschließlich aus negativ geladenen Teilchen zusammengesetzt ist.

Obwohl alle geladenen Teilchen gleiche Ladungen haben, entweder vom Betrage $+1$ oder -1, können sie doch unterschiedliche Massen besitzen. Was wir benötigen, sind geladene Teilchen mit der kleinstmöglichen Masse. In diesem Falle ist die größtmögliche individuelle Ladung der kleinstmöglichen Masse aufgelastet, und der Quotient q/m besitzt dann ein Maximum.

Das negativ geladene Teilchen mit der geringsten Masse ist das Elektron, das positiv geladene Teilchen mit der geringsten Masse ist das Positron. Für diese Teilchen ist der Quotient q/m größer als für irgendwelche anderen bekannten Teilchen. (Bisher besteht kein Grund zur Annahme, daß noch irgendein Teilchen mit einem größeren Wert des Quotienten q/m entdeckt werden könnte.)

Angenommen, es gäbe zwei Körper, von denen der eine aus einer bestimmten Anzahl von Elektronen zusammengesetzt sei, der andere aus der gleichen Anzahl von Positronen. Zwischen ihnen wird eine bestimmte elektromagnetische Kraft und ebenso eine bestimmte Schwerkraft bestehen.

Wenn Sie die Anzahl der Elektronen in dem ersten Körper und die Anzahl der Positronen in dem zweiten Körper verdreifachen, verdreifacht sich die Gesamtzahl für jeden Körper, und die gesamte elektromagnetische Kraft wird um den Faktor $3 \cdot 3$ oder 9 größer sein. Auch die Gesamtmasse verdreifacht sich für jeden Körper und die gesamte Schwerkraft wird ebenfalls um den Faktor $3 \cdot 3$ oder 9 größer sein. Obwohl dabei jede Kraft größer wird, bleibt das Verhältnis der beiden Kräfte gleich, weil beide in gleichem Maße anwachsen.

Das Verhältnis der zwei Kräfte bleibt auch gleich, wenn die Ladung bzw. die Masse des einen Körpers nicht gleich der Ladung bzw. der Masse des anderen Körpers ist, oder wenn die Ladung bzw. die Masse der beiden Körper um unterschiedliche Beträge geändert werden.

Da uns nur das Verhältnis der zwei Kräfte interessiert, und da es unabhängig von der Anzahl der Elektronen in dem einen Körper und von der Anzahl der Positronen in dem anderen Körper ist – warum sich also mit irgendeiner Anzahl herumschlagen, wenn die kleinste Anzahl 1 ist?

Mit anderen Worten: Wir wollen ein einziges Elektron und ein einziges Positron betrachten, deren Abstand voneinander 1 Zentimeter beträgt. Dieses System wird uns den größtmöglichen Wert für das Verhältnis von elektromagnetischer Kraft zu Schwerkraft geben.

Das Elektron und das Positron haben gleiche Massen. In Gramm gemessen (diese Maßeinheit für die Masse haben wir ja unseren Rechnungen zugrunde gelegt), hat deren Masse einen Betrag von $9{,}1 \cdot 10^{-28}$ oder, wenn Sie eine andere Schreibweise vorziehen, 0,000 000 000 000 000 000 000 000 000 91.

Die elektrische Ladung des Elektrons ist gleich der Ladung des Positrons (wenn auch unterschiedlich im Vorzeichen). In elektrostatischen Maßeinheiten (ebenfalls unseren Rechnungen zugrunde gelegt) hat deren Ladung einen Betrag von $4{,}8 \cdot 10^{-10}$ oder 0,000 000 000 48.

Um den Wert des Quotienten q/m für das Elektron (oder für das Positron) zu erhalten, müssen wir die Ladung durch die Masse dividieren. Wenn wir $4{,}8 \cdot 10^{\;10}$ durch $9{,}1 \cdot 10^{-28}$ dividieren, erhalten wir $5{,}3 \cdot 10^{17}$ oder 530 000 000 000 000 000.

Entsprechend Gleichung 7 müssen wir den Quotienten q/m quadrieren. Wir multiplizieren $5{,}3 \cdot 10^{17}$ mit sich selbst und erhalten für $(q/m)^2$ den Wert von $2{,}8 \cdot 10^{35}$ oder 280 000 000 000 000 000 000 000 000 000 000 000.

Mit einem erneuten Blick auf Gleichung 7 stellen wir fest, daß diese Zahl mit 15 000 000 multipliziert werden muß. Dann erhalten wir endlich das gesuchte Verhältnis. Die Multiplikation ergibt $4{,}2 \cdot 10^{42}$ oder

4 200 000 000 000 000 000 000 000 000 000 000 000 000 000.

Wir können also zu dem Schluß kommen, daß unter den günstigsten Umständen die elektromagnetische Kraft über vier Millionen Billionen Billionen Billionen mal stärker ist als die Schwerkraft.

Zweifellos gibt es unter normalen Voraussetzungen keine Elektron/Positron-Systeme in unserer Umwelt, denn Positronen existieren praktisch nicht. Statt dessen wird unser Universum (soweit uns bekannt) durch Elektron/Proton-Anziehungskräfte elektromagnetisch zusammengehalten. Das Proton ist 1836mal schwerer als das Elektron, so daß die Schwereanziehung ohne gleichzeitige Erhöhung der elektromagnetischen Anziehung größer ausfällt. In diesem Fall hat das Verhältnis der Kräfte K_e/K_g nur den Betrag von $2{,}3 \cdot 10^{39}$.

Im physikalischen Bereich gibt es zwei weitere elementare Kräfte. Es gibt die »starke« (Atom-) Kernkraft, meist starke Wechselwirkungskraft genannt, die über hundertmal stärker ist als selbst die elektromagnetische Kraft, und es gibt die »schwache« Kernkraft, in der Regel schwache Wechselwirkungskraft genannt, die merklich schwächer ist als die elektromagnetische Kraft. Alle drei Kräfte sind aber viel, viel stärker als die Schwerkraft.

Tatsächlich ist die Schwerkraft – auch wenn es die erste Kraft ist, mit der wir vertraut werden, auch wenn sie immer mit uns ist, und auch wenn es diese Kraft ist, die wir am gründlichsten zu würdigen wissen – die bei weitem schwächste Kraft in der Natur. Sie ist die erste und zugleich die letzte!

Was läßt die Schwerkraft so stark erscheinen?

Nun, die beiden Kernkräfte sind keine weitereichenden Kräfte, sie machen sich nur über eine Entfernung von der Ausdehnung eines Atomkerns bemerkbar. Die elektromagnetische Kraft und die Schwerkraft sind die beiden weitreichenden Kräfte. Von diesen beiden macht sich die elektromagnetische Kraft (von kleinen und vorübergehenden lokalen Ausnahmen abgesehen) nicht bemerkbar, da sich anziehende und abstoßende elektromagnetische Kraft aufheben. Das läßt die Schwerkraft allein wirksam sein. Hinzu kommt noch die Tatsache, daß die auffälligsten Körper des Universums Ansammlungen riesiger Masse sind. Wir leben zum Beispiel auf der Oberfläche einer solchen Ansammlung.

Es gibt immerhin Anzeichen für die tatsächliche Schwäche der Schwerkraft: Sie können mit ihren schwachen Muskeln ein Gewicht von 25 kg gegen die Anziehung der gesamten Erdmasse anheben. Ein Spielzeugmagnet ist in der Lage, eine Nadel gegen die Kraftwirkung der gesamten Erde hochzuheben. Gewiß, die Schwerkraft ist schon schwach. Aber vielleicht können wir diese Schwäche noch etwas drastischer aufzeigen.

Angenommen, die Erde bestünde (bei gleichbleibender Masse) nur aus Positronen, die Sonne hingegen (bei gleichbleibender Masse) nur aus Elektronen. Die Anziehungskraft zwischen ihnen wäre unermeßlich größer als die schwache Schwerkraft, die sie jetzt zusammenhält. Um die elektromagnetische Anziehung auf den Wert der augenblicklichen Schwereanziehung zu verringern, müßten Erde und Sonne ungefähr 33 000 000 000 000 000 Lichtjahre voneinander entfernt sein oder ungefähr 5 000 000mal so weit wie der derzeit geschätzte Durchmesser des Universums beträgt.

Oder Sie stellen sich anstelle der Sonne eine Ansammlung von einer Million Tonnen Elektronen vor (was gleich der Masse eines sehr kleinen Asteroiden ist) und anstelle der Erde $3^1/_3$ Tonne Positronen.

Die Anziehung infolge der elektromagnetischen Kraft zwischen diesen zwei unbedeutenden Massen über eine Entfernung gleich dem Abstand zwischen Erde und Sonne würde der Anziehung infolge der Schwerkraft zwischen den tatsächlichen kolossalen Massen dieser zwei Körper gleichkommen.

Wenn jemand eine Menge von einer Million Tonnen Elektronen auf der Sonne verstreuen könnte und $3^1/_3$ Tonnen Positronen auf der Erde, würde sich die Anziehung zwischen Sonne und Erde verdoppeln und die natürliche Erdumlaufbahn beachtlich verändern. Und würden Sie auf beiden Körpern, auf Erde und Sonne, allein Elektronen verstreuen, um so eine Abstoßung zu erzielen, würden Sie die Anziehung infolge der Schwerkraft gänzlich aufheben und die gute alte Erde auf eine Reise aus dem Sonnensystem hinausschicken.

Das sind selbstverständlich nur Rechnungen auf dem Papier. Doch gerade weil die elektromagnetischen Kräfte so stark sind, können sich größere Mengen gleichgeladener Teilchen auf engem Raum nicht ansammeln. Sie würden sich gegenseitig abstoßen.

Angenommen, Sie teilten die Sonne in Bruchstücke von Murmelgröße auf und streuten diese Murmeln nach Belieben im Sonnensystem aus. Könnten Sie sich vorstellen, daß mit Hilfe eines Instrumentes, von Menschenhand gefertigt, diese Bruchstücke am Zusammenfallen infolge ihrer gegenseitigen Schwereanziehung gehindert werden könnten? Nun, das wäre keine größere Aufgabe, als eine Menge von nur einer Million Tonnen Elektronen einzufangen und sie zu einer Kugel zusammenzudrücken.

Das gleiche Bild ergäbe sich, wenn Sie versuchten, eine größere Menge positiver Ladungen von einer größeren Menge negativer Ladungen zu trennen.

Wären im Universum die Elektronen und die Positronen die häufigsten geladenen Teilchen, würde die elektromagnetische Kraft diese Teilchen zur Vereinigung zwingen. Da sie Anti-Teilchen sind, das eine genau das Gegenstück zum anderen, würden sie verschmelzen und sich gegenseitig aufheben und in einen kosmischen Blitz von Gammastrahlen verwandeln.

Zum Glück sind im Universum Elektronen und Protonen die häufigsten geladenen Teilchen. Wenn auch ihre Ladungen einander entgegengesetzt sind, so trifft das nicht zu für die anderen Eigenschaften – zum Beispiel nicht für die Masse. Elektron und Proton sind keine Anti-Teilchen, sie können sich deshalb nicht gegenseitig aufheben.

Ihre entgegengesetzten Ladungen bewirken zwar eine starke gegenseitige Anziehung, so daß sie sich einander nähern; da sie sich aber nicht verschmelzen und aufheben, also auch nicht einander durchdringen können, halten sie letztlich einen gewissen Abstand voneinander und formen so das Wasserstoffatom.

Einzelne Protonen können sich sogar trotz elektromagnetischer Abstoßung aneinanderklammern. Dies ist eine Folge der nur über kurze Entfernungen wirksamen starken Kernwechselwirkungskraft, die eine Anziehung zwischen benachbarten Protonen bewirkt und dabei die elektromagnetische Abstoßung aufhebt. Dies ermöglicht die Bildung von anderen Atomen als Wasserstoff.

Kurz: Atomare Kräfte überwiegen im Atomkern; elektromagnetische Kräfte beherrschen das Atom selbst; die Schwerkraft ist die dominierende Kraft zwischen den großen astronomischen Körpern.

Die geringe Stärke der Schwerkraft ist für die Physiker eine Quelle dauernder Unzufriedenheit.

Die verschiedenen Kräfte machen sich durch Teilchenübertragung bemerkbar. Die »starke« Kernwechselwirkungskraft, die stärkste von allen Kräften, macht sich durch den Austausch von Pionen (Pi-Mesonen) bemerkbar; die elektromagnetische Kraft (die nächststärkste) ist mit Photonenaustausch verknüpft. Die Entdeckung der bei der »schwachen« Kernwechselwirkungskraft (der drittstärksten) ausgetauschten Teilchen wurde kürzlich bekanntgegeben. Es sind die »W-Teilchen«.*

So weit, so gut. Folgerichtig müßte bei der Schwerkraft, wenn sie eine Kraft wie die anderen Kräfte ist, der Austausch von Teilchen nachweisbar sein. Physiker haben diesem Teilchen einen Namen gegeben: es handelt sich um das »Graviton«. Sie haben sogar schon über seine Eigenschaften oder über seine fehlenden Eigenschaften Aussagen gemacht. Es soll elektrisch neutral und ohne Masse sein. (Da es ohne Masse ist, muß es sich mit einer festen Geschwindigkeit, mit der Lichtgeschwindigkeit, bewegen.) Es soll sogar stabil sein, das heißt: sich selbst überlassen, soll es nicht zerfallen, um andere Teilchen zu bilden.

Soweit ist es also dem Neutrino ähnlich, das auch stabil ist, elektrisch neutral und keine Masse besitzt (und sich daher mit Lichtgeschwindigkeit bewegt).

Graviton und Neutrino unterscheiden sich jedoch in mancher Hinsicht. Das Neutrino erscheint in zwei verschiedenen Formen, einem Elektronen-Neutrino und einem Myonen-(My-Meson)-Neutrino; zu einem jeden gibt es noch das Anti-Teilchen. Es gibt also insgesamt vier verschiedene Neutrino-Arten. Das Graviton soll nur in *einer* Form erscheinen und somit sein eigenes Anti-Teichen sein. Es soll nur eine Gravitonen-Art geben.

Hinzu kommt, daß das Graviton einen Drehimpuls vom Betrag 2 haben soll, während das Neutrino, zusammen mit den meisten anderen subatomaren Teilchen, einen Drehimpuls vom Betrag $^1/_2$ hat. (Es gibt auch einige Mesonen mit einem Drehimpuls vom Betrag 0, und das Photon hat einen Drehimpuls vom Betrag 1.)

Das Graviton wurde bisher jedoch noch nicht entdeckt. Es ist sogar noch schwieriger nachzuweisen als das Neutrino. Das Neutrino, auch wenn ohne Masse und Ladung, hat einen meßbaren Energie-Inhalt. Seine Existenz wurde denn auch zunächst deshalb postuliert, weil es bei verschiedenen Prozessen Energie forttrug und so eine Lücke in der Energiebilanz hinterließ. Doch das Graviton? Nun, denken Sie an den Faktor 10^{42}!

Ein einziges Graviton muß mehr als Billionen mal Billionen mal Billionen mal weniger Energie enthalten als ein Neutrino. Wenn man bedenkt, wie schwierig die Entdeckung des Neutrinos war, dann ist die

* Anmerkung des Übersetzers: Die vermeintliche Entdeckung hat anscheinend einer kritischen Würdigung in den Jahren danach nicht standhalten können, so daß heute allgemein die Auffassung vertreten wird, die bei der schwachen Wechselwirkung ausgetauschten Teilchen seien noch unbekannt.

Entdeckung des Gravitons ein Problem, das die Physiker wirklich auf die Probe stellt.

9. Die Schwärze der Nacht

Ich nehme an, daß Ihnen das Comic strip »Peanuts« bekannt ist. Meine Tochter Robyn (zur Zeit in der vierten Klasse) sieht sich Peanuts gerne an – genauso wie ich. Eines Tages kam sie hocherfreut zu mir, da in einer bestimmten Folge einer der kleinen Sonderlinge in »Peanuts« seine ältere, schlechtgelaunte Schwester fragte: »Warum ist der Himmel blau?«, und sie zurückschnappte: »Weil er nicht grün ist!«

Als Robyn sich ausgelacht hatte, meinte ich die Unterhaltung in Richtung einer tiefschürfenden wissenschaftlichen Diskussion (ganz zu Robyns Bestem, Sie verstehen!) lenken zu müssen. So fragte ich also: »Nun, Robyn, warum ist der Himmel in der Nacht schwarz?«

Und sie antwortete sofort – vermutlich hätte ich das erwarten sollen – »weil er nicht rot ist!«

Zum Glück kann mich nichts dergleichen ernstlich verdrießen. Wenn Robyn nicht mitmachen will, so kann ich mich immer noch murrend an meine hilflosen Leser wenden. Ich werde also Ihnen erklären, warum der Himmel nachts schwarz ist.

Die Geschichte über die Schwärze des Nachtshimmels beginnt mit dem 1758 geborenen deutschen Physiker und Astronomen Heinrich Wilhelm Matthias Olbers. Er praktizierte Astronomie als Steckenpferd und erlebte dabei eine Enttäuschung. Die Sache war folgende . . .

Ende des 18. Jahrhunderts hegten Astronomen den Verdacht, daß sich zwischen den Umlaufbahnen von Mars und Jupiter ein weiterer Planet befinde. Eine Gruppe deutscher Astronomen, darunter auch Olbers, beschloß, bestimmte Abschnitte entlang der Ekliptik (entlang dem Tierkreis) mit großer Sorgfalt nach dem vermuteten Planeten abzusuchen, ein jeder in seinem Abschnitt.

Olbers und seine Freunde verfuhren so systematisch und gründlich, daß sie zu Recht den vermuteten Planeten hätten entdecken und die damit verbundene Anerkennung hätten erhalten müssen. Aber das Leben ist eben unberechenbar (eine bekannte Redensart)! Während sie noch immer die Einzelheiten untersuchten, beobachtete der italienische Astronom Giuseppe Piazzi, der überhaupt nicht nach Planeten suchte, am 1. Januar 1801 einen Lichtpunkt, der seine Position gegen den Fixstern-Hintergrund verändert hatte. Er verfolgte den Lichtpunkt eine Zeitlang und fand heraus, daß er sich ständig weiterbewegte, nicht so schnell wie Mars, doch schneller als Jupiter. Es war daher sehr wahrscheinlich ein Planet auf einer Umlaufbahn, die zwischen den Bahnen von Mars und Jupiter lag. Der planlos arbeitende Piazzi, und nicht der planerisch vorgehende Olbers, erhielt so einen Ehrenplatz in der Geschichte der Astronomie als Entdecker eines Planeten.

Olbers geriet dennoch nicht völlig ins Hintertreffen. Vermutlich war Piazzi eine Zeitlang krank und dadurch an weiteren Beobachtungen verhindert. Als er dann endlich wieder ans Fernrohr treten konnte, war der Planet bereits zu dicht an der Sonne und konnte somit nicht mehr beobachtet werden.

Piazzis Beobachtungen reichten nicht aus, um die Umlaufbahn des neuen Planeten berechnen zu können, und das war schlecht. Monate würden verstreichen, bis der sich langsam bewegende Planet die andere Seite der Sonne erreicht hätte und sich wieder in einer für die Beobachtung geeigneten Position befände, und ohne eine vorausberechenbare Bahn konnte es sehr wohl Jahre dauern, ihn wieder aufzufinden.

Es fügte sich, daß ein junger deutscher Mathematiker, Karl Friedrich Gauß, ein gerade aufleuchtender Stern am Firmament der Mathematik, das Problem kennenlernte. Gauß hatte die »Methode der kleinsten Quadrate« ausgearbeitet. Sie ermöglichte die Berechnung der Bahn mit annehmbarer Genauigkeit aus nicht mehr als drei beobachteten Positionen des Planeten. Gauß konnte also mit dieser Methode die Umlaufbahn von Piazzis neuem Planeten berechnen. Und als der Planet sich wieder in einem der Beobachtung zugänglichen Bereich befand, konnte ihn Olbers am 1. Januar 1802 mit seinem Fernrohr auf der Bahn auffinden, die Gauß vorausberechnet hatte.

Der neue Planet – »Ceres« genannt – war recht eigenartig. Es stellte sich heraus, daß sein Durchmesser geringer war als 800 Kilometer. Er war wesentlich kleiner als irgendein anderer Planet und kleiner als zumindest sechs der damals bekannten Satelliten. War Ceres wirklich alles, was zwischen Mars und Jupiter existierte? Die deutschen Astronomen setzten ihre Beobachtungen fort (es wäre auch ein Jammer gewesen, all die Vorbereitungen vergebens getan zu haben), und tatsächlich waren bald drei weitere Planeten zwischen Mars und Jupiter entdeckt. Zwei davon, Palles und Vesta, entdeckte Olbers. Jahre später wurden noch weitere gefunden. Doch der große Preis wird nicht für den zweiten Platz verliehen. Zu Olbers' Ehren wurde ein Planetoid nach ihm benannt. Der tausendste Planetoid zwischen Mars und Jupiter wurde »Piazzia«, der eintausendunderste »Gaussia« und der eintausendundzweite (halten Sie bitte die Luft an) wurde »Olberia« genannt.

Olbers hatte auch bei anderen Beobachtungen wenig Glück. Er widmete sich insbesondere den Kometen und fünf solche wurden von ihm entdeckt, doch dazu ist wohl jeder in der Lage. Seither kennt man einen Kometen als »Olbers' Komet«, aber das ist keine großartige Auszeichnung.

Sollen wir Olbers also verlassen? Auf keinen Fall.

Es ist schwer zu sagen, was einem Wissenschaftler einen Ehrenplatz in den Annalen der Wissenschaften einbringt. Manchmal ist es ein Produkt interessanter Träumerei: Im Jahre 1826 stellte Olbers beiläufig eine Theorie zur Frage auf, warum der Nachthimmel schwarz sei, und gelangte zu einem scheinbar lächerlichen Ergebnis.

Doch diese Theorie, »Olbers' Paradoxon« genannt, erlangte ein Jahrhundert später wesentliche Bedeutung. Tatsächlich läßt sich Olbers' Paradoxon an den Beginn einer jeden Gedankenkette setzen, die zu dem Schluß führt, daß Leben im Universum nur deshalb existiert, weil die fernen Galaxien eine von uns weggerichtete Fluchtbewegung aufweisen. Aber welchen Einfluß können denn ferne Galaxien auf uns haben? Gedulden Sie sich, wir wollen das jetzt ausarbeiten.

Wenn man irgendeinen Astronomen während der Zeit des Altertums gefragt hätte, warum der nächtliche Himmel schwarz ist, würde er – recht einleuchtend – geantwortet haben, daß dies durch die fehlende Sonne bedingt sei. Hätte man dann weiter gefragt, warum die Sterne nicht die Stelle der Sonne einnähmen, hätte er geantwortet – wieder recht einleuchtend –, daß die Sterne in ihrer Zahl begrenzt seien und einzeln nur ein schwaches Licht abgeben. In der Tat: wären alle sichtbaren Sterne zu einem Haufen zusammengeballt, würde dessen Helligkeit nur ein halbes Milliardstel der Sonnenhelligkeit ausmachen. Ihr Einfluß auf die Schwärze des Nachthimmels ist daher unbedeutend.

Im 19. Jahrhundert hatte diese Begründung ihren Wert verloren. Die Anzahl der Sterne war überwältigend. Große Fernrohre enthüllten die Existenz unzähliger Millionen von Sternen. Selbstverständlich kann man argumentieren, daß diese unzähligen Millionen ohne Bedeutung sind, da sie dem bloßen Auge unsichtbar bleiben und daher nicht zum Licht am nächtlichen Himmel beitragen. Das ist ebenfalls eine nicht stichhaltige Begründung. Die Sterne der Milchstraße sind einzeln zu schwach, um ausgemacht zu werden, aber in ihrer Anhäufung bilden sie einen schwachleuchtenden Ring um den Himmel. Das Andromeda genannte Milchstraßensystem, die Andromeda-Galaxie, ist viel weiter entfernt als die Sterne unsere Milchstraße, und die einzelnen Sterne der Andromeda-Galaxie sind uns unsichtbar, es sei denn beim Blick durch eines der sehr großen Fernrohre. Doch als Anhäufung ist die Andromeda-Galaxie für das bloße Auge schwach sichtbar. (Sie ist übrigens das entfernteste Objekt, das mit dem bloßen Auge noch gesehen werden kann. Wenn Sie also einmal jemand fragt, wie weit Sie sehen können, dann antworten Sie: »Zwei Millionen Lichtjahre.«) Kurz, entfernte Sterne – wie weit entfernt und wie schwach sie auch sein mögen – müssen zum Licht des nächtlichen Himmels beitragen, und dieser Beitrag ist sogar ohne Hilfe eines Instrumentes sichtbar, wenn diese entfernten schwachen Sterne in ausreichender Dichte vorliegen.

Olbers, dem die Andromeda-Galaxie nicht bekannt war, der aber von der Milchstraße wußte, fragte sich, wieviel Licht von allen entfernten Sternen zu erwarten war. Grundlage seiner Überlegungen waren folgende Annahmen:

1. Das Universum ist unendlich ausgedehnt;
2. die Zahl der Sterne ist unendlich groß, sie sind gleichmäßig im Universum verteilt;
3. die Sterne haben überall im Universum gleiche mittlere Helligkeit.

Stellen Sie sich nun vor, das All wäre um uns in Schalen (wie bei einer Zwiebel) aufgeteilt. Im Vergleich zur Unermeßlichkeit des Alls seien die Schalen dünn, aber groß genug, um Sterne zu enthalten.

Denken Sie daran, daß die von einzelnen Sternen gleicher Helligkeit ankommende Lichtmenge sich umgekehrt wie das Quadrat der Entfernung verhält. Mit anderen Worten, wenn Stern A und Stern B gleich hell sind, A aber dreimal so weit entfernt ist wie B, dann erreicht uns vom Stern A nur $^1/_9$ der Lichtmenge, die von Stern B zu uns kommt. Wenn Stern A fünfmal so weit entfernt wäre wie Stern B, dann wäre das Licht von Stern A nur $^1/_{25}$ des Lichtes von Stern B usw.

Das trifft auch für unsere Schalen zu: Der Durchschnittsstern in einer 2000 Lichtjahre von uns entfernten Schale würde nur $^1/_4$ so hell in Erscheinung treten wie der Durchschnittsstern in einer nur 1000

Lichtjahre entfernten Schale. Die dritte Annahme besagt, daß die wirkliche Helligkeit des Durchschnittssterns in beiden Schalen die gleiche sei, so daß die Entfernung der einzige Faktor ist, der wir in Betracht ziehen müssen. Und der Durchschnittsstern in einer 3000 Lichtjahre entfernten Schale würde sich wiederum nur mit einem Neuntel der Helligkeit bemerkbar machen wie der Durchschnittsstern in einer nur 1000 Lichtjahre entfernten Schale usw.

Aber je weiter Sie sich nach außen fortbewegen, desto voluminöser wird jede Schale im Vergleich mit der vorangehenden. Da jede Schale dünn genug ist, um ihren Rauminhalt ohne nennenswerte Fehler als proportional zu ihrer äußeren Oberfläche ansehen zu können, kommen wir zu dem Schluß, daß der Rauminhalt der Schalen im gleichen Maße wächst wie deren äußere Oberfläche, das heißt, daß er proportional zum Quadrat des Radius ist. Die Schale mit einem Radius von 2000 Lichtjahren hat den vierfachen Rauminhalt einer Schale mit 1000 Lichtjahren Radius. Die Schale mit 3000 Lichtjahren Radius hat den neunfachen Rauminhalt usw.

Nehmen wir an, daß die Sterne im All gleichmäßig verteilt seien (Annahme 2), dann ist die Zahl der Sterne in jeder gegebenen Schale proportional zum Rauminhalt der Schale. Wenn die Schale mit 2000 Lichtjahren Radius viermal so voluminös ist wie die Schale mit 1000 Lichtjahren Radius, enthält sie viermal soviel Sterne. Wenn die Schale mit 3000 Lichtjahren Radius neunmal so voluminös ist wie die Schale mit 1000 Lichtjahren Radius, enthält sie neunmal soviel Sterne usw.

Wenn die Schale mit 2000 Lichtjahren Radius viermal soviel Sterne wie die Schale mit 1000 Lichtjahren Radius enthält und wenn jeder Stern in der erstgenannten Schale uns im Durchschnitt nur mit einem Viertel der Helligkeit erscheint wie ein Stern in der letztgenannten Schale, dann ist das gesamte Licht aus der Schale mit 2000 Lichtjahren Radius 4mal $^1/_4$ des Lichtes aus der Schale mit 1000 Lichtjahren Radius. Mit anderen Worten: Die Schale bei 2000 Lichtjahren liefert genau soviel Licht wie die Schale bei 1000 Lichtjahren. Die Gesamthelligkeit der Schale bei 3000 Lichtjahren ist 9mal $^1/_9$ derjenigen Helligkeit einer Schale bei 1000 Lichtjahren, die Helligkeit beider Schalen ist also wieder gleich.

Teilen wir das All in aufeinanderfolgende Schalen auf, liefert jede Schale gleichviel Licht. Und wenn das All unendlich ausgedehnt ist (Annahme 1) und daher aus einer unendlichen Anzahl von Schalen besteht, müßten die Sterne im All, wie schwach sie einzeln auch erscheinen mögen, eine unbegrenzte Lichtmenge zur Erde liefern.

Dagegen kann man einwenden. daß die näherliegenden Sterne das Licht der entfernter liegenden Sterne abschirmen können. Um diesen Einwand zu berücksichtigen, betrachten wir das Problem auf eine andere Weise. Gleichviel, in welche Richtung man schaut, das Auge wird schließlich auf einen Stern treffen, wenn es stimmt, daß es unendlich viele gibt und daß sie gleichmäßig im All verteilt sind (Annahme 2). Der einzelne Stern mag unsichtbar sein, aber er wird seinen Lichtanteil zu dem aus allen Richtungen zu uns gelangenden gesamten Licht beisteuern.

Der nächtliche Himmel würde unter solchen Umständen nicht schwarz, sondern absolut voll mit verwischtem Sternenlicht ausgefüllt sein. Auch der Tageshimmel wäre absolut voll mit verwischtem Sternenlich ausgefüllt, und die Sonne selbst bliebe unsichtbar gegen den strahlenden Hintergrund. Ein derartiger Himmel wäre grob gerechnet 150 000mal heller als unsere Sonne. Würden Sie da noch in Frage stellen, daß unter derartigen Voraussetzungen Leben auf der Erde unmöglich ist?

Doch der Himmel hat nun einmal nicht die Helligkeit von 150 000 Sonnen. Der nächtliche Himmel ist schwarz. Irgendwo ist in Olbers' Pardoxon ein abschwächender Umstand oder ein logischer Fehler verborgen.

Olbers selbst glaubte, den Fehler gefunden zu haben. Er meinte, das All sei nicht wirklich durchsichtig, es enthielte Staubwolken und Gaswolken, die den größten Teil des Sternenlichtes absorbierten, so daß nur ein unbedeutender Anteil zur Erde gelangte.

Das klingt vernünftig, ist es aber durchaus nicht. Selbstverständlich gibt es Staubwolken im All. Würden diese das gesamte einfallende Sternenlicht absorbieren, hätte das einen Temperaturanstieg der Wolken zur Folge, bis sie genügend heiß wären, um dann selbst zu leuchten. Sie würden schließlich soviel Licht ausstrahlen, wie sie absorbieren, und der Himmel über der Erde würde immer noch in seiner gesamten Ausdehnung sternenhell erleuchtet sein.

Aber wenn die Logik einer Argumentation fehlerlos und die Lösung immer noch falsch ist, müssen wir die Annahmen untersuchen. Wie steht es zum Beispiel mit der Annahme 2? Gibt es wirklich unendlich viele Sterne, und sind sie wirklich gleichmäßig im Universum verteilt?

Selbst zu Olbers' Zeiten hatte man Gründe dafür, diese Annahme als falsch anzusehen. Der deutsch-englische Astronom William Herschel zählte Sterne mit verschiedener Helligkeit aus. Er setzte voraus, daß im Mittel die schwächer leuchtenden Sterne weiter entfernt sind als die helleren (was mit Annahme 3 übereinstimmt), und fand, daß sich die Dichte der Sterne mit der Entfernung verringert.

Die Dichte der Sterne änderte sich mit der Entfernung in verschiedenen Richtungen verschieden stark. Daraus schloß Herschel, daß die Sterne eine linsenförmige Anhäufung bildeten. Der große Durchmesser dieser Anhäufung, so fand er heraus, war gleich dem 150fachen Abstand der Sonne vom Stern Arcturus (oder gleich 6000 Lichtjahren, wie wir heute sagen würden); die gesamte Anhäufung enthielt 100 Millionen Sterne.

Das schien Olbers' Paradoxon aus der Welt zu schaffen. Wenn die linsenförmige Anhäufung (heute unser Milchstraßensystem, unsere Galaxie genannt) wirklich alle existierenden Sterne enthielt, dann versagt Annahme 2. Selbst wenn wir uns vorstellen, das All sei außerhalb unserer Galaxie unendlich ausgedehnt (Annahme 1), so enthielte es dort keine Sterne und lieferte somit aus den entfernten Bereichen keinen Beitrag zum Licht. Folgerichtig gäbe es dann nur eine endliche Anzahl von Schalen, die Sterne enthalten, und nur eine endliche (und nicht einmal eine große) Lichtmenge erreichte die Erde. Das wäre der Grund dafür, daß der nächtliche Himmel schwarz ist.

Das geschätzte Ausmaß unserer Galaxie hat sich seit Herschels Tagen jedoch vergrößert. Man vermutet heute, daß sie einen Durchmesser von 100 000 und nicht von 6000 Lichtjahren hat, und ferner, daß unsere Galaxie 150 Milliarden und nicht 100 Millionen Sterne enthält. Diese Veränderung ist aber nicht entscheidend. Sie läßt den nächtlichen Himmel immer noch schwarz.

Im 20. Jahrhundert jedoch lebte Olbers' Paradoxon wieder auf, denn man erkannte, daß es Sterne außerhalb unserer Galaxie gab. Der Andromeda genannte Nebelfleck wurde während des 19. Jahrhunderts als Teil unserer eigenen Galaxie angesehen. Wenn auch andere Nebelflecken (z. B. der Orion-Nebel) Sterne enthielten, die den Nebel erleuchteten, so schien der Andromeda-Nebel keinerlei Sterne zu enthalten, sondern selbst zu leuchten.

Das war falsch. Einige Astronomen vermuteten bald den wahren Sachverhalt beim Andromeda-Nebel, konnten ihn jedoch nicht beweisen, bis im Jahre 1924 der amerikanische Astronom Edwin Powell Hubble das 100-Zoll-Fernrohr auf den leuchtenden Nebel einstellte und an seinen Rändern einzelne Sterne ausmachen konnte. Diese Sterne leuchteten einzeln derart schwach, daß man sofort auf eine Entfernung von Hunderttausenden von Lichtjahren schließen mußte. Der Nebelfleck mußte weit außerhalb unserer Galaxie liegen. Daß man den Flecken über eine so große Entfernung noch sehen konnte, war nur mit der Annahme vereinbar, daß er eine Ausdehnung besaß, die der Ausdehnung unserer eigenen Galaxie gleichkam, daß Andromeda also selbst eine Galaxie sein mußte. Es wird heute geschätzt, daß diese Galaxie über 2 Millionen Lichtjahre von uns entfernt ist und daß sie mindestens 200 Milliarden Sterne enthält. Bald darauf wurden andere Galaxien in weitaus größeren Entfernungen entdeckt. Wir vermuten jetzt sogar, daß es innerhalb des zu beobachtenden Alls mindestens 100 Milliarden Galaxien gibt. Man schätzt bei einigen die Entfernung auf 6 Milliarden Lichtjahre.

Wir greifen deshalb nochmals Olbers' drei Annahmen auf und ersetzen in ihnen das Wort »Sterne« durch »Galaxien«. Was kommt dann heraus?

Annahme 1, nämlich daß das Universum unendlich sei, klingt gut. Es gibt kein Anzeichen für eine endliche Ausdehnung, selbst nicht über Entfernungen von Milliarden von Lichtjahren.

Annahme 2, daß es nämlich unendlich viele Galaxien (nicht Sterne) gäbe, die gleichmäßig im Universum verteilt seien, klingt ebenfalls gut. Sie sind zumindest gleichmäßig verteilt, soweit wir sehen können, und wir können ziemlich weit sehen.

Annahme 3, daß nämlich Galaxien (nicht Sterne) im gesamten Universum gleiche mittlere Helligkeit hätten, ist etwas schwerer zu glauben. Es gibt jedoch keinen Grund dafür, daß entfernte Galaxien im Mittel größer oder im Mittel kleiner seien als die nahen Galaxien. Wenn die Galaxien in allen Regionen des Universums dieselbe mittlere Anzahl von Sternen enthalten, dann ist es auch vernünftig, in allen Regionen des Universums dieselbe mittlere Helligkeit zu erwarten.

Also, warum ist der Nachthimmel schwarz? Wir sind wieder bei dieser Frage angelangt!

Wir wollen das Problem noch einmal von einer anderen Seite angehen. Astronomen können feststellen, ob ein entferntes leuchtendes Objekt auf uns zukommt oder sich von uns fortbewegt, indem sie sein Spektrum studieren (das heißt, sein ähnlich wie in einem Regenbogen nach verschiedenen Wellenlängen kunstvoll zu einem Band gespreiztes Licht, auf der einen Seite des Bandes das kurzwellige Violett, auf der anderen Seite das langwellige Rot).

Das Spektrum wird von dunklen Linien durchzogen, die sich in einer festen Position befinden, wenn das Objekt in bezug auf uns bewegungslos ist. Bewegt sich das Objekt auf uns zu, so verschieben sich die Linien zum Violetten hin. Entfernt sich das Objekt von uns, verschieben sich die Linien zum Roten hin. Aus der Größe der Verschiebung kann der Astronom die Geschwindigkeit der Annäherung oder der Fortbewegung berechnen.

In den ersten beiden Jahrzehnten unserer Jahrhunderts wurden die Spektren von einigen Galaxien (oder von Objekten, die später als Galaxien verstanden wurden) untersucht. Bei allen – ein oder zwei sehr nahe Galaxien ausgenommen – stellte man eine Bewegung fest, und zwar eine von uns weggerichtete. Bald erkannte man auch, daß sich die weiter entfernten Galaxien schneller von uns wegbewegten als die näheren.

Hubble formulierte im Jahre 1929 das später nach ihm benannte Gesetz, dessen Inhalt besagt, daß die Geschwindigkeit der Fluchtbewegung einer Galaxie proportional zu ihrer Entfernung ist. Wenn die Galaxie A zweimal so weit entfernt ist wie die Galaxie B, so entfernt sie sich mit zweifacher Geschwindigkeit. Die am weitesten entfernte von allen beobachteten Galaxien, 6 Milliarden Lichtjahre weit entfernt, bewegt sich mit der halben Lichtgeschwindigkeit von uns weg. Die Ursache für den durch Hubbles Gesetz beschriebenen Tatbestand liegt in der Expansion, das heißt in der fortwährenden Aufblähung des Universums – eine Expansion, die man mit Hilfe der Gleichungen der von Einstein aufgestellten allgemeinen Relativitätstheorie beschreiben kann (auf die ich jedoch, wie ich hiermit fest versichere, nicht weiter eingehen werde).

Wie wirkt sich die Expansion des Universums auf Olbers' Annahmen aus? Wenn sich eine Galaxie bei einer Entfernung von 6 Milliarden Lichtjahren mit der halben Lichtgeschwindigkeit fortbewegt, dann müßte sich eine Galaxie bei einer Entfernung von 12 Milliarden Lichtjahren mit Lichtgeschwindigkeit bewegen – wenn Hubbles Gesetz dann noch stimmt. Sicherlich sind weitere Entfernungen bedeutungslos, denn kein materielles Objekt kann eine größere Geschwindigkeit haben als die des Lichtes. Selbst wenn das möglich wäre, so würde uns kein Licht und keine andere »Nachricht« von einer so weit entfernten Galaxie erreichen (da dann die Geschwindigkeit des Lichtes nicht ausreicht, um gegen die Fluchtgeschwindigkeit anzukommen). Eine solche Galaxie würde in Wirklichkeit nicht innerhalb unseres Universums liegen. Dieser Umstand führt uns zu der Vorstellung von einem endlich ausgedehnten Universum mit dem »Hubble-Radius« von ungefähr 12 Milliarden Lichtjahren.

Aber das hebt Olbers' Paradoxon nicht auf. Einsteins Theorien besagen nämlich auch, daß eine sich relativ zum Beobachter schneller und schneller bewegende Galaxie entlang ihrem Wege sich immer mehr verkürzt und daher immer weniger Raum einnimmt, so daß Raum für eine wachsende Anzahl von Galaxien entsteht. Tatsächlich kann es sogar in einem endlichen Universum mit einem Radius von 12 Milliarden Lichtjahren noch immer eine unendliche Zahl von Galaxien geben, fast alle (papierdünn) in der alleräußersten Zone des Universums existierend.

Annahme 2 bleibt also sinnvoll, selbst wenn Annahme 1 hinfällig ist; und die Annahme 2 reicht aus, einen sternhellen Himmel sicherzustellen.

Aber was ist mit der Rotverschiebung? Astronomen messen die Rotverschiebung anhand der Verschiebung der Spektrallinien zum Roten hin. Die Linien sind verschoben, weil das gesamte Spektrum verschoben ist. Eine Verschiebung zum Roten ist eine Verschiebung in Richtung geringerer Energie. Eine Galaxie im Zustand der Fluchtbewegung liefert daher weniger Strahlungsenergie zur Erde als im ruhenden Zustand (ruhend bezüglich der Erde). Je schneller sich eine Galaxie entfernt, desto weniger Strahlungsenergie liefert sie. Eine mit Lichtgeschwindigkeit davonjagende Galaxie liefert überhaupt keine Strahlungsenergie, wie hell sie auch sein mag.

Annahme 3 also versagt! Sie würde korrekt sein, wenn das Universum statisch wäre. Sie ist jedoch falsch, wenn sich das Universum aufbläht. Eine jede nachfolgende Schale in einem sich aufblähenden Universum liefert weniger Licht als die vorherige, weil die Galaxien weiter entfernt sind und daher einer größeren Rotverschiebung unterworfen sind. Die uns erreichende Strahlungsenergie wird von Schale zu Schale immer geringer.

Und weil Annahme 3 nicht haltbar ist, gelangt aus dem all nur eine endliche Energiemenge zu uns, so daß der nächtliche Himmel schwarz ist.

Die bekannteste (mathematische) Modellvorstellung vom Universum beschreibt eine beständig andauernde Expansion. Diese Expansion kann ohne die Erzeugung neuer Galaxien ablaufen, so daß schließlich nach Milliarden von Jahren unsere Galaxie (und einige ihrer Nachbarn, die zusammen unseren »lokalen Galaxien-Haufen« bilden) das einzig Beobachtbare im Universum sein wird. Denn all die andern Galaxien werden sich zu weit entfernt haben, um noch beobachtbar zu sein. Vielleicht bilden sich aber auch ständig neue Galaxien, so daß das Universum trotz seiner Expansion ständig voller Galaxien erscheint. Was auch immer zutreffen mag, die Expansion wird anhalten, und der nächtliche Himmel wird schwarz bleiben. Es gibt noch eine andere Modellvorstellung, nämlich die von einem oszillierenden Universum. Gemäß dieser Vorstellung wird die Expansion allmählich geringer werden, bis das Universum den Moment einer statischen Pause erreicht, um sich dann zunehmend schneller und schneller wieder zusammenzuziehen. Am Schluß hat es sich zu einer kleinen Kugel zusammengezogen, die explodiert und eine neue Expansion verursacht.

Wenn das der Fall ist, dann wird die strahlungsschwächende Wirkung der Rotverschiebung nachlassen und der nächtliche Himmel sich langsam erhellen. Hat das Universum den Zustand größter Ausdehnung erreicht, wird der Himmel einheitlich sternenhell sein, so wie es Olbers' Paradoxon verlangt. Sobald sich das Universum wieder zusammenzieht, wird es eine Violettverschiebung geben, und die Strahlungsenergie wird ansteigen, so daß der Himmel heller und heller werden wird.

Das wird nicht nur für die Erde zutreffen (wenn sie in weit entfernter Zukunft eines sich zusammenziehenden Universums noch existieren sollte), sondern für Körper jeglicher Art im Universum. In einem statischen, oder schlimmer noch in einem sich zusammenziehenden Universum könnten gemäß Olbers' Paradoxon keine kalten Körper und damit keine festen Körper existieren. Es herrschte überall eine einheitlich hohe Temperatur von einigen Millionen Grad – wie ich befürchte. Leben könnte es nicht mehr geben.

Ich komme also wieder auf meine frühere Behauptung zurück. Daß es Leben auf der Erde oder irgendwo sonst im Universum gibt, ist eine Folge der Fluchtbewegung der Galaxien.

Da wir die Folgerungen aus Olbers' Paradoxon nun kennen, könnten wir dann nicht – so werden Sie denken – die Fluchtbewegung der Galaxien als notwendige Konsequenz aus der Tatsache ansehen, daß der nächtliche Himmel schwarz ist? Vielleicht dürfen wir die berühmte Äußerung des französischen Philosophen René Descartes ergänzen: Er sagte: »Ich denke, also bin ich!«

Wir könnten hinzufügen: »Ich bin, also expandiert das All!«

10. Eine Galaxie auf einmal

Vor vier oder fünf Jahren brannte in unserer Nachbarschaft eine Schule. Es war kein großes Feuer, es verursachte Rauch und zerstörte einige Räume im Keller, weiter nichts. Außerdem brach es in der unterrichtsfreien Zeit aus, so daß kein Leben gefährdet wurde.

Als sich der erste Feuerlöschzug an Ort und Stelle eingefunden hatte, begannen sich die Zuschauer zu mehren. Jeder Idiot im Dorf und die Hälfte der Idioten aus der verschiedenen Nachbardörfern eilten herbei, um das Feuer zu sehen. Sie kamen mit dem Auto, mit Ochsenkarren, auf Fahrrädern und zu Fuß. Sie kamen mit der Freundin am Arm, mit betagten Eltern auf den Schultern und mit Säuglingen an ihren Brüsten.

Ihre parkenden Autos verstopften kilometerweit die umliegenden Straßen, und nach dem einen Feuerlöschzug hätte mit Ausnahme eines Hubschraubers kein weiteres Fahrzeug durchkommen können.

Anscheinend passiert so etwas immer wieder. Bei jedem Unglück, sei es groß oder klein, versammeln sich die zweibeinigen Aasgeier und reihen sich Schulter an Schulter und Brust an Rücken auf. Offenbar tun sie das aus zwei Gründen: a) um sich mit glotzenden Augen und heruntergeklappten Kiefern die Zerstörung und Verzweiflung anzusehen; b) um das Auftauchen ordentlicher Rettungsmannschaften zu behindern, die versuchen, Leben sowie Hab und Gut zu retten.

Natürlich war ich nicht einer von denen, die eilig losrannten, um das Feuer zu sehen, ich fühlte mich darüber selbstgerecht erhaben. Das bedeutet jedoch nicht – wie ich zugeben muß –, ich sei frei von destruktiven Trieben, da wir ja schließlich alle gleich sind. Es ist einfach so, daß ein albernes kleines Feuer nicht *meiner* Vorstellung von Destruktion entspricht; und die aufbrüllende Explosion eines Munitionslagers tut es auch nicht.

Wenn ein Stern zerplatzte, dann wäre das schon etwas anderes . . . Wenn ich mir das überlege, muß mein Instinkt für Destruktion doch recht gut entwickelt sein, denn sonst würde ich von den Supernovae, jenen kolossalen Sternenexplosionen, nicht so fasziniert sein.

Wie sich jedoch herausstellte, war ich mit meinen Gedanken an die Supernovae ein Kleinkrämer geblieben. Da habe ich mir über Jahre hinaus vorgestellt, eine Supernova sei das größte Schauspiel, das einem das Universum zu bieten habe (vorausgesetzt, daß es mehrere Dutzende von Lichtjahren entfernt stattfände). Einige bestimmte

Entdeckungen im Jahre 1963 erwiesen jedoch, daß eine Supernova allein nicht viel mehr ist als ein Knallfrosch. Es handelt sich um Entdeckungen in der Radioastronomie. Seit dem Zweiten Weltkrieg haben Astronomen Mikrowellen (sehr kurze Radiowellen) aus verschiedenen Himmelsrichtungen aufgefangen und dabei herausgefunden, daß ein Teil dieser Wellen aus unserer Nachbarschaft stammt. Die Sonne selbst ist eine Radioquelle, ebenso aber auch Jupiter und Venus.

Die Radioquellen des Sonnensystems sind jedoch nahezu unbedeutend. Wir würden sie niemals ausmachen, wenn wir nicht direkt in der Nähe dieser Quellen lebten. Um Radiowellen aus riesigen stellaren Weiten aufzufangen, müssen stärkere Quellen vorliegen. Eine solche Radioquelle außerhalb des Sonnensystems liegt im Crab-Nebel. Deren Radiowellen haben, wenn sie uns erreichen, einen Weg von über 5000 Lichtjahren hinter sich und eine diesem Weg entsprechende Dämpfung. Trotzdem läßt sich der verbleibende Rest der Wellen mit unseren Instrumenten nachweisen. Der Crab-Nebel repräsentiert die Überbleibsel einer Supernova, die sich selbst ins Jenseits beförderte – das erste Licht der Explosion erreichte die Erde vor ungefähr 900 Jahren.

Eine Großzahl von Radioquellen aber liegt außerhalb unserer Galaxie. Sie sind Millionen oder sogar Milliarden von Lichtjahren weit entfernt. Trotzdem kann deren Radiostrahlung festgestellt werden. Sie müssen daher Energiequellen darstellen, die eine einfache Supernova fast zu einem Nichts zusammenschrumpfen lassen.

Man fand zum Beispiel eine besonders starke Quelle, die, wie die Untersuchungen ergaben, in einer 200 Millionen Lichtjahre entfernten Galaxie liegt. Als die großen Fernrohre erst einmal auf diese Galaxie eingestellt waren, fand man heraus, daß sie eine verzerrte Gestalt hatte. Nach eingehenden Beobachtungen stellte man ziemlich sicher fest, daß es sich nicht um *eine* Galaxie, sondern um *zwei* Galaxien handelt, die gerade zusammenstoßen.

Kollidieren zwei Galaxien, dann gibt es kaum Kollisionen zwischen den einzelnen Sternen. (Sie sind viel zu klein und liegen zu weit auseinander.) Befinden sich in den Galaxien aber Staubwolken (was für viele Galaxien, einschließlich unserer eigenen, zutrifft), dann stoßen diese Wolken aufeinander. Die Turbulenz einer derartigen Kollision verursacht Radiowellen, genauso wie auch die Turbulenz der Gase im Crab-Nebel in unserer Sonne, in der Atmosphäre von Jupiter und Venus Radiowellen verursacht.

Als aber immer mehr Radioquellen entdeckt und ihre Entfernungen bestimmt wurden, registrierte man eine unwahrscheinlich große Zahl von ihnen in den weit entfernten Galaxien. Es mögen gelegentlich Kollisionen zwischen den Galaxien auftreten, aber es ist doch sehr unwahrscheinlich, daß es so viele aufeinanderstoßende Galaxien gibt, um damit die große Zahl der Radioquellen erklären zu können.

Gab es eine andere Erklärung? Man benötigte irgendeinen Vorgang von der Gewalt zweier aufeinanderstoßender Galaxien, bei dem jedoch nur eine einzige Galaxie beteiligt war. Wenn man sich von der Annahme einer Kollision zweier Galaxien gelöst hat, ist es viel eher vorstellbar, daß die große Zahl von Radioquellen erklärt werden könnte. Aber was kann eine einzelne Galaxie ohne Hilfe einer Nachbargalaxie ausrichten? Nun, sie kann explodieren.

Aber wie? Eine Galaxie ist kein einzelnes Objekt. Es handelt sich um eine lose Ansammlung vieler Sterne bis zu mehreren hundert Milliarden. Zwar können Sterne einzeln explodieren, doch wie sollen wir uns eine Explosion einer ganzen Galaxie auf einmal vorstellen?

Um darauf eine Antwort zu finden, müssen wir genauer auf die Gestalt der Galaxien eingehen. Sie sind nicht über ihre gesamte Ausdehnung ein loser Haufen. Eine Galaxie, wie zum Beispiel die unsrige, erstreckt sich über eine Ausdehnung von 100 000 Lichtjahren längs ihres größten Durchmessers. Doch der größte Teil ist nur dünn mit Sternen besät – so dünn, um für unsere Betrachtungen belanglos zu sein. Wir leben zufällig am dünn besäten Rand unserer eigenen Galaxie, so daß wir geneigt sind, die uns gewohnten Verhältnisse als das Normale anzusehen. Das ist jedoch nicht der Fall. Denn eine Galaxie hat noch einen Kern, einen Nukleus, in dem die Sterne dicht zusammengeballt sind. Der Kern hat einen Durchmesser von ungefähr 10 000 Lichtjahren. Sein Rauminhalt beträgt also 525 Milliarden Kubiklichtjahre, in dem 100 Milliarden Sterne vereinigt sind. Im Durchschnitt kommt ein Stern auf einen Raumbereich von 5,25 Kubiklichtjahren.

Bei einer derartigen Sternzusammenballung haben die einzelnen Sterne im galaktischen Kern einen gegenseitigen Abstand von 1,7 Lichtjahren – aber das ist der Durchschnittswert über den gesamten Kernbereich. Die Dichte der Sterne erhöht sich, wenn man zur Kernmitte fortschreitet. Ich denke, daß in der Kernmitte ein mittlerer gegenseitiger Abstand von einem halben Lichtjahr kein unrealistischer Schätzwert ist.

Selbst ein halbes Lichtjahr ist aber noch eine Strecke von ungefähr

5000 Milliarden Kilometern Länge, was 400mal die extreme Weite von Plutos Umlaufbahn ausmacht. Die Sterne häufen sich also auch im Kern nicht übermäßig und es ist kaum anzunehmen, daß sie kollidieren. Und doch ...

Nehmen wir an, irgendwo in einer Galaxie träte eine Supernova auf. Was passiert?

In den meisten Fällen nichts (ausgenommen, daß ein Stern in tausend Bruchstücke zerfällt). Träte die Supernova am Rande einer Galaxie auf – in unserer eigenen Nachbarschaft zum Beispiel –, dann wären dort die Sterne so dünn gesät, daß keiner nahe genug läge, um viel von der Strahlung der Supernova aufzufangen. Die von einer Supernova ins All geschleuderten unbeschreiblichen Energiemengen verpuffen und bewirken nichts.

Im Zentrum eines galaktischen Kerns kann die Supernova jedoch nicht ganz so einfach abgetan werden. Eine gute Supernova strahlt während ihres Höhepunktes Energien ab, die nahezu zehn Milliarden mal die Strahlung der Sonne übertrifft. Ein fünf Lichtjahre davon entferntes Objekt würde zehnmal soviel Energie pro Sekunde aufnehmen wie die Erde von der Sonne.

Das ist nicht gut. Wenn eine Supernova fünf Lichtjahre von uns entfernt hochgeht, würden wir ein Jahr lang Hitzeprobleme auszustehen haben. Wäre sie ein halbes Lichtjahr entfernt, bliebe vom irdischen Leben wenig übrig. Aber machen Sie sich keine Sorgen: Das nächste Sternsystem ist fünf Lichtjahre von uns entfernt, und es ist kein System, in dem eine Supernova auftreten kann.

Aber wie wirkt sich eigentlich die Supernova auf die Sterne aus? Befände sich unsere Sonne in der Nachbarschaft eine Supernova, wäre sie einem Energiebad ausgesetzt und ihre Temperatur würde ansteigen. Wenn die Supernova abgeklungen ist, erreicht die Sonne wieder ihr Gleichgewicht und ist wieder so wie zuvor (auch wenn vielleicht kein Leben mehr auf ihren Planeten existiert). Bei diesem Vorgang würde sich jedoch der Verbrauch an (atomarem) Brennstoff erhöhen, und zwar proportional zur vierten Potenz der absoluten Temperatur. Ein nur geringer Temperaturanstieg kann zu einem erstaunlich hohen Brennstoffverbrauch führen.

Nun ist das Alter eines Sterns durch den Verbrauch von atomarem Brennstoff gekennzeichnet. Sinkt der Verbrauch weit genug herab, bläht sich der Stern entweder zu einem roten Riesen auf, oder er explodiert als Supernova. Eine entfernt auftretende Supernova kann für ein Jahr eine solche Erwärmung der Sonne bewirken, daß der Zeitpunkt der Krise ein Jahrhundert oder zehn Jahrhunderte näher rückt. Glücklicherweise sieht unsere Sonne einem langen Leben entgegen (mehrere Milliarden Jahre). Einige Jahrhunderte oder Millionen Jahre bedeuten da sehr wenig.

Einige Sterne können es sich allerdings nicht leisten, auch nur ein wenig zu altern. Sie befinden sich bereits kurz vor dem Zustand, bei dem soviel atomarer Brennstoff verbraucht ist, daß bald die drastischen Veränderungen eintreten. Sie sind reif für eine Supernova. Wir wollen derartige Sterne als Prae-Supernovae bezeichnen. Wie viele davon darf man in einer Galaxie erwarten?

Schätzungen ergaben, daß innerhalb eines Jahrhunderts durchschnittlich zwei Supernovae in einer normalen Galaxie auftreten, also innerhalb von 33 Millionen Jahren ungefähr eine Million Supernovae. Wenn wir berücksichtigen, daß die Lebensdauer einer Galaxie leicht 100 Milliarden Jahre betragen kann, dann darf man Sterne, die nur einige Millionen Jahre vor der Krise stehen, in die Gruppe der Prae-Supernovae einreihen.

Wenn von 100 Milliarden Sternen eines normalen galaktischen Kerns eine Million Sterne vor der Krise stehen, dann ist ein Stern unter 100 000 eine Prae-Supernova. Prae-Supernovae haben daher innerhalb eines galaktischen Kerns einen mittleren Abstand von 80 Lichtjahren. In der Kernmitte kann der mittlere Abstand sogar geringer als 25 Lichtjahre sein.

Aber selbst bei einer Entfernung von 25 Lichtjahren betrüge die Lichtstärke einer Supernova nur $^1/_{250}$ der Lichtstärke des auf die Erde fallenden Sonnenlichtes. Die Auswirkungen wären nichtssagend. Wir sähen lediglich, daß eine Supernova die eine oder die andere Galaxie erhellte. Weiter geschähe nichts. Die Supernova erlischt schließlich, und die Galaxie nimmt wieder ihren vorherigen Zustand an.

Wenn auch in einer durchschnittlichen Galaxie auf 100 000 Sterne eine Supernova kommt, so wird es aber auch Galaxien geben, die weniger Prae-Supernovae enthalten als die durchschnittliche Galaxie – oder auch mehr. Es mag Fälle geben, daß in einer Galaxie bereits auf 1000 Sterne eine Prae-Supernova kommt.

In einer derartigen Galaxie würde der Kern 100 Millionen Prae-Supernovae enthalten, in einem mittleren Abstand von 17 Lichtjahren. Im Zentrum könnte der mittlere Abstand sogar geringer sein als fünf Lichtjahre. Erhellt eine Supernova eine nur fünf Lichtjahre entfernte Prae-Supernova, so wird deren Leben dadurch außerordentlich verkürzt. Stand die Prae-Supernova 1000 Jahre vor ihrer Explosion, so mögen es nachher nur noch zwei Monate bis dahin sein.

Wenn dann diese Prae-Supernova platzt, kann eine weiter entfernte Prae-Supernova, deren Lebenszeit bereits durch die erste verkürzt worden war, wenn auch nicht so drastisch, eine erneute Verkürzung durch die zweite, nähere Supernova erfahren, um dann ebenfalls nach einigen Monaten zu platzen. Das könnte, wie in einem Haufen fallender Kegel, so weitergehen, bis wir eine Galaxie vor uns haben, in der nicht nur eine, sondern Millionen Supernovae zerplatzen, eine nach der anderen.

Das ist dann die Explosion einer ganzen Galaxie. Ganz sicher würde ein derartiges Umfallen der Kegel für ein Aufblitzen von Radiowellen ausreichen, die so stark sind, daß man sie noch nach einer Ausbreitung über Entfernungen von Milliarden von Lichtjahren nachweisen kann.

Sind das nur Spekulationen? Anfangs war das wohl der Fall, aber gegen Ende des Jahres 1963 ließen einige Beobachtungen auf einiges mehr schließen: Beobachtet wurde eine Galaxie im Sternbild des Großen Bären, M 82 genannt. Die Zahl 82 ist die Nummer dieses Objektes in einem Katalog von Himmelsobjekten, der von ungefähr 200 Jahren von dem französischen Astronomen Charles Messier aufgestellt wurde.

Messier war ein Kometenjäger und blickte ständig durch sein Fernrohr. Häufig glaubte er, einen Kometen gefunden zu haben, machte vor Freude bereits einen Handstand, um dann aber herauszufinden, daß ihn irgendein nebliges Objekt genarrt hatte, das seinen Ort nicht veränderte und das daher kein Komet sein konnte.

Messier entschloß sich, die 101 ärgerlichen Objekte, die neblig, aber keine Kometen waren, in einem Katalog aufzulisten. Andern Beobachtern sollte dieser Ärger erspart werden. Es war der Katalog seines Ärgers, der seinen Namen unsterblich machte. Das erste Objekt seines Kataloges, M 1, ist der Crab-Nebel. Mehr als zwei Dutzend der Objekte sind kugelförmige Sternhaufen. M 13 ist der große Sternhaufen Herkules, der größte bekannte Sternhaufen überhaupt. Über 30 Objekte des Kataloges sind Galaxien, so auch die Andromeda-Galaxie (M 31). Andere bekannte Objekte seines Kataloges sind der Orion-Nebel (M 42) und der Ring-Nebel (M 57).

Zurück zu M 82: Es handelt sich um eine Galaxie, die ungefähr 10 Millionen Lichtjahre von der Erde entfernt ist. Sie weckte besonderes Interesse, weil sie eine starke Radioquelle enthält. Astronomen richteten ein 200-Zoll-Fernrohr auf dieses Objekt und setzten ein Filter in dessen Strahlengang, mit dem alles Licht bis auf das von Wasserstoff-Ionen ausgesandte Licht blockiert wird. Man hatte nämlich Grund zu der Vermutung, daß sich irgendwelche Störungen am deutlichsten unter den Wasserstoff-Ionen abzeichnen würden.

Das war wirklich der Fall. Eine dreistündige Belichtungszeit enthüllte die Existenz von strahlartigen Wasserstoffströmen, die aus dem galaktischen Kern hervorschossen. Solche Ströme oder Strahlen waren bis zu 1000 Lichtjahre lang. Die gesamte herausgeschossene Wasserstoff-Masse entsprach der Masse von mindestens fünf Millionen durchschnittlichen Sternen. Anhand der Geschwindigkeit, mit der die Strahlen hervorschossen, berechnete man, daß diese Explosion vor ungefähr 1 500 000 Jahren stattgefunden haben muß (das Licht benötigte 10 Millionen Jahre, um von M 82 zu uns zu gelangen, so daß die Explosion vor 11 500 000 Jahren irdischer Zeitrechnung stattfand – gerade zu Beginn des Pleistozäns).

M 82 ist also eine explodierende Galaxie. Der Energieausstoß ist gleich dem von fünf Millionen schnell aufeinander folgenden Supernovae. Der Vorgang ähnelt dem Zerfall von Uranatomen einer Atombombe – allerdings in einem immens größeren Rahmen. Hätte es dort irgendwo irgendeine Art Leben in jenem galaktischen Kern gegeben, so würde es jetzt nicht mehr existieren. Davon bin ich überzeugt. Ich vermute sogar, daß auch die Randgegenden sich nicht mehr in beispielhaft gutem Zustand befänden.

Was einen schrecklichen Gedanken aufkommen läßt . . . Ja, Sie haben es erraten! Wenn nun der Kern unserer eigenen lieben Galaxie explodiert? Selbstverständlich wird das wahrscheinlich nicht eintreten – ich möchte keine Furcht und Verzweiflung unter meinen lieben Lesern hervorrufen –, denn explodierende Galaxien sind möglicherweise unter den Galaxien so ungewöhnlich wie explodierende Sterne unter den Sternen. Doch gerade wenn es nicht eintritt, ist es um so angenehmer, sich die Folgen einer derartigen Explosion als intellektuelle Übung zu überlegen.

Beginnen wir unsere Überlegungen für die Randzone unserer Galaxie, weil wir uns ja in der Randzone befinden. In der Entfernung der Randzone vom Kern liegt ein Funke von Sicherheit. Dies insbesondere auch deshalb, weil riesige Staubwolken zwischen uns und dem Kern liegen, die jedes Feuerwerk abschirmen würden.

Die Radiowellen würden wohl den Staub und alles andere überwinden, und das Ereignis würde die Radioastronomie möglicherweise über Millionen von Jahren hinaus ruinieren, weil die Radiostrahlung anderer Objekte völlig verdeckt würde. Noch schlimmer aber würde die kosmische Strahlung sein. Deren Intensität könnte so sehr ansteigen, daß sie fatale Wirkungen auf das Leben hätte. Mit anderen Worten: Wir könnten von dem radioaktiven Niederschlag der galaktischen Explosion getroffen werden.

Doch lassen wir die kosmische Strahlung beiseite, da ihr mögliches Ausmaß unbestimmt ist und der Gedanke daran sich deprimierend auf unsere Gemüter auswirkt. Auch die Staubwolken wollen wir mir einer imaginären Handbewegung zur Seite wischen.

Jetzt sehen wir den Kern. Wie sieht er vor einer Explosion aus?

Weil der Kern 10 000 Lichtjahre ausgedehnt und 30 000 Lichtjahre von uns entfernt ist, würden wir ihn als ungefähr kugelförmiges Gebiet von ungefähr 20° scheinbarem Durchmesser sehen. Läge er völlig über dem Horizont, würde er einen Flecken von ungefähr $^1/_{65}$ des sichtbaren Himmels bedecken. Sein gesamtes Licht wäre ungefähr 30mal so stark wie das Licht von der Venus in ihrem hellsten Zustand. Da jedoch dieses Licht sich über ein derart großes Gebiet verteilt, gäbe der Kern nur ein verhältnismäßig schwaches Leuchten ab. Ein Kern von der Ausdehnung des Mondes würde eine durchschnittliche Helligkeit von nur $^1/_{200\,000}$ des Vollmondes haben.

Es wäre also ein lichter Flecken, der sich im Sternbild Schütze von der Milchstraße abhebt, deutlich heller als die Milchstraße selbst, am hellsten in seinem Zentrum, mit abnehmender Helligkeit zum Rande hin.

Was geschieht nun, wenn der Kern unserer Galaxie explodiert? Sicher würde die Explosion im Zentrum des Kerns stattfinden, wo die Sterne besonders dicht liegen und der Einfluß einer Prae-Supernova auf die Umgebung besonders ausgeprägt wäre. Nehmen wir an, daß dann – wie in M 82 – bei diesem Vorgang 5 Millionen Supernovae auftreten. Befänden sich im Kern Prae-Supernovae, die in der zentralen Kernregion einen mittleren Abstand von fünf Lichtjahren hätten (wie schon vorher in diesem Kapitel für explosionsfähige Galaxien veranschlagt), dann würden die angenommenen 5 Millionen Prae-Supernovae eine Kugel mit einem Durchmesser von 850 Lichtjahren ausfüllen. Aus einer Entfernung von 30 000 Lichtjahren erschiene eine solche Kugel mit einem scheinbaren Durchmesser von 1,6°. Das entspricht ungefähr dreimal dem scheinbaren Durchmesser des Vollmonds. Das ergäbe einen großartigen Anblick!

Hat die Explosion begonnen, muß eine Supernova nach der anderen auftreten, und zwar in immer schnellerer Folge. Es wäre eine Kettenreaktion.

Schauten wir dann Millionen Jahre später auf diese riesige Explosion zurück, dürften wir sagen, daß das Zentrum des Kerns als Ganzes explodiert sei. Aber beobachteten wir den tatsächlichen Ablauf der Explosion, so würden wir feststellen, daß dabei eine beachtliche Zeit verstreicht. Das Licht benötigt nämlich eine merkliche Zeitspanne, um von einem Stern zum anderen zu gelangen.

Explodiert eine Supernova, kann sie eine benachbarte Prae-Supernova – denken Sie an die Entfernung von 5 Lichtjahren – erst dann beeinflussen, wenn die Strahlung des ersten Sterns den zweiten erreicht hat – und das würde fünf Jahre dauern. Befand sich der zweite Stern von uns aus gesehen jenseits des ersten, dauerte es weitere fünf Jahre, bis wir das Licht der zweiten Explosion wahrnehmen könnten, weil ja das Licht der zweiten Supernova eine Entfernung von 10 Lichtjahren überbrücken müßte.

Da eine Supernova selbst unter den günstigsten Voraussetzungen (bei solchen Entfernungen) höchstens ein Jahr dem bloßen Auge sichtbar bliebe, würde die zweite Supernova erst dann sichtbar sein, wenn die erste schon lange verblaßt ist.

Kurz, die 5 Millionen Supernovae innerhalb einer Sphäre von 850 Lichtjahren Durchmesser würden von uns aus gesehen über eine Zeitspanne von ungefähr 1000 Jahren auftreten. Läge der Ort des Explosionsbeginns an dem uns zugewandten Rande des kugelförmigen Zentrums, so daß die Strahlung zunächst nur in der von uns wegweisenden Richtung andere Supernovae hervorrufen kann, würde die Zeitspanne leicht auf 1500 Jahre anwachsen. Läge der Ort des Explosionsbeginns jedoch am jenseitigen Rande, so daß dessen Licht weitere Supernovae auf dem Wege zu uns, sozusagen »en route« hervorrufen würde, könnte die Zeitspanne merklich schrumpfen.

Aus dem Gesagten folgt, daß im galaktischen Kern möglicherweise zunächst nur einzelne Blitze auftauchen. Anfangs vielleicht nur drei oder vier Blitze innerhalb eines Jahrzehntes. Doch von Jahrzehnt zu Jahrzehnt und von Jahrhundert zu Jahrhundert würde die Zahl der Blitze ständig ansteigen, bis zuletzt mehrere hundert Blitze zur gleichen Zeit sichtbar wären. Irgendwann am Ende würden sie alle erlöschen und schwach glühende, gasförmige Turbulenz hinterlassen.

Und wie hell würden die einzelnen Blitze sein? Eine einzige Supernova kann auf der Skala der absoluten Sternhelligkeiten einen Wert von −17 erreichen. Läge diese Supernova zehn Parsek (32,6 Lichtjahre) von uns entfernt, hätte sie eine scheinbare Helligkeit von −17, was $^1/_{10\,000}$ der Helligkeit der Sonne ausmacht.

In einer Entfernung von 30 000 Lichtjahren würde sich die scheinbare Helligkeit einer derartigen Supernova um den Wert 15 verringern. Die scheinbare Helligkeit hätte dann den Wert −2, was ungefähr der Helligkeit von Jupiter zur Zeit seiner größten Helligkeit entspricht.

Das ist eine recht erstaunliche Statistik. Bei der angenommenen Entfernung des Kerns ist ein gewöhnlicher Stern mit dem bloßen Auge nicht sichtbar. Die 100 Milliarden Sterne des Kerns formen unter gewöhnlichen Voraussetzungen gerade noch einen leuchtenden, aber formlosen Schleier. Daß ein einzelner Stern auf diese Entfernung die scheinbare Helligkeit von Jupiter erlangen kann, ist einfach kolossal. Eine derartige Supernova leuchtet mit einer Intensität, die bereits einem Zehntel der gesamten Intensität einer nicht explodierenden Galaxie, wie zum Beispiel der unsrigen, gleichkommt.

Es ist jedoch kaum zu erwarten, daß jede auftretende Supernova maximale Leuchtkraft aufweist. Wir wollen bescheiden sein und vermuten, daß die Supernovae im Mittel zwei Skalenwerte unter dem maximalen Wert liegen werden. Die durchschnittliche Supernova wird dann eine Helligkeit vom Werte Null haben, was ungefähr der Helligkeit des Sterns Arcturus entspricht.

Selbst dann würden die Blitze noch auffällig sein. Hätte die Menschheit in den frühen Stadien der Zivilisation derartige Ereignisse gesehen, wäre sie niemals zu der falschen Ansicht gelangt, daß der Himmel auf Ewigkeit fest und unveränderlich sei. Hätte es diese falsche Ansicht nie gegeben, wäre die Entwicklung der Astronomie vermutlich schneller vorangeschritten.

Wir können jedoch unseren galaktischen Kern nicht sehen und damit hat es sich. Gibt es irgend etwas, das der eben beschriebenen Multiexplosion nahe kommt, und das wir auch *sehen* können?

Folgende Möglichkeit ist denkbar: Hier und da findet man in unseren Galaxie kugelförmige Sternhaufen. Man nimmt an, daß im Mittel 200 Haufen in jeder Galaxie zu finden sind. (Es wurden ungefähr 100 Sternhaufen in unserer eigenen Galaxie gesichtet, die anderen 100 sind möglicherweise durch Staubwolken unserer Sicht entzogen.)

Diese kugelförmigen Haufen sind wahrscheinlich losgelöste Teile des galaktischen Kerns, etwa 100 Lichtjahre im Durchmesser und mit

100 000 bis 10 Millionen Sternen – symmetrisch um das galaktische Zentrum verstreut.

Der größte bekannte Kugelhaufen ist der große Herkules-Haufen, M 13, aber er ist nicht der uns nächstgelegene. Der nächste Haufen ist Omega Centauri, 22 000 Lichtjahre von uns entfernt und dem bloße Auge als Objekt fünfter Größenordnung klar erkennbar. Dem bloßen Auge erscheint er nur als Lichtpunkt, aber bei einer derartigen Entfernung erscheint selbst ein Gebiet von 100 Lichtjahren Ausdehnung nur noch als Fleck mit einem scheinbaren Durchmesser von ungefähr 1,5 Bogenminuten.

Nehmen wir einmal an, Omega Centauri enthalte 10 000 Prae-Supernovae, und nehmen wir weiter an, eine jede Explosion fände zum frühestmöglichen Zeitpunkt statt. Insgesamt würden zwar weniger Blitze auftauchen, aber sie würden in einer kürzeren Zeitspanne erscheinen und einzeln zweimal so hell sein.

Das wäre eine ausgesprochen ideale Explosion, weil sie nicht von Wolken verdeckt würde; sie wäre einerseits hinreichend klein, um unsere Sicherheit nicht zu gefährden, und andererseits hinreichend groß, um für jedermann sichtbar zu sein.

Doch jetzt, da ich meiner Sympathie für ein derart aufregendes Schauspiel freien Lauf gelassen habe, muß ich einräumen, daß die Chancen für den Anblick einer Explosion in Omega Centauri gleich Null sind. Selbst wenn sie stattfände, ist Omega Centauri von Neu-England aus nicht sichtbar, ich müßte ein gutes Stück weiter nach Süden fahren, um sie hoch am Himmel in ihrer vollen Pracht beobachten zu können– und ich mag nun einmal nicht gerne reisen.

Hm . . . Hat irgend jemand das Verlangen nach einem kleinen Feuerchen in der Nachbarschaft?

Teil II – Von anderen Dingen

11. Nichts zählt

Obwohl römische Ziffern bereits seit fünf Jahrhunderten veraltet sind, scheinen sie doch eine eigenartige Faszination auf den wißbegierigen Verstand auszuüben. Sie müssen wohl das Selbstbewußtsein stärken. Anders kann ich mir nämlich die Faszination nicht erklären. Kommt man an einem Denkmal vorbei, auf dem geschrieben steht:

»Errichtet MCMXVIII«, dann stellt sich ein Machtgefühl ein, wenn man zu sich selbst sagen kann: »Ach ja, neunzehnhundertachtzehn«. Was auch immer der Grund sei, römische Ziffern sind eine weitere Diskussion wert.

Die Wörter »Zahlen« und »Zählen« sowie die Wörter für oft benutzte kleinere Zahlen reichen bis in vorgeschichtliche Zeiten zurück. Es gibt wohl heute auf der Erde keinen Menschenstamm, wie primitiv er auch sei, der nicht irgendeinen Zahlenbegriff kennt.

Nach Einführung der Schrift (ein Schritt, der die Trennungslinie zwischen »prähistorisch« und »historisch« kennzeichnet) mußte ein nächster Schritt getan werden – man mußte Zahlen schreiben. Es ist natürlich ohne Schwierigkeiten möglich, geschriebene Symbole für die Wörter einzuführen, die die Vorstellung für bestimmte Zahlen beinhalten. Wir können die Anzahl der Finger an einer Hand, eine »Handvoll« als sprachliches Symbol für »fünf«, und die Anzahl der Finger und Zehen an allen vier Gliedmaßen als Symbol für »zwanzig« einführen. Schon zu Beginn dieser ganzen Angelegenheit bemerkten die königlichen Steuereinnehmer und Geschichtsschreiber, daß Zahlen die Eigenschaft besaßen, geordnet zu sein. Man konnte Zahlen auf eindeutige Weise abzählen und jede Zahl konnte durch Abzählen festgelegt werden. Warum also zur Kennzeichnung einer Zahl nicht eine Folge von gleichen Zeichen setzen, die dann abgezählt werden mußten?

Wenn wir »eins« durch das Zeichen ' darstellen, »zwei« durch zweimal '' und »drei« durch dreimal ''', können wir die durch diese Zeichenfolgen gekennzeichneten Zahlen ohne Schwierigkeiten ausmachen. Sie können also zum Beispiel feststellen, daß die Zeichenfolge ''''''''''''''''''''''' die Zahl »dreiundzwanzig« bedeutet. Eine solche Zeichenfolge hat den Vorteil, universal zu sein. Es spielt keine Rolle, in welcher Sprache Sie zählen; die Zeichenfolge bedeutet »dreiundzwanzig«, unabhängig davon, in welcher Sprache diese Zahl genannt wird. Allerdings ist eine Zeichenfolge ohne Unterbrechungen schwierig zu lesen. Daher ist es ganz natürlich, die Folge in kleinere Gruppen zu zerlegen. Wenn man mit Hilfe der Finger einer Hand zu zählen gewohnt ist, liegt es nahe, die Zeichen in Gruppen zu je fünf Zeichen anzuordnen. »Dreiundzwanzig« wird dann zu ''''' ''''' ''''' ''''' '''. Sind wir etwas feinsinniger und gebrauchen wir zum Zählen bereits beide Hände, werden wir die Zahl wie folgt schreiben: '''''''''' '''''''''' '''. Laufen wir barfuß und zählen wir auch mit Hilfe der Zehen, können wir die Zeichen in Gruppen zu zwanzig anordnen.

Alle drei Arten der Zeichengruppierung haben ihre Eindrücke in den verschiedenen Zahlensystemen der Menschheit hinterlassen, bevorzugt wurde aber die Gruppierung zu zehn. Zwanzig Zeichen in einer Gruppe sind für ein schnelles Erfassen zuviel, fünf Zeichen in einer Gruppe führen bei größeren Zahlen zu einer größeren Anzahl von Gruppen. Die Anordnung in Zehnergruppen ist daher ein glücklicher Kompromiß.

Der Gedanke liegt nahe, die Zeichengebung zu erweitern und die Zehnergruppen durch ein gesondertes Zeichen zu markieren. Es wäre unpraktisch, wollte man eine Zehnergruppe immer durch '''''''''' kennzeichnen, wenn ein anderes Zeichen, beispielsweise –, dazu verwendet werden kann. Wir könnten dann »dreiundzwanzig« als Zeichenfolge – – ''' schreiben.

Hat man einmal auf diese Art begonnen, sind auch die nächsten Schritte gegeben. Sobald man zehn Zehnergruppen (einhundert) vorliegen hat, wird man ein weiteres Zeichen, zum Beispiel +, einführen. Zehn Hundertergruppen (eintausend) kann man beispielsweise durch = darstellen usw. So kann die Zahl »viertausendsechshundertfünfundsiebzig« als Zeichenfolge
= = = = + + + + + + – – – – – – – ''''' geschrieben werden.

Um einen solchen Satz von Zeichen leichter erfaßbar zu machen, können wir die Fähigkeit des Auges nutzen, Muster zu formen. (Sie wissen, wie gut Sie die mit einem Satz Spielkarten oder mit einem Würfel gegebenen Zahlen anhand der Muster auf Karten oder Würfel erkennen können.) Wir könnten also »viertausendsechshundertfünfundsiebzig« auch wie folgt darstellen:

= = + + + − − − '''

−

= = + + + − − − ''

Genau dieses System der Zahlenschreibung wandten die alten Babylonier an. Sie verwendeten allerdings Keilschriftzeichen.

Die Griechen benützten in ihrer Frühzeit ein dem babylonischen ähnliches System. Doch später wurde eine andere Methode populär. Sie machten Gebrauch von einem anderen geordneten System – dem System der Buchstaben des Alphabets.

Alphabet und Zahlensystem einander zuzuordnen ist ein naheliegendes Verfahren, denn Alphabet und Zahlensystem werden ungefähr zur gleichen Zeit in der Kindheit erlernt. Und die Neigung, beide geordneten Systeme einander zuzuordnen, stellt sich ganz natürlich ein. Die Lautfolge »a, be, ce, de . . .« kommt so glatt heraus wie »eins, zwei, drei, vier . . .« Und das eine für das andere zu setzen ist nicht weiter schwierig.

Verwenden wir undifferenzierte Zeichenfolgen – wie zum Beispiel ''''''' für »sieben« –, sind alle Zeichen gleich, und kein Zeichen darf fortgelassen werden, wenn die Zeichenfolge »sieben« und nichts anderes bedeuten soll. Wenn jedoch »ABCDEFG« für »sieben« steht (zählen Sie die Buchstaben bitte, es stimmt!), dann muß – da alle Zeichen verschieden sind – nur der letzte Buchstabe geschrieben werden. Weil G der siebte Buchstabe des Alphabets ist und daher für »sieben« steht, kann es keine Verwechslung geben. Auf diese Weise ersetzt ein einzelnes Zeichen eine siebenstellige Zeichenfolge. Hinzu kommt, daß '''''' (sechs) leicht mit ''''''' (sieben) verwechselt werden kann, nicht jedoch F (sechs) mit G (sieben).

Die Griechen verwendeten selbstverständlich ihr eigenes Alphabet. Wir wollen für eine vollständige Demonstration jedoch unser Alphabet anwenden: A = eins, B = zwei, C = drei, D = vier, E = fünf, F = sechs, G = sieben, H = acht, I = neun, J = zehn.

Wir könnten so weiterfahren und K für »elf« verwenden, doch unser Alphabet hätte sich bei »sechsundzwanzig« erschöpft. Die Griechen hatten ein besseres System. Das babylonische Verfahren der Anordnung in Zehnergruppen hatte seine Spuren hinterlassen. Wenn J = zehn ist, dann ist J nicht nur zehn Objekten, sondern auch einer Zehnergruppe gleich. Warum dann nicht die folgenden Buchstaben zur Kennzeichnung der Anzahl von Zehnergruppen verwenden?

Mit anderen Worten J = zehn, K = zwanzig, L = dreißig, M = vierzig, N = fünfzig, O = sechzig, P = siebzig, Q = achtzig, R = neunzig. Danach können wir Hundertergruppen benennen: S = einhundert, T = zweihundert, U = dreihundert, V = vierhundert, W = fünfhundert, X = sechshundert, Y = siebenhundert, Z = achthundert. Es wäre sinnvoll, bis neunhundert fortzufahren, aber wir haben den Vorrat an Zeichen erschöpft. In den alten Alphabeten wurde manchmal das Zeichen & am Ende des Alphabets plaziert, so daß wir das Zeichen & = neunhundert verwenden können.

Anders ausgedrückt: Die ersten neun Buchstaben kennzeichnen die Einer, die folgenden neun Buchstaben kennzeichnen die Zehnergruppen und der darauffolgende Satz von neun Buchstaben kennzeichnet die Hundertergruppen. (Zur Zeit des klassischen Altertums bestand das griechische Alphabet nur aus vierundzwanzig Buchstaben, erforderlich aber waren siebenundzwanzig Zeichen. Die Griechen vervollständigten die Liste durch drei archaische Buchstaben.)

Dieses System hat gegenüber dem babylonischen Vorteile und Nachteile. Von Vorteil ist, daß irgendeine Zahl unter tausend nur durch drei Zeichen dargestellt wird. In dem weiter oben mit Hilfe unseres Alphabetes aufgestellten Zeichensystem wird die Zahl »sechshundertfünfundsiebzig« durch die Zeichenfolge XPE, die Zahl »achthundertsechzehn« durch die Zeichenfolge ZJF beschrieben.

Ein Nachteil ist es aber, daß die Bedeutung der siebenundzwanzig verschiedenen Zeichen sorgfältig auswendig gelernt und im Gedächtnis behalten werden muß, im babylonischen System waren nur drei verschiedene Zeichen zu erlernen.

Zudem kommt man mit dem Alphabet zu einem natürlichen Ende, wenn die Buchstaben aufgebraucht sind. »Neunhundertneunundneunzig« (&RI) ist die größte darstellbare Zahl. Es sei denn, man führt spezielle Markierungen für Tausendergruppen, Zehntausendergruppen usw. ein. Ich werde später darauf zurückkommen.

Ein weniger auffälliger Nachteil des griechischen Systems lag darin, daß die gleichen Zeichen für Zahlen und Wörter angewandt wurden, so daß man leicht irritiert werden konnte. Ein Beispiel: Die Juden übernahmen in der griechisch-römischen Epoche das griechische System der Zahlendarstellung und verwendeten dabei selbstverständlich das hebräische Alphabet – wobei sie sofort auf Schwierigkeiten stießen. Die Zahl »fünfzehn« wurde natürlich als »zehn fünf« geschrieben. Im hebräischen Alphabet aber repräsentiert »zehn fünf« eine Kurzbezeichnung des unnennbaren Gottes. Aus Furcht vor einer

Entweihung des Namens wurde »fünfzehn« durch »neun sechs« dargestellt.

Schlimmer noch, in einem solchen System sehen Wörter wie Zahlen aus. Bei der Anwendung unseres Alphabets bedeutet beispielsweise TOD die Zahl »zweihundertvierundsechzig«. Man erliegt dann leicht der Versuchung, in der Zahl »zweihundertvierundsechzig« etwas Dunkles, Vergängliches, Tödliches zu sehen.

Die Juden zerbrachen sich über jede Silbe der Bibel den Kopf und waren bestrebt, dem Wort des Herrn mit der gebührenden Genauigkeit zu folgen. Zur Zeit des Neuen Testaments entstand ein ganzes System von Zahlenmystik aus den vermeintlichen Zahlenbeziehungen in der Bibel. Das war die engste Berührung der Juden mit der Mathematik, und sie nannten dieses Verknüpfen von Zahlen und Wörtern Gematria, was eine Verstümmelung des griechischen Wortes Geometria ist. Wir nennen das heute »Numerologie«.

Eine Beschränkte ordnen sogar noch heute den Buchstaben Ziffern zu und entscheiden danach, welche Namen Unglück und welche Glück bringen, welcher junge Mann welches junge Mädchen heiraten sollte usw. Die Numerologie ist eine der nicht ernst zu nehmenden Pseudowissenschaften.

Einmal hatte ein Stück Gematria Auswirkungen auf den Verlauf der Geschichte. Es findet sich im Neuen Testament im Buch »Die Offenbarungen des Johannes«. Das Buch ist in mystischer Weise geschrieben, so daß es sich einem wörtlichen Verständnis widersetzt. Der Grund für die fehlende Klarheit scheint mir recht einleuchtend zu sein: Der Verfasser der Offenbarungen stellte die römische Verwaltung bloß und hätte sich der Verfolgung wegen Verrates und der damit verbundenen Kreuzigung ausgesetzt, wären seine Worte zu deutlich gewesen. Folglich bemühte er sich um eine Schreibweise, die zwar seinen Anhängern völlig verständlich war, den römischen Behörden aber ebenso unverständlich.

Im dreizehnten Kapitel spricht er von Tieren mit teuflischen Fähigkeiten und im achtzehnten Vers sagt er: »Hier ist Weisheit! Wer Verstand hat, der überlege die Zahl des Tieres; denn es ist eines Menschen Zahl, und seine Zahl ist sechshundertsechsundsechzig.«

Diese Ausführungen sind sicher nicht dazu ausersehen, der Pseudowissenschaft Gematria eine heilige Sanktion zu erteilen, sondern sie dienen nur als Hinweis auf eine bestimmte Person, die mit dieser seltsamen bildlichen Darstellung in diesem Kapitel gemeint ist. Soweit bekannt, wurde diese Offenbarung nur einige Jahrzehnte nach der ersten großen, von Nero befohlenen Christenverfolgung geschrieben. Wird Neros Name hebräisch geschrieben, dann ergeben die einzelnen Buchstaben tatsächlich sechshundertsechsundsechzig, »die Zahl des Tieres«.

Natürlich sind auch andere Interpretationen dieser Stelle möglich. Wenn man glaubt, daß die Offenbarung für alle Zeiten Bedeutung hat, und nicht nur für die Zeit ihrer Niederschrift, dann kann auch der Anti-Christ der Zukunft gemeint sein. Mit dieser Deutung vor Augen hat man immer wieder versucht, durch geeignetes Fehlbuchstabieren eines Namens und durch geeignete Zuordnung von Ziffern zu Buchstaben einen persönlichen Feind als Träger der Zahl des Tieres zu verleumden.

Konnten die Christen diesen Vers auf Nero beziehen, so war es den Juden im nächsten Jahrhundert möglich, eine Beziehung zu Hadrian zu schaffen. Fünf Jahrhunderte später war eine Verknüpfung mit Mohammed möglich, die auch aufgegriffen wurde. Zur Zeit der Reformation betrieben die Katholiken Numerologie mit Martin Luthers Namen. Sie fanden heraus, daß dessen Name der Zahl des Tieres entsprach. Protestanten erwiderten das »Kompliment«, indem sie die gleiche Entdeckung bei mehreren Päpsten machten.

Später noch, als man religiöse Rivalitäten durch nationale ersetzte, fand man einen Bezug auf Napoleon Bonaparte und auf Wilhelm II. Obendrein ergibt einige Minuten Arbeit nach meinem eigenen alphabetischen Ziffernsystem, daß »Herr Adollf Hitler« die Zahl des Tieres trägt. (Ich benötige das zusätzliche »l«, um eine fehlerfreie Zuordnung zu erreichen.)

Das römische System der Zahlensymbole hatte Ähnlichkeit sowohl mit dem griechischen als auch mit dem babylonischen. Wie die Griechen, so verwendeten die Römer Buchstaben des Alphabets. Sie gebrauchten dieses jedoch nicht im Sinne einer geordneten Folge von Buchstaben. Lediglich einige Buchstaben wurden benutzt, die – wie im babylonischen System – so oft wie notwendig wiederholt wurden. Ungleich den Babyloniern erfanden die Römer kein Zeichen für die zehnfache Zahlensteigerung, sondern etwas primitiver – nur für fünffache Steigerungen.

Fangen wir also an: Das Zeichen für »eins« ist I, »zwei«, »drei« und »vier« können dann als II, III, IIII geschrieben werden.

Das Zeichen für »fünf« ist nicht IIIII, sondern V. Viele Leute haben sich den Kopf darüber zerbrochen, warum gerade dieser Buchstabe als

Zeichen für die fünf gewählt wurde, aber eine allgemein anerkannte Erklärung gibt es nicht. Es ist jedoch amüsant, sich vorzustellen, daß I einen erhobenen Finger und V die ganze Hand darstellt, der linke Zweig des V wäre der erhobene Daumen, der rechte Zweig wären die verbleibenden Finger. Für »sechs«, »sieben«, »acht« und »neun« hätten wir dann VI, VII, VIII und VIIII.

Für »zehn« gilt X, das (wie manche meinen) beide Hände darstellt, kreuzweise an den Gelenken übereinander gelegt. »Dreiundzwanzig« wäre XXIII und »achtundvierzig« wäre XXXXVIII.

Weiter: L ist das Zeichen für »fünfzig«, C für »hundert«, D für »fünfhundert« und M für »tausend«. C und M sind leicht zu erklären, den C ist der erste Buchstabe von *Centum* (was lateinisch einhundert heißt) und M ist der erste Buchstabe von *Mille,* das Wort für tausend.

Aber gerade deshalb sind diese Zeichen verdächtig, denn als Anfangsbuchstaben mögen sie die ursprünglichen weniger leicht erklärbaren Zeichen für diese Zahlen verdrängt haben. Ein Alternativzeichen für »tausend« mag zum Beispiel so ausgesehen haben: (I). Die Hälfte von tausend, also »fünfhundert«, ist die rechte Hälfte des Symbols, also I), und das könnte zu D verkürzt worden sein. Warum aber der Buchstabe L für »fünfzig« eingeführt wurde, kann ich mir nicht erklären.

Wir sind nun in der Lage, neunzehnhundertvierundsechzig in römischen Ziffern auszudrücken: MDCCCCLXIIII.

Ein Vorteil dieser Art Zahlenschreibung liegt darin, daß es auf die Reihenfolge der Ziffern nicht ankommt. Würde ich mich entschließen, neunzehnhundertvierundsechzig als CDCLIIMXCICI zu schreiben, erhielte ich immer noch neunzehnhundertvierundsechzig, wenn ich nur die den Buchstaben zugehörigen Werte zusammenzählen würde. Es ist jedoch unwahrscheinlich, daß irgend jemand die Buchstaben jemals derart durcheinanderbringen würde. Stünden die Buchstaben in der Reihenfolge abnehmenden Wertes, so wie ich sie zuerst gesetzt habe, dann ist es viel einfacher, die Werte zusammenzuzählen. Tatsächlich ist diese Reihenfolge nach abnehmendem Wert (mit Ausnahme besonderer Fälle) die übliche Anordnung. Ist einmal die Reihenfolge der Buchstaben in römischen Zahlen eine feste Gewohnheit, kann man zur Vereinfachung auch Abweichungen zulassen, wenn sich dadurch die Angelegenheit vereinfacht. Wir können zum Beispiel vereinbaren, daß der Wert zweier Zeichen addiert werden soll, wenn das zweite der beiden einen geringeren Wert hat als das erste, daß jedoch im umgekehrten Falle, wenn das Zeichen mit geringerem Wert zuerst steht, dieser Wert vom Wert des zweiten nachfolgenden Zeichens abgezogen werden soll. So wäre VI »fünf« *und* »eins« oder »sechs«, aber IV wäre »fünf« *weniger* »eins« oder »vier«. (Man könnte auch sagen, daß IIV »drei« ist, es ist aber üblich, nicht mehr als ein Zeichen abzuziehen.) Auf diese Weise wird LX »sechzig«, XL jedoch »vierzig«; CX ist »einhundertzehn«, XC jedoch »neunzig«; MC ist »eintausendeinhundert«, CM jedoch »neunhundert«.

Dieses »Subtraktions-Prinzip« hat den Vorteil, daß nunmehr zwei Zeichen statt bisher fünf benötigt werden. Warum VIIII, wenn man IX schreiben kann, warum DCCCC, wenn man CM schreiben kann? Das Jahr neunzehnhundertvierundsechzig, bisher MDCCCCLXIIII (also mit zwölf Zeichen geschrieben), schreibt man jetzt kürzer: MCMLXIV (sieben Zeichen). Hat man aber auch der Reihenfolge der Buchstaben eine Bedeutung beigelegt, darf man die Buchstaben nicht mehr beliebig setzen. Schreibt man zum Beispiel MMCLXVI statt MCMLXIV, dann wird das die Zahl »zweitausendeinhundertsechsundsechzig«.

Das Subtraktions-Prinzip wurde zwar dann und wann im Altertum benutzt, aber erst im Mittelalter festgelegt. Eine interessante Begründung für diese späte Festlegung liefert der folgende Gedankengang: Die einfachste Anwendung dieses Prinzips ist die Schreibweise IV für »vier«. Die beiden Buchstaben sind die Anfangsbuchstaben von IVPITER, der römischen Schreibweise des Göttervaters Jupiter. Die Römer mögen deshalb Zurückhaltung geübt haben. Selbst heute wird auf Zifferblättern von Uhren die »vier« häufig durch IIII und nicht durch IV dargestellt. Der Grund dafür kann nicht in der Ablehnung des Subtraktions-Prinzips liegen, denn die »neun« wird durch IX und niemals VIIII dargestellt.

Mit den bereits eingeführten Zeichen lassen sich alle Zahlen bis viertausendneunhundertneunundneunzig in römischen Ziffern schreiben. In römischen Ziffern schreibt sich diese Zahl MMMMDCCCCLXXXXVIIII oder, mit Hilfe des Subtraktions-Prinzips, MMMMCMXCIX. Sie vermuten nun, daß man »fünftausend« (die nächste Zahl) durch MMMMM darstellt, aber das ist nicht ganz richtig. Das römische System verlangt nämlich, daß ein Zeichen nicht mehr als viermal wiederholt werden darf. Um diese Forderung zu erfüllen, wird ständig ein neues Zeichen erfunden: IIIII = V, XXXXX = L und CCCCC = D. Was also ist dann mit MMMMM?

Für »fünftausend« wurde kein Buchstabe mehr ausgewählt. Im Altertum kam man im täglichen Leben auch kaum mit großen Zahlen in

Berührung. Selbst wenn Gelehrte und Steuereinzieher sich mit größeren Zahlen befaßten, so blieb deren Methode der Masse des Volkes unbekannt.

Eine Methode, Zahlen über »fünftausend« zu schreiben, besteht in der Anwendung eines Querstriches über den Buchstaben. Der Querstrich soll die Tausender kennzeichnen. So würde $\overline{V}$ nicht »fünf«, sondern »fünftausend« darstellen. Und siebenundsechzigtausendvierhundertzweiundachtzig würde $\overline{L}\overline{X}\overline{V}\overline{II}$CDLXXXII sein.

Eine andere Methode besteht darin, auf die ursprüngliche primitive Schreibweise für »tausend«, also auf (I) zurückzugreifen. Durch das Hinzufügen weiterer Klammern können wir die Zahl um das jeweils Zehnfache erhöhen. So wäre »zehntausend« ((I)) und »einhunderttausend« (((I))). So wie »fünfhundert« I) oder D war, wäre »fünftausend« I)) und »fünfzigtausend« würde I))) sein.

Auch die Griechen führten ein Sonderzeichen zur Kennzeichnung der Tausender ein, ähnlich wie die Römer. Die Griechen verwendeten darüber hinaus noch Sonderzeichen für Zehntausender und für Millionen. (Zumindest einige griechische Gelehrte verwendeten sie.) Daß die Römer diese Dinge nicht bis zum logischen Extrem weiterentwikkelten, überrascht nicht. Waren sie doch stolz darauf, keine Intellektuellen zu sein. Daß aber auch die Griechen das Zahlensystem nicht ins logische Extrem entwickelten, erregt meine dauernde Verwunderung.

Stellen Sie sich einmal vor, daß man anstatt der Sonderzeichen für große Zahlen solche für alle Zahlengruppen einführt, von den Einern an aufwärts. Verwenden wir das eingangs vorgestellte System von Zeichen ', −, +, =, indem wir ' für die Einer, − für die Zehner, + für die Hunderter und = für die Tausender verwenden, dann kämen wir mit einem Satz von neun Ziffern aus. Wir könnten jede Ziffer mit einem kleinen hochgestellten Sonderzeichen versehen, das angibt, welche der Gruppen =, + −, ' gemeint ist. So könnten wir für »zweitausendfünfhunderteinundachtzig« mit den neun Buchstaben von A bis I auskommen und würden die Zahl wie folgt schreiben: $\overset{=}{B}\overset{+}{E}\overline{H}\acute{A}$. Mehr noch, für »fünftausendfünfhundertfünfundfünfzig« könnten wir $\overset{=}{E}\overset{+}{E}\overline{E}\acute{E}$ schreiben. Eine Verwirrung bei all den Buchstaben E gäbe es nicht, da das Sonderzeichen über jedem E anzeigt, was »fünf«, »fünfzig«, »fünfhundert« oder »fünftausend« ist. Durch die Verwendung zusätzlicher Sonderzeichen für Zehntausender, Hunderttausender, Millionen usw. ließe sich jede Zahl, wie groß sie auch wäre, eindeutig darstellen.

Dieses Verfahren wäre allerdings vermutlich nicht sehr populär geworden. Selbst wenn ein Grieche daran gedacht hätte, er wäre vor der Notwendigkeit zurückgeschreckt, winzige Symbole zu schreiben. Zur Zeit des Handkopierens bedeuteten zusätzliche Symbole auch zusätzliche Arbeit, und ein Schreiber hätte sich wohl heftig dagegen gesträubt.

Man hätte aber auf den Gedanken kommen können, daß Sonderzeichen nicht unbedingt erforderlich sind, und vereinbaren können, daß die Gruppen mit zunehmender Größe von rechts nach links angeordnet werden. Die Einer würden am rechten Ende stehen, die nächsten links davon wären die Zehner, dann kämen die Hunderter usw. Ganz eindeutig wäre dann BEHA »zweitausendfünfhunderteinundachtzig« und EEEE »fünftausendfünfhundertfünfundfünfzig«, auch ohne die hochgestellten Sonderzeichen.

Dabei könnte sich aber eine besondere Schwierigkeit einstellen: Was wäre zu tun, enthielte die Zahl keine Zehner oder keine Einer? Denken Sie an die Zahl »zehn« oder an die Zahl »einhundertundeins«. Die erstgenannte Zahl enthält nur Zehner, und zwar einen, jedoch keine Einer. Die letztgenannte Zahl enthält Hunderter und Einer, aber keine Zehner. Hätte man Sonderzeichen, würde man die Zahlen als $\bar{\mathrm{A}}$ bzw. als $\overset{+-+}{\mathrm{A}\mathrm{A}}$ schreiben. Die hochgestellten Sonderzeichen hier wegzulassen, dürfen Sie nicht riskieren. Wie könnten Sie sonst das A, das »zehn« bedeutet, von dem A, das »eins« bedeutet, und wie könnten Sie das AA, das »einhunderteins« bedeutet, von dem AA, das »elf« oder von dem AA, das »einhundertzehn« bedeutet, unterscheiden?

Ein Ausweg bestünde darin, einen Zwischenraum freizulassen, also »einhunderteins« durch A A darzustellen. Doch zur Zeit des Handkopierens wäre das schnell zu AA geworden. So wie AA zu A A hätte werden können. Weiter, wie soll man einen Zwischenraum am Ende der Ziffernfolge kenntlich machen? Nein, selbst wenn die Griechen an ein derartiges System gedacht haben sollten, sie hätten offensichtlich zu dem Schluß kommen müssen, daß die Verwendung von Zwischenräumen nutzlos war und die Sache nicht vereinfachte. Sie fanden, daß es sicherer war, J für »zehn« stehen zu lassen und SA für »einhunderteins«. Nieder gen Hades mit den kleinen Sonderzeichen!

Woran jedoch kein Grieche – nicht einmal Archimedes – gedacht hatte: Zwischenräume waren überhaupt nicht erforderlich. Man konnte sie mit einem Zeichen für »Nichts« ausfüllen – für »kein Vertreter einer Gruppe«. Angenommen wir würden dafür das Zeichen $ anwenden. Da »einhunderteins« aus einem Hunderter, keinem Zehner und einem Einer besteht, kann die Zahl durch $\overset{+}{A}\overline{\$}\acute{A}$ dargestellt werden. Wenn wir so verfahren, sind alle Lücken geschlossen und hochgestellte Sonderzeichen benötigen wir auch nicht mehr. »Eins« ist dann A, »Zehn« A$, »einhundert« A$$, »einhunderteins« A$A, »einhundertzehn« AA$ usw.

Jede Zahl, wie groß sie auch sei, kann nun mit Hilfe von neun Ziffern oder Buchstaben und einem zusätzlichen Zeichen eindeutig dargestellt werden.

Wenn Sie es sich überlegen, ist das sicher die einfachste Sache der Welt.

Doch die Menschheit benötigte, gerechnet von der Erfindung der ersten Zeichen für Zahlen, über fünftausend Jahre, um sich ein Zeichen für »Nichts« auszudenken. Der erfolgreiche Erfinder dieses Zeichens (einer der kreativsten und originellsten Denker der Geschichte) blieb unbekannt. Wir wissen nur, daß es irgendein Hindu war, der vor dem oder im neunten Jahrhundert lebte.

Die Hindus nannten das Zeichen *sunya,* was »leer« heißt. Dieses Zeichen für Nichts wurde von den Arabern übernommen, die es *sifr* nannten, was in ihrer Sprache ebenfalls »leer« heißt. In unserer Sprache ist es verstümmelt in dem Wort »Ziffer« wiederzufinden. Allerdings wird in der deutschen Sprache dieses Zeichen Null genannt. In anderen Sprachen ist aus *sifr* über *zefirum* das Wort *zero* für Null entstanden.

Nur langsam verdrängte das neue Ziffernsystem (»arabisches Ziffernsystem« genannt, da die Europäer es durch die Araber kennenlernten) im Westen das römische System.

Da die arabischen Ziffern aus einem Land kamen, in dem nicht das römische Alphabet benutzt wurde, war die Form der Zahlen den römischen Buchstaben in keiner Weise ähnlich, und das war auch gut so. Es beseitigte die Wort-Ziffern-Verwirrung und stufte die Gematria – bis dahin eine alltägliche Beschäftigung derjenigen, die lesen konnten – zu einer beschwerlichen Torheit herab, mit der sich nur noch wenige herumplagen mochten.

Die arabischen Ziffern, so wie wir sie heute schreiben, sind natürlich die Zahlen 1, 2, 3, 4, 5, 6, 7, 8, 9 und die über alles wichtige 0. Wir verlassen uns so sehr auf diese Ziffern (sie sind international anerkannt), daß wir uns nicht einmal über das Ausmaß im klaren sind, in dem wir uns auf sie verlassen. Sollte Ihnen zum Beispiel dieses Kapitel irgendwie eigenartig vorgekommen sein, dann vielleicht, weil ich während des ganzen Kapitels arabische Ziffern *bewußt* vermieden habe.

Wir alle wissen, wie einfach das Rechnen mit Zahlen ist, die mit arabischen Ziffern geschrieben werden. Die unnötige Last, von der sie das menschliche Denken befreiten – alles wegen der Anwesenheit der Null –, ist kaum abzuschätzen.

Wenn Sie nun noch einmal die Überschrift zu diesem Kapitel lesen, werden Sie feststellen, daß ich nicht zynisch war. Ich meinte es wortwörtlich: Nichts zählt! Auf das Zeichen für Nichts, auf die Null, kommt es an!

12. C für Celeritas

Wenn je eine Gleichung berühmt wurde, dann die Einsteinsche Gleichung $E = m \cdot c^2$. Allen ist sie heute ein Begriff, dem seltenen intellektuellen Leser utopischer Romane, dem Atomphysiker, dem Universitätsstudenten, Zeitungsreportern, Hausfrauen und Abgeordneten.

Die Gleichung herunterzuleiern heißt selbstverständlich nicht, sie zu verstehen: genauso wenig wie ein schnell gesprochenes Paternoster noch kein Beweis tiefer religiöser Andacht ist. Diese Gleichung wollen wir uns einmal ansehen. Jeder der Buchstaben in der Gleichung ist Anfangsbuchstabe eines Wortes und Symbol für den Begriffsinhalt des Wortes. So ist E der Anfangsbuchstabe von »Energie«, m derjenige von »Masse«. Das c bezieht sich auf die Geschwindigkeit des Lichtes im leeren Raum, im Vakuum. Wenn sie fragen, warum c, dann weil c der Anfangsbuchstabe von *celeritas* ist, einem lateinischen Wort für Schnelligkeit oder Eile. Das ist aber nicht alles. In einer physikalisch sinnvollen Gleichung muß jedem Begriff eine Maßeinheit zugeordnet sein. Es ist sinnlos, von einer Masse von 2,3 zu sprechen. Sinnvoll sind 2,3 Gramm oder 2,3 Kilogramm oder 2,3 Tonnen; mit 2,3 allein kann man nichts anfangen.

Theoretisch kann man irgendeine Einheit wählen, die besonders zweckmäßig erscheint, aber in der Regel benutzt man in der Physik ein System von Maßeinheiten, das auf die Maßeinheiten »Zentimeter« für Längen, »Gramm« für Masse und »Sekunden« für Zeit gegründet ist. Aus diesen Grundeinheiten werden andere Maßeinheiten abgeleitet.

Daher wird m in der Einsteinschen Gleichung in Gramm angegeben, abgekürzt g. Das c steht für Geschwindigkeit, das heißt für den in einer bestimmten Zeit zurückgelegten Weg. Man greift auf die Grundeinheiten zurück und gibt die Geschwindigkeit als die Zahl der Zentimeter an, die in einer bestimmten Anzahl von Sekunden zurückgelegt wurden. Die Maßeinheit für c ist daher Zentimeter pro Sekunde oder cm/s.

(Achten Sie bitte darauf, daß das Wort »pro« durch einen Bruchstrich dargestellt wird. Das ist richtig, weil man bei der Berechnung der kleinsten Maßzahl für die Geschwindigkeit, d.h. bei der Berechnung, wieviele Zentimeter in einer Sekunde zurückgelegt wurden, die Anzahl der zurückgelegten Zentimeter durch die Anzahl der hierfür beanspruchten Sekunden dividieren muß. Legen Sie 24 Zentimeter in 8 Sekunden zurück, beträgt Ihre Geschwindigkeit 24 Zentimeter geteilt durch 8 Sekunden oder 3 cm/s.)

Zurück zu unserem Thema: c erscheint in der Gleichung als Quadratzahl. Multiplizieren Sie c mit c, erhalten Sie c^2. Es genügt aber nicht, die Maßzahl für c mit sich selbst zu multiplizieren. Sie müssen auch die Maßeinheit für c mit sich selbst multiplizieren.

Ein vertrautes Beispiel kennen wir im Zusammenhang mit Flächenmaßen. Wenn Sie ein Stück Land mit den Abmessungen 60 Meter mal 60 Meter vor sich haben, dann hat dieses Stück nicht einen Flächeninhalt von 60 mal 60 oder 3600 Metern, sondern von 60 Meter mal 60 Meter oder 3600 Quadratmetern.

Ähnlich verhält es sich bei c^2. Sie müssen cm/s mit cm/s multiplizieren und erhalten cm^2/s^2 (was als Quadratzentimeter pro Quadratsekunde gelesen werden kann).

Es folgt die Frage: Welche Maßeinheit müssen wir für E verwenden? Einsteins Gleichung selbst wird uns Aufschluß geben. Wir müssen nur beachten, daß Maßeinheiten wie die Symbole in der Algebra zu behandeln sind. Da $E = m \cdot c^2$ gilt, ergibt sich die Maßeinheit für E durch Multiplikation der Maßeinheit für m mit der Maßeinheit für c^2. Da m in g gemessen wird und c^2 in cm^2/s^2, folgt für E die Maßeinheit g mal cm^2/s^2. In der Algebra schreiben wir a mal b kurz als ab, folglich dürfen wir das Multiplikationszeichen in der Einheit für E weglassen und einfach $g\ cm^2/s^2$ schreiben (was wie folgt gelesen wird: Gramm Zentimeter im Quadrat pro Sekunde im Quadrat).

Was wir anhand der Einsteinschen Gleichung als Maßeinheit für die Energie abgeleitet haben, stimmt. Denn schon lange vor Einstein hat man für die Energie im Zentimeter-Gramm-Sekunde-System die Maßeinheit $g\ cm^2/s^2$ aufgestellt. Ich werde es erklären. Wie ich bereits sagte, ist cm/s die Einheit für die Geschwindigkeit. Aber was passiert, wenn ein Körper seine Geschwindigkeit verändert? Angenommen, der Körper bewegt sich zu einem gegebenen Zeitpunkt mit der Geschwindigkeit 1 cm/s, eine Sekunde später jedoch mit 2 cm/s und eine weitere Sekunde später mit 3 cm/s. Mit anderen Worten: er habe eine »beschleunigte« Bewegung.

Im vorliegenden Fall beträgt die Beschleunigung 1 Zentimeter pro Sekunde je Sekunde, da sich der Körper in jeder nachfolgenden Sekunde um einen Zentimeter pro Sekunde schneller vorwärts bewegt. Da wir das Wort »pro« in Form eines Bruchstriches angeben, kann man auch schreiben: 1 cm/s/s.

Wie ich bereits sagte, können wir mit den Maßeinheiten so verfahren wie mit den Symbolen in der Algebra. Eine Formel wie a/b/b ist gleichwertig zu (a/b) /b, was wiederum gleichwertig zu a/b · 1/b und wiederum gleichwertig zu a/b^2 ist. Auf gleiche Weise schließt man, daß 1 cm/s/s gleichwertig zu 1 cm/s^2 ist. Die Maßeinheit für die Beschleunigung ist daher cm/s^2.

Eine »Kraft« ist nach Newton etwas, das eine Beschleunigung verursacht. Gemäß dem Newtonschen Kraftgesetz bewegt sich jeder sich selbst überlassene Körper mit konstanter Geschwindigkeit in gleichbleibender Richtung fort. In der Physik wird der Geschwindigkeit im allgemeinen nicht nur ein Betrag aus Maßzahl und Maßeinheit, sondern auch eine Richtung zugeordnet. Der Physiker spricht auch dann von einer Änderung der Geschwindigkeit, das heißt von einer Beschleunigung, wenn sich nur die Richtung, nicht aber der Betrag der Geschwindigkeit ändert. Deshalb dürfen wir auch einfach sagen, daß ein sich selbst überlassener Körper sich mit konstanter Geschwindigkeit bewegt oder daß er keine beschleunigte Bewegung haben kann. Die Geschwindigkeit kann auch den Betrag Null haben, so daß nach Newton ein bewegter Körper, sofern sich selbst überlassen, dauernd unbewegt bleibt. Sobald aber eine Kraft auftritt, sei es die Schwerkraft, eine mechanische oder sonst eine Kraft, dann ändert sich die Geschwindigkeit (im allgemeinen sowohl hinsichtlich des Betrages als auch hinsichtlich der Richtung). Die Stärke der auf einen Körper wirkenden Kraft wird sowohl aus der auftretenden Beschleunigung als auch aus der Masse des Körpers erschlossen, da eine gleichgroße Kraft bei einem Körper großer Masse eine geringere Beschleunigung bewirkt als auf einen Körper mit kleiner Masse. (Wenn Sie das selbst prüfen wollen, dann treten Sie bitte mit aller Kraft gegen einen Fußball und dann gegen eine Kanonenkugel. Während Sie mit Schmerzen herumhüpfen, können Sie die Beschleunigung von Fußball und Kanonenkugel vergleichen.)

Zur Beschreibung derartiger Beobachtungen benutzt man die Wendung: »Kraft ist gleich Masse mal Beschleunigung« oder abgekürzt K = m · a. Da die Masse die Maßeinheit g hat, die Beschleunigung die Maßeinheit cm/s^2, erhält man für die Maßeinheit der Kraft das Produkt aus beiden, nämlich $g\ cm/s^2$.

Die Physiker waren es leid, ständig »$g\ cm/s^2$« vor sich hinmurmeln zu müssen, so erfanden sie dafür einen einsilbigen Namen: dyn. Das Wort ist eine Abkürzung des griechischen Wortes *dynamis,* was soviel wie Kraft heißt.

Der einsilbige Ausdruck und der mehrsilbige sind einander gleich: 1 dyn = $1\ g\ cm/s^2$. Dyn ist nichts weiter als ein atemsparender Ausdruck und kann wie folgt definiert werden: Ein Dyn ist die Kraft, die der Masse von einem Gramm eine Beschleunigung von einem Zentimeter pro Sekunde im Quadrat erteilt.

Als nächstes taucht das Problem »Arbeit« auf. Was der Physiker als Arbeit bezeichnet, ist nicht das, was ich tue, wenn ich an einer Schreibmaschine sitze und ein Kapitel schreibe oder mir den Kopf darüber zerbreche. Für den Physiker ist »Arbeit« nichts weiter als die Bewegung eines Körpers gegen eine bewegungshemmende Kraft. Das Anheben eines Körpers gegen die Schwerkraft ist Arbeit, einen Eisenbarren von einem anziehenden Magneten wegzuziehen, ist Arbeit, einen Nagel gegen den Reibungswiderstand in das Holz zu hämmern, ist Arbeit usw.

Die geleistete Arbeit hängt von der Größe der hemmenden Kraft ab, aber auch von dem Weg, den der Körper entgegen der Kraft zurücklegt. Man kann das wie folgt formulieren: »Arbeit ist gleich Kraft mal Weg« oder abgekürzt A = K · 1.

Die Maßeinheit für den Weg ist die Längeneinheit cm. Die Maßeinheit für die Kraft ist das Dyn. Folglich ist die Maßeinheit für die Arbeit »dyn cm«. Wieder erfanden die Physiker einen einsilbigen Ausdruck für »dyn cm«, dieser Ausdruck lautet erg, eine Abkürzung für das griechische *ergon,* was soviel wie »Arbeit« heißt. Die Maßeinheit für die Arbeit ist also das Erg. Eine Arbeit von einem Erg ist geleistet worden, wenn ein Körper um einen Zentimeter gegen die hemmende Kraft von einem Dyn bewegt wurde.

Damit Sie nicht vergessen, daß das alles auf den Grundeinheiten Zentimeter, Gramm und Sekunde aufgebaut ist, erinnere ich Sie daran, daß 1 dyn = $1\ g\ cm/s^2$ ist. Die Maßeinheit für die Arbeit wird dann $g\ cm/s^2$ mal cm (Kraft mal Weg), das Ergebnis ist $g\ cm^2/s^2$. Mit anderen Worten: 1 erg ist die Arbeit, bei der eine Masse von 1 g eine (negative) Beschleunigung von 1 cm/s^2 längs eines Weges von 1 cm erfahren hat.

Vor etwas mehr als hundert Jahren fand man heraus, daß Arbeit und Energie miteinander vertauschbar sind, so daß die Maßeinheit für das eine auch als Maßeinheit für das andere dienen kann. Folglich ist Erg auch die Maßeinheit für Energie im Zentimeter-Gramm-Sekunde-System.

Wir wollen jetzt auf Einsteins Gleichung zurückkommen. Sie führte uns auf $g\,cm^2/s^2$ als Maßeinheit für E, was gleichwertig der Maßeinheit Erg ist. Das ist kein Zufall. Hätte die Gleichung irgendeine andere Maßeinheit für die Energie geliefert, hätte Einstein seinen Bleistift gespitzt und noch einmal von vorn angefangen, denn er hätte daraus geschlossen, daß ihm ein Fehler unterlaufen sei.

Jetzt sind wir soweit vorbereitet, daß wir Werte, genaue Maßzahlen samt Maßeinheit, in die Einsteinsche Gleichung einsetzen können. Für m können wir einen beliebigen Wert einsetzen. Die einfachste Wahl ist 1 g. Für c haben wir keine Entscheidungsfreiheit. Die Lichtgeschwindigkeit im leeren Raum hat einen bestimmten Wert und keinen anderen. Der bestbekannte Wert ist 29 979 000 000 cm/s. Wir begehen keinen großen Fehler, wenn wir diesen Wert auf 30 000 000 000 cm/s aufrunden (das Licht legt also in einer Sekunde 30 Milliarden Zentimeter zurück – oder $^3/_4$ der Entfernung Erde–Mond). Schreiben wir diesen Wert als Exponentialzahl, lautet er $3 \cdot 10^{10}$ cm/s.

Diesen Wert müssen wir quadrieren, um den Wert von c^2 zu erhalten. Wir müssen daran denken, daß sowohl Maßzahl als auch Maßeinheit zu quadrieren sind. So erhalten wir 900 000 000 000 000 000 000 cm^2/s^2 oder $9 \cdot 10^{20}$ cm^2/s^2. Der Ausdruck $m \cdot C^2$ (der in Einsteins Gleichung gleich E ist) erhält den Wert $1\,g \cdot 9 \cdot 10^{20}$ cm^2/s^2, was $9 \cdot 10^{20}$ $g\,cm^2/s^2$ oder $g \cdot 10^{20}$ ergibt.

Man kann sich die Bedeutung dieses Wertes auch so verdeutlichen: Würde 1 g einer Substanz vollständig in Energie umgewandelt, würden wir eine Energiemenge von 900 Trillionen erg erhalten. Andererseits, wollten Sie 1 g Substanz aus reiner Energie gewinnen (und könnten Sie es mit perfekter Wirksamkeit tun), müßten Sie zuerst sicherstellen, daß Sie eine Energiemenge von 900 Trillionen erg zur Verfügung hätten.

Das klingt beeindruckend. 900 Trillionen erg, mein Gott! Doch dann merken Sie auf und zögern. Ein Erg ist eine ungewohnte Einheit. Wie groß ist es überhaupt?

Nun, es ist nicht groß. Es ist sogar eine recht kleine Einheit. Sie drängt sich den Physikern durch die Grundeinheiten Zentimeter, Gramm, Sekunde auf. Aber dadurch wird es eine derart kleine Einheit, daß sie kaum praktisch ist. Stellen Sie sich bitte vor, daß Sie ein Gewicht von einem Kilogramm einen Meter gegen die Schwerkraft anheben. Das ist nicht sehr schwer, und viel Energie wird dabei nicht umgesetzt. Möglicherweise können Sie zwanzig Kilogramm einen Meter hochheben, ohne sich dabei zu verausgaben. Ein starker Mann könnte das mit einem Gewicht von hundert Kilogramm schaffen.

Doch schon beim Anheben eines Kilogramms um einen Meter wird bereits eine Energie von 98 Millionen erg umgesetzt. Es ist offensichtlich, daß schon bei einer geringfügigen Arbeit die Zahl der Erg in die 10 Millionen geht. Wir benötigen daher größere Maßeinheiten, damit die Werte in praktischen Größenordnungen bleiben.

Es gibt zum Beispiel eine Energieeinheit, die Joule genannt wird, abgekürzt J, und gleich 10 Millionen erg ist.

Diese Maßeinheit ist nach dem britischen Physiker James Prescott Joule benannt worden, der – obwohl er Wohlstand und eine Brauerei geerbt hatte – seine Zeit der Forschung widmete. In der Zeit von 1840–1849 stellte er peinlich genaue Experimente an, die endgültig die quantitative Vertauschbarkeit von Wärme und Arbeit demonstrierten. Mit diesen Experimenten wurde die Gültigkeit des Gesetzes von der Erhaltung der Energie nachgewiesen. Es war jedoch der deutsche Wissenschaftler Hermann Ludwig Ferdinand von Helmholtz, der dieses Gesetz zuerst in Worte faßte und im Jahre 1847 veröffentlichte, so daß ihm der Ruhm für die Entdeckung dieses Gesetzes zuteil wurde. (Übrigens, das Wort Joule wird meistens wie »Dschaul« ausgesprochen, obwohl Joule selbst seinen Namen wahrscheinlich wie »Dschul« aussprach.)

Beachten Sie bitte, welch eine praktische Größe das Joule im täglichen Leben hat. Um die Masse von einem Kilogramm um einen Meter gegen die Schwerkraft anzuheben, ist eine Energie von ungefähr 9,8 J erforderlich – eine recht praktische Zahl.

Inzwischen hatten Physiker, die sich eingehender mit der Wärme befaßten, eine für ihre Zwecke brauchbare Maßeinheit eingeführt. Das war die »Kalorie« (von dem lateinischen Wort *calor* für Wärme). Die Kalorie wird abgekürzt cal geschrieben. Eine Kalorie ist diejenige Wärmemenge, die man 1 g Wasser zuführen muß, um dessen Temperatur von 14,5 °C auf 15,5 °C zu erhöhen. (Die erforderliche Wärmemenge, um 1 g Wasser um 1 °C zu erhöhen, ist für verschiedene Anfangstemperaturen leicht verschieden. Deshalb mußte man sich auf eine feste Anfangstemperatur einigen, daher 14,5 °C.)

Hat man erst einmal bewiesen, daß alle anderen Formen von Energie wie die Arbeit in Wärme umgewandelt werden können, dann darf die Maßeinheit für die Wärme auch als Maßeinheit für jede andere Form der Energie benutzt werden. Bei seinen Messungen fand Joule, daß eine Energie oder eine Arbeit von 4,185 J in genau 1 cal Wärme umgewandelt werden kann. Deshalb dürfen wir sagen, daß 1 cal gleich 4,185 J oder 41 850 000 erg ist.

Auch wenn die Kalorie eine für Physiker praktische Größe hat, für Chemiker ist sie ein wenig zu klein. Bei chemischen Reaktionen werden so große Wärmemengen umgesetzt, sei es daß sie frei werden, sei es daß sie zugeführt werden müssen, daß unpraktisch große Zahlen resultieren. So werden zum Beispiel bei der Verbrennung von 1 g Kohlehydrat zu Kohlendioxid und Wasser (entweder in einem Ofen oder im menschlichen Körper) ungefähr 9000 cal Wärme frei. Ein Mensch, der so arbeitet wie ich, würde pro Tag ungefähr 2 500 000 cal umsetzen.

Die Zahlen wären etwas handlicher, würde man eine größere Maßeinheit verwenden. Man hat deshalb eine größere Kalorie erfunden: Es ist diejenige Wärmemenge, mit der die Temperatur von 1000 g (gleich 1 kg) Wasser von 14,5 °C auf 15,5 °C erhöht wird. Sie sehen, daß diese größere Kalorie tausendmal größer ist als die kleine. Auch wenn beide Einheiten als »Kalorien« bezeichnet werden, so hat dies keine Verwirrungen verursacht.

Manchmal unterscheidet man sie als kleine Kalorie und große Kalorie, als Gramm-Kalorie und Kilogramm-Kalorie oder durch die Schreibweise »cal« und »Cal«. (Die letzte Unterscheidungsweise ist allerdings besonders einfältig, da bei einer Rede – und Wissenschaftler müssen gelegentlich reden – ein großes C von einem kleinen c nicht mehr unterschieden werden kann.)

Als vernünftigste Handhabung stelle ich mir folgendes vor: Im metrischen System ist ein Kilogramm gleich 1000 g; ein Kilometer ist gleich 1000 m usw. So kann auch die große Kalorie als Kilokalorie, abgekürzt kcal, bezeichnet werden, da sie ja gleich 1000 cal ist.

Zusammenfassend können wir sagen, daß eine kcal gleich 1000 cal oder gleich 4185 J oder gleich 41 850 000 erg ist.

Eine andere Art von Energieeinheit entstand auf Umwegen über das Konzept der »Leistung«. Leistung ist die Intensität, mit der eine Arbeit ausgeführt wird. Eine Maschine kann eine Tonne Masse um einen Meter gegen die Schwerkraft in einer Minute oder in einer Stunde anheben. In beiden Fällen ist die bei diesem Prozeß umgesetzte Energie gleich. Aber es ist eine größere Kraft erforderlich, wenn eine Tonne in einer Minute statt in einer Stunde gehoben werden soll.

Um ein Kilogramm Masse um einen Meter gegen die Schwerkraft anzuheben, muß eine Energie von 9,80 J zur Verfügung stehen. Soll diese Energie innerhalb einer Sekunde umgesetzt werden, gilt es, 9,80 Joule pro Sekunde freizusetzen, J/s oder auch erg/s oder g cm^2/s^3 sind daher zulässige Maßeinheiten für die Leistung.

Als erster versuchte James Watt (1736–1819) die Leistung zu messen. Er verglich die Leistung einer von ihm gebauten Dampfmaschine mit der von einem Pferd gelieferten Leistung. So kam er dazu, die Leistung seiner Maschine in Pferdestärken (PS) anzugeben. Er maß zuerst die Leistung eines Pferdes und setzte fest, daß eine Pferdestärke (1 PS) gleich 735,5 J/s ist. (Dieser Wert stimmt nicht ganz genau mit der von Watt gegebenen Festsetzung überein, da man sich später auf einen leicht geänderten Wert einigte.) Dies wurde später eine allgemein anerkannte Maßeinheit für die Leistung.

Auch heute wird die Leistung von Automobilen und Flugzeugmotoren teilweise noch in Pferdestärken angegeben. Diese Maßeinheit hat aber den ärgerlichen Nachteil, daß sie nicht so einfach mit dem Zentimeter-Gramm-Sekunde-System in Verbindung gebracht werden kann. Eine Pferdestärke entspricht 10,688 Kilokalorien pro Minute oder 735,5 Joule pro Sekunde. Für den praktischen Gebrauch sind das ungünstige Zahlen. Im Zentimeter-Gramm-Sekunde-System ist die ideale Maßeinheit für die Leistung Erg pro Sekunde (erg/s). Wegen der Kleinheit des Erg ist es einfacher, Joule pro Sekunde (J/s) zu benutzen. Und da ein Joule gleich 10 Millionen erg ist, ist 1 J/s gleich 10 000 000 erg/s oder 10 000 000 g cm^2/s^3.

Wir brauchen nun ein einsilbiges Wort für die Maßeinheit J/s, und was ist einsilbiger als der einsilbige Name des Herrn, der als erster Leistung maß. Also wurde ein Joule pro Sekunde mit einem Watt gleichgesetzt. Ein Watt, abgekürzt W, kann man also als die Zulieferung von einem Joule Energie pro Sekunde deuten.

Wird jetzt die Leistung mit der Zeit multipliziert, sind wir wieder bei der Energie angelangt. Wird zum Beispiel ein Watt mit einer Sekunde multipliziert, hat man eine Watt-Sekunde (Ws). Da 1 W gleich 1 J/s ist, muß 1 Ws gleich 1 J/s · s oder gleich 1 J/s/s sein. Die s heben sich auf, so wie Sie es von den algebraischen Formeln gewohnt sind. Sie kommen zu der abschließenden Feststellung, daß eine Watt/Sekunde gleich ein Joule ist und daher eine Energieeinheit darstellt.

Eine größere Energieeinheit dieser Art ist die Kilowatt-Stunde (kWh). Ein Kilowatt ist gleich 1000 Watt und eine Stunde ist gleich 3600 Sekunden. Daher ist ein kWh gleich 1000 · 3600 Ws oder gleich 3 600 000 J oder gleich 36 000 000 000 000 erg.

Da weiter 4185 einer Kilokalorie (kcal) entsprechen, ist 1 kWh gleich 860 kcal oder gleich 860 000 cal.

Ein Mensch, der 2 500 kcal/Tag umsetzt, liefert (schließlich in Form von Wärme) ungefähr 104 kcal/h oder 0,12 kWh/h oder 120 W. Wenn Sie sich demnächst an einem heißen Augustabend auf einer überfüllten Party aufhalten (oder in einer überfüllten Straßenbahn oder in einer überfüllten Theatervorstellung), denken Sie beim Eintritt einer jeden weiteren Person daran, daß deren Hinzukommen dem Anschalten einer weiteren Glühbirne von 120 Watt Leistung gleichkommt. Ihnen wird noch eine gehörige Portion heißer werden, und Sie werden das neue Licht, das Ihnen durch die Wissenschaft aufgeht, zu schätzen wissen.

Aber zurück zum Thema. Sie haben gesehen, daß wir mehrere Maßeinheiten für die Energie kennen. Wir wollen einmal sehen, welche Beträge sich in den verschiedenen Einheiten für diejenige Energiemenge ergeben, die bei der vollständigen Umwandlung einer Masse von einem Gramm frei wird:

900 000 000 000 000 000 000 Erg
oder 90 000 000 000 000 Joule
oder 21 500 000 000 000 Kalorien
oder 21 500 000 000 Kilokalorien
oder 25 000 000 Kilowatt-Stunden

Auch wenn Erg eine wirklich winzige Einheit ist, 900 Trillionen von ihnen sind doch eine recht beeindruckende Menge. Wenn Sie nur ein Gramm Masse vollständig in Energie umwandeln, können Sie eine elektrische Tausend-Watt-Birne 25 Millionen Stunden brennen lassen, was 2850 Jahre ausmacht oder die Zeitspanne von Homers Tagen bis heute.

Was halten Sie davon, das Energieproblem auf diese Weise zu lösen?

Wir können es auch anders herum betrachten. Wir könnten fragen: Wieviel Masse müssen wir umwandeln, um eine Kilowatt-Stunde Energie zu gewinnen? Produziert ein Gramm Masse 25 Millionen Kilowatt-Stunden Energie, dann wird eine Kilowatt-Stunde Energie mit $^{1}/_{25\,000\,000}$ Gramm produziert.

Sie sehen, bei solchen Rechnungen wären sehr kleine Masseneinheiten praktischer. Angenommen wir wählten eine kleinere Einheit als das Gramm, sagen wir das Mikrogramm. Das ist 1 Millionstel Gramm (10^{-6} Gramm). Wir können dann sagen, daß eine Kilowatt-Stunde Energie bei der Umwandlung von 0,04 Mikrogramm Masse freigesetzt wird.

Selbst das Mikrogramm ist eine ungünstig große Maßeinheit für die Masse, wenn wir an Energieeinheiten interessiert sind, die kleiner als eine Kilowatt-Stunde sind. Wir können daher ein Mikromikrogramm einführen (oder, wie es heute genannt wird, ein Pikogramm). Das ist ein Millionstel von einem Millionstel Gramm (10^{-12} Gramm) oder ein Billionstel Gramm. Verwenden wir das Pikogramm, können wir sagen, daß

1 Kilowatt-Stunde gleichwertig von Pikogramm ist	40 000
1 Kilokalorie gleichwertig von Pikogramm ist	46,5
1 Kalorie gleichwertig von Pikogramm ist	0,0465
1 Joule gleichwertig von Pikogramm ist	0,0195
1 Erg gleichwertig von Pikogramm ist	0,000 000 00195

Damit Sie sich von diesen Werten eine Vorstellung machen können – folgende Hinweise: Die Masse einer menschlichen Zelle beträgt ungefähr 1000 Pikogramm. Wenn in einer Hungersnot der Körper die Fähigkeit besäße, Masse in Energie umzuwandeln (der Körper besitzt diese Fähigkeit nicht), würde die Umwandlung von 125 Zellen genügen (die der Körper mit seinen 50 000 000 000 000 Zellen leicht entbehren könnte), um dem Körper eine Energiemenge von 2500 Kilokalorien zur Verfügung zu stellen, und diese Menge reicht für einen ganzen Tag aus.

Diejenige Masse, die bei der Umwandlung 1 erg Energie liefert (und das Erg ist nach allem die grundlegende Energieeinheit im Zentimeter-Gramm-Sekunde-System), hat einen Wert, der selbst in Pikogramm ein ungünstig kleiner Bruchteil ist.

Wir benötigen also eine noch kleinere Einheit. Betrachten wir daher ein Pikopikogramm (10^{-24} Gramm), ein Billionstel eines Billionstel Gramms. Mit dieser Maßeinheit finden wir, daß die Umwandlung von 1950 Pikopikogramm Masse erforderlich ist, um 1 erg Energie zu erzeugen.

Und was besagt das? Nun, ein einziges Wasserstoffatom hat eine Masse von ungefähr 1,66 Pikopikogramm. Ein Uran-235-Atom hat eine Masse von ungefähr 400 Pikopikogramm. Folglich wird 1 erg Energie durch die vollständige Umwandlung von 1200 Wasserstoffatomen oder von 5 Uranatomen produziert.

Bei einer gewöhnlichen Spaltung wird nur ein Tausendstel der Masse in Energie umgewandelt. Man benötigt also 5000 sich spaltende Uranatome, um 1 erg Energie zu erzeugen. Bei der Verschmelzung von Wasserstoff wird ein Tausendstel der Masse in Energie umgewandelt. Demnach sind 120 000 sich verschmelzende Wasserstoffatome erforderlich, um 1 erg Energie zu erzeugen.

Und damit können wir $E = m \cdot c^2$ für diesen Fall ruhen lassen.

13. Ein Stück Wirkung

Als mein Buch *I, Robot* von den werten Herren des Verlages Doubleday & Company neu aufgelegt wurde, stellte ich zu meiner Zufriedenheit fest, daß manche Kritiker (offensichtlich Intelligenz und guten Geschmack beweisend) dieses Buch als klassisch bezeichneten.

Das Wort »klassisch« hat die gleiche Wurzel wie das Wort »erstklassig« und das umgangssprachliche »Klasse«. All diese Worte repräsentierten meine eigene Meinung über *I, Robot,* abgesehen davon – was auf meine Bescheidenheit zurückzuführen ist –, daß ich eher sterben würde, als dies zuzugeben. Ich erwähne es hier nur, da ich vertraulich mit Ihnen spreche.

Das Wort »klassisch« hat aber eine zweite Bedeutung, die mich nicht gerade erfreut. Es kam in Gebrauch, als die Literaten der Renaissance die Werke der alten Griechen und Römer wiederentdeckten und ihre eigenen Bemühungen an diesen Werken maßen. Folglich bedeutet »klassisch« heute nicht nur gut, sondern auch alt.

Nun, *I, Robot* erschien zum erstenmal vor einigen Jahren, und einiges davon war . . . nun ja, das macht nichts. Es stört mich nur, daß ich als hinreichend alt angesehen werde, um ein klassisches Werk geschrieben zu haben. Das verleitet mich dazu, dieses Kapitel einem Gebiet zu widmen, in dem die Bezeichnung »klassisch« eher als unvollständig und unzeitgemäß empfunden wird.

Natürlich muß es sich hier um ein Gebiet handeln, in dem alt nahezu gleichbedeutend mit falsch oder unvollständig angesehen wird. Man mag über moderne Kunst, moderne Literatur oder moderne Möbel reden, dabei die Nase rümpfen und sie zugleich zu ihrem Nachteil mit der Kunst früherer Zeiten vergleichen. Spricht man aber über die moderne Naturwissenschaft, so zieht man voller Ehrfurcht den Hut.

Das trifft insbesondere für die Physik zu. Man spricht von der modernen Physik und (so ganz nebenbei, noch dazu mit einem herablassenden Lächeln auf den Lippen) von der klassischen Physik. Um es in modernen Wendungen auszudrücken: Moderne Physik ist »in« – klassische Physik ist, nun ja, ein alter Hut.

Hinzu kommt, daß es eine scharfe Trennungslinie zwischen beiden gibt: Alles nach dem Jahre 1900 ist modern, alles vor 1900 ist klassisch.

Das sieht sehr willkürlich aus und weckt den Verdacht, daß es engstirnige Überheblichkeit des zwanzigsten Jahrhunderts sei. Leider ist diese scharfe Trennung völlig berechtigt. Im Jahre 1900 wurde eine der bedeutendsten physikalischen Theorien veröffentlicht, und danach war nichts mehr so wie vorher.

Sie werden inzwischen erraten haben, daß ich Ihnen darüber berichten will.

Die Angelegenheit hat ihre Wurzeln bei dem deutschen Physiker Gustav Robert Kirchhoff, der mit Robert Wilhelm Bunsen (dem Vater des Bunsenbrenners) im Jahre 1859 bahnbrechende Arbeiten bei der Entwicklung der Spektroskopie vollbrachte. Kirchhoff entdeckte, daß jedes zum Leuchten erhitzte Element in charakteristischer Weise Licht bei bestimmten Frequenzen ausstrahlte und daß dieses Element im gasförmigen Zustand, wenn den Lichtstrahlen einer heißeren Lichtquelle ausgesetzt, bei diesen charakteristischen Frequenzen das

Licht der heißeren Quelle absorbierte. Kurz, ein Material absorbiert jene Frequenzen, die es unter anderen Voraussetzungen selbst ausstrahlen würde, und es strahlt jene Frequenzen aus, die es unter anderen Voraussetzungen absorbieren würde.

Wir stellen uns nun einen Körper vor, der die auf ihn treffende Strahlung bei allen Frequenzen vollständig absorbiert. Er wird dann keinerlei Strahlung reflektieren und daher völlig schwarz erscheinen. Es ist ein »schwarzer Körper«. Kirchhoff wies darauf hin, daß ein derartiger Körper bei Erhitzung notwendigerweise Strahlung bei allen Frequenzen aussenden müßte. Solche Art Strahlung im gesamten Frequenzbereich wird »Strahlung eines schwarzen Körpers« oder kürzer »schwarze Strahlung« genannt.

Selbstverständlich war kein Körper absolut schwarz. Um das Jahr 1890 herum aber ließ sich ein deutscher Physiker namens Wilhelm Wien einen Trick einfallen, um den schwarzen Körper zu realisieren. Stellen Sie sich einen Ofen mit einer kleinen Öffnung vor. Jede Strahlung, die durch die Öffnung eindringt, wird entweder durch die gegenüberliegende rauhe Wand absorbiert oder reflektiert. Die reflektierende Strahlung trifft auf einen anderen Wandteil und wird wieder teilweise absorbiert. Was noch reflektiert wurde, trifft wiederum auf einen anderen Wandteil usw. Nahezu nichts von der einfallenden Strahlung wird jemals wieder aus der schmalen Öffnung herausfinden. Diese schmale Öffnung absorbiert also die Strahlung nahezu vollkommen. Die Öffnung repräsentiert demnach einen schwarzen Körper! Wird der Ofen geheizt, müßte die aus der kleinen Öffnung dringende Strahlung eine schwarze sein, und sie müßte gemäß Kirchhoffs Begründung Strahlung aller Frequenzen enthalten*.

Wien untersuchte die Eigenschaften der schwarzen Strahlung und fand, daß bei jeder Temperatur tatsächlich Strahlung in einem weit ausgedehnten Frequenzbereich ausgesandt wurde.

Doch die Strahlung war nicht gleichmäßig über die Frequenzen verteilt. In der Mitte des Bereiches hatte die Strahlung ein Maximum; bei einer mittleren Frequenz war die Strahlung stärker als bei anderen, höheren oder niedrigeren Frequenzen. Überdies stellte er fest, daß sich das Maximum der Strahlung bei ansteigender Temperatur zu höheren Frequenzen hin verschob. Wenn die absolute Temperatur verdoppelt wurde, dann verschob sich auch die Frequenz maximaler Strahlung auf den doppelten Wert.

* Anmerkung des Übersetzers: Am heißen Ofen strahlen auch dessen äußere Wände. Aber nur diejenige Strahlung, die aus der kleinen Öffnung dringt, ist schwarze Strahlung.

Man hatte nun ein Problem zu lösen: Warum verteilte sich die schwarze Strahlung in dieser Weise über den Frequenzbereich?

Um zu verstehen, warum hier ein Problem gesehen wurde, werden wir nun Infrarot-Licht, sichtbares Licht und Ultraviolett-Licht betrachten. Der Frequenzbereich des Infrarot-Lichtes erstreckt sich von 100 Milliarden (100 000 000 000) Schwingungen pro Sekunde bis zu 400 Billionen (400 000 000 000 000) Schwingungen pro Sekunde. Um diese Zahlen etwas einfacher handhaben zu können, wollen wir sie durch 100 Milliarden dividieren und die Frequenzen nicht nach einzelnen Schwingungen pro Sekunde, sondern nach Schwingungsgruppen mit je 100 Milliarden Schwingungen pro Sekunde zählen. In diesem Fall erstreckt sich der Infrarot-Bereich von 1 bis 4000.

Bei dieser Zählung liegt der Bereich des sichtbaren Lichtes zwischen 4000 bis 8000 und der Bereich des Ultraviolett-Lichtes zwischen 8000 und 300 000.

Man könnte nun vermuten, daß ein schwarzer Körper, der ja alle Strahlung gleichermaßen, nämlich völlig absorbiert, sie auch gleichmäßig wieder aussendet. Was auch immer seine Temperatur sei, für die auszustrahlende Energie sollten alle Frequenzen gleichrangig sein und die Auswahl der Frequenz eine Sache des Zufalls. Der Zufall aber hat zur Folge, daß alle Frequenzen mit gleicher Wahrscheinlichkeit berücksichtigt werden.

Angenommen, Sie würden Zahlen, irgendwelche Zahlen, recht zufällig aus dem Zahlenvorrat von 1 bis 300 000 auslesen. Täten Sie das ständig, dann würden 1,3 % Ihrer ausgelesenen Zahlen unter 4000, weitere 1,3 % zwischen 4000 und 8000 und 97,4 % zwischen 8000 und 300 000 liegen. Das wäre so, wie wenn ein schwarzer Körper 1,3 % seiner Energie im Infrarotbereich, 1,3 % im sichtbaren Bereich und 97,4 % im Ultraviolettbereich ausstrahlte. Wenn die Temperatur anstiege und mehr Energie ausgestrahlt würde, müßte der Körper bei jeder Frequenz mehr ausstrahlen, doch das Verhältnis der in jedem Bereich abgestrahlten Energien sollte unverändert bleiben. Die angegebenen Verhältnisse wären zutreffend, wenn wir nur Frequenzen bis zum Ultraviolettbereich betrachten. Wenn wir die Frequenzen des Röntgenlichtes mit einschließen, würde sich herausstellen, daß bei jeder Temperatur nahezu nichts im sichtbaren Lichtbereich wäre, praktisch alles würde im Ultraviolettbereich und im Röntgenbereich abgestrahlt.

Der englische Physiker Lord Rayleigh (1842–1919) stellte eine Gleichung auf, die das genau beschreibt. Die von einem schwarzen

Körper ausgesandte Strahlung wird entlang der Frequenzskala bei wachsender Frequenz immer stärker. Die Beobachtung aber zeigt, daß die Strahlung bei einer bestimmten Frequenz ein Maximum erreicht und bei höheren Frequenzen wieder abnimmt. Rayleighs Gleichung war zwar interessant, beschrieb aber nicht die Wirklichkeit.

Die Physiker bezeichneten die aus Rayleighs Gleichung ableitbare Aussage – nämlich daß jeder Energie abstrahlende Körper die Energie fast nur im Ultraviolettbereich und bei noch höheren Frequenzen abstrahlen sollte – als Violett-Katastrophe. Tatsache aber ist, daß die Violett-Katastrophe nicht beobachtet wird. Ein strahlender Körper konzentriert seine Strahlung bei den niederen Frequenzen. Er strahlt bei Temperaturen unter 1000 °C überwiegend im Infrarotbereich, bei einer bereits so hohen Temperatur wie 6000 °C (Temperatur der Sonnenoberfläche) strahlt er hauptsächlich im sichtbaren Bereich.

Doch Rayleighs Gleichung stimmte mit den besten Regeln überein, die überhaupt in der Physik zur Verfügung standen – jedenfalls in jener Zeit. Seine Arbeit war ein Schmuckstück dessen, was wir heute als klassische Physik bezeichnen.

Wien selbst stellte eine Gleichung auf, mit der im Bereich hoher Frequenzen die gemessene Strahlungsstärke der schwarzen Strahlung beschrieben werden konnte. Er fand aber keine Erklärung dafür, warum seine Gleichung galt und warum die Strahlungsstärke im niederen Frequenzbereich anders beschrieben werden mußte.

Schwarz, schwarz, schwarz sahen die Physiker in den Jahren nach 1890.

Aber dann tauchte im Jahre 1899 ein Meister seiner Klasse auf: der deutsche Physiker Max Karl Ernst Ludwig Planck. Er kam zu folgendem Schluß ... Wenn wundervolle Gleichungen, mit einwandfreier Logik von höchst respektablen physikalischen Grundlagen abgeleitet, die Wirklichkeit nicht so beschreiben, wie wir sie beobachten, dann sind entweder die Logik oder die physikalischen Grundlagen oder beides verkehrt.

Und wenn die Logik keinen Fehler aufweist (es konnte kein derartiger Fehler aufgedeckt werden), dann müssen die physikalischen Grundlagen geändert werden.

Die Physiker der damaligen Zeit setzten voraus, daß von einem schwarzen Körper das Licht auf allen Frequenzen mit gleicher Wahrscheinlichkeit ausgestrahlt wird. Planck machte den Vorschlag, daß Licht eben nicht mit gleicher Wahrscheinlichkeit bei allen Frequenzen ausgestrahlt werde. Da die Annahme gleicher Wahrscheinlichkeiten zur Folge hatte, daß mehr und mehr Energie bei immer höheren Frequenzen ausgestrahlt werden müßte, das Gegenteil aber beobachtet wurde, schlug Planck weiter vor, daß sich die Wahrscheinlichkeit der Abstrahlung mit wachsender Frequenz verringern müsse.

Bei der Abstrahlung sollten nach Planck zwei Effekte wirksam sein. Der erste Effekt hätte die Tendenz, daß Strahlung bei allen Frequenzen gleich wahrscheinlich ausgesandt würde. Da gleiche Wahrscheinlichkeit immer dann vorliegt, wenn der reine Zufall waltet, können wir diese Tendenz auch als Folge des Zufalls ansehen. Der zweite Plancksche Effekt bewirkte, daß die Strahlung bei höheren Frequenzen mit geringer werdender Wahrscheinlichkeit ausgesandt werden sollte als bei niederen Frequenzen.

Im niederen Frequenzbereich sollte der erste Effekt dominieren, im hohen Frequenzbereich aber sollte der zweite Effekt den ersten immer stärker überdecken. Deshalb sollte die schwarze Strahlung bei wachsenden Frequenzen zunächst stärker werden, dann ein Maximum erreichen und sich dann wieder verringern – genauso wie man es beobachtet.

Nehmen Sie einmal an, die Temperatur steige. Der erste Effekt kann sich nicht ändern, da Zufall Zufall bleibt. Aber angenommen, die Wahrscheinlichkeit für die Abstrahlung bei hohen Frequenzen stiege mit der Temperatur an. Dann wird der zweite Effekt mit dem Anstieg der Temperatur ständig schwächer. Die Strahlung wird entlang der Frequenzskala soweit stärker, bis der zweite abschwächende Effekt noch ausreicht, um den ersten Effekt zu unterdrücken. Das hat zur Folge, daß die Frequenz maximaler Strahlung bei ansteigender Temperatur sich zu höheren Werten verschiebt – genauso wie Wien es entdeckt hatte.

Auf dieser Grundlage konnte Planck eine Gleichung aufstellen, welche die schwarze Strahlung gleich gut sowohl bei niederen als auch bei höheren Frequenzen beschreibt.

Es klingt einfach: je höher die Frequenz, um so geringer die Wahrscheinlichkeit der Abstrahlung. Aber warum ist das so? Die Physik der damaligen Zeit bot keinerlei Erklärungsmöglichkeit. Planck mußte sich also etwas Neues ausdenken.

Angenommen, die Energie ströme nicht stetig, wie es die Physiker immer vorausgesetzt hatten, sondern werde stückweise abgegeben. Angenommen, es gäbe »Energie-Atome« und deren Größe steige mit der Frequenz an. Weiter angenommen, bei einer bestimmten Frequenz könne kein Licht ausgestrahlt werden, solange nicht vorher ausreichend Energie angehäuft ist, um ein »Energie-Atom« von der für diese Frequenz erforderlichen Größe anzuhäufen.

Je höher die Frequenz, um so größer das »Energie-Atom« und um so geringer die Wahrscheinlichkeit, daß zu einem bestimmten Zeitpunkt die erforderliche Energie angehäuft ist. Die meiste Energie würde als Strahlung niederer Frequenzen verlorengehen, weil deren »Energie-Atome« kleiner sind und sich leichter anhäufen lassen. Dies wäre der Grund dafür, daß ein Objekt bei einer Temperatur von 400 °C seine Wärme nur im Infraroten ausstrahlt. Es werden so wenige »Energie-Atome« von der für sichtbares Licht erforderlichen Größe angehäuft, daß kein sichtbares Glühen auftritt. Bei steigender Temperatur steht im allgemeinen mehr Energie zur Verfügung. Dann ist die Wahrscheinlichkeit für die Anhäufung eines hochfrequenten »Energie-Atoms« größer. Bei 6000 °C wird der überwiegende Teil der Strahlung in »Energie-Atomen« des sichtbaren Lichtes abgegeben, aber die noch größeren »Energie-Atome« des ultravioletten Lichtes werden weiterhin nur im geringen Umfang angehäuft.

Wie groß ist nun ein »Energie-Atom«? Wieviel Energie enthält es? Weil dieses »wieviel« eine Schlüsselfrage ist, nannte Planck mit bewundernswerter Direktheit das »Energie-Atom« ein Quantum oder Quant, was ein lateinisches Wort für »wieviel« ist.

Damit Plancks Gleichung die Verteilung der schwarzen Strahlung über die Frequenzen richtig wiedergibt, mußte die Größe des Quants proportional zur Frequenz der Strahlung sein. Um das mathematisch formulieren zu können, wollen wir die in einem Quant enthaltene Energiemenge durch E (für Energie) darstellen. Die Strahlungsfrequenz wird von den Physikern immer durch den griechischen Buchstaben ny (υ) dargestellt.

Ist die Energie (E) proportional zur Frequenz (υ), dann muß E gleich dem Produkt aus υ und einer Konstanten sein. Diese Konstante, Plancksche Konstante genannt, wird immer durch h dargestellt. Die Größe eines Quants für eine bestimmte Strahlungsfrequenz ist durch die Gleichung

$$E = h \cdot \upsilon \qquad \text{(Gleichung 1)}$$

gegeben.

Dies ist die Gleichung, die im Jahre 1900 der Welt vorgestellt und zur Trennungslinie wurde, an der sich klassische und moderne Physik scheiden. In der klassischen Physik wird die Energie als stetige Größe angesehen, in der modernen Physik denkt man sie sich in Quanten gegeben. Anders gesagt: In der klassischen Physik rechnet man so, als ob h den Wert 0 hat, in der modernen Physik hat h einen von Null verschiedenen Wert.

Es ist wie wenn eine Bewegung von einem weichen Gleiten plötzlich in eine Folge von Schritten übergeht.

Es gäbe keine Verwirrung, wären diese Schritte lang. Dann wäre es nämlich einfach, Schritte vom Gleiten zu unterscheiden. Doch angenommen, man trippelte in mikroskopisch kleinen Schritten vorwärts, ein jeder Trippelschritt nur ein winziger Bruchteil einer Sekunde lang. Ein flüchtiger Blick würde keinen Unterschied zum Gleiten wahrnehmen. Nur eine gründliche Untersuchung könnte aufzeigen, daß Ihr Kopf bei dieser Bewegung mit jedem Schritt leicht auf und ab hüpft. Je kleiner der Schritt, desto schwieriger, den Unterschied zum Gleiten zu erkennen.

Ähnlich wird alles davon abhängen, wie groß gerade ein einzelnes Quant, wie »körnig« die Energie ist. Die Größe der Quanten hängt von der Größe der Planckschen Konstanten ab. Wir wollen sie deshalb etwas genauer betrachten.

Lösen wir die Gleichung 1 nach h auf, erhalten wir

$$h = E/\upsilon. \quad \text{(Gleichung 2)}$$

Energie wird häufig in Erg gemessen (siehe Kapitel 12). Die Frequenz wird »pro Sekunde« gemessen und ihre Maßeinheit ist daher die »reziproke Sekunde« oder »1/Sekunde«.

Wir müssen die Maßeinheit für h so behandeln, wie wir h selbst behandeln. Wir erhalten h, indem wir E durch υ dividieren; wir erhalten daher die Maßeinheit für h, indem wir die Maßeinheit für E durch die Maßeinheit für υ dividieren. Wenn wir Erg durch 1/Sekunde dividieren, dann bedeutet das Multiplikation von Erg mit Sekunde. Wir stellen fest, daß die Maßeinheit für h eine »Erg-Sekunde« (erg s) ist. Eine Größe, die das Ergebnis der Multiplikation einer Energie mit der Zeit ist, wird von den Physikern auch als »Wirkung« bezeichnet. Daher wird die Plancksche Konstante in Maßeinheiten für die Wirkung angegeben.

Da die Natur des Universums von der Größe der Planckschen Konstanten abhängt, sind wir alle von der Größe der Wirkung, die sie repräsentiert, abhängig. Mit anderen Worten: Planck hatte das kleinstmögliche Stück Wirkung gesucht und gefunden.

Und wie klein genau ist h? Planck fand, daß h tatsächlich sehr klein sein mußte. Der derzeit bestbekannte Wert von h beträgt 0,000 000 000 000 000 000 000 000 006 6256 Erg-Sekunden oder $6{,}6256 \cdot 10^{-27}$ Erg-Sekunden.

Lassen Sie mich überlegen, ob man zeigen kann, wie klein das wirklich ist. Der menschliche Körper verbraucht an einem durchschnittlichen Tag ungefähr 2500 Kilokalorien zur Aufrechterhaltung seiner selbst und um normale Tätigkeiten auszuüben. Eine Kilokalorie ist gleich 1000 Kalorien, also beträgt die tägliche Zufuhr an Energie 2,5 Millionen Kalorien.

Gemessen am Menschen ist eine Kalorie also eine kleine Energiemenge. Es ist ein $^1/_{2\,000\,000}$ unseres täglichen Energieumsatzes. Das ist die Energiemenge, die in 0,004 Gramm Zucker enthalten ist.

Stellen Sie sich jetzt vor, daß Sie ein 500 Gramm schweres Buch vom Boden aufheben, um es auf ein 1 Meter hohes Regal zu stellen. Die Energie, die beim Heben dieses Buches gegen die Schwerkraft umgesetzt wird, beträgt ungefähr 1 Kalorie.

Angenommen, die Plancksche Konstante hätte den Wert von ungefähr einer Kalorie-Sekunde, dann wäre das Universum ein sehr eigenartiger Ort. Wollten Sie das Buch aufheben, müßten Sie warten, bis sich jenes Quantum an Energie angehäuft hätte, das dieser »Wirkung« entspricht. Wäre sie dann angehäuft, würde sich das Buch plötzlich einen Meter über dem Boden befinden.

Aber eine Kalorie-Sekunde ist gleich 41 850 000 Erg-Sekunden, und da die Plancksche Konstante ein winziger Bruchteil einer Erg-Sekunde ist, hat eine einzige Kalorie-Sekunde den 6 385 400 000 000 000 000 000 000 000 000 000fachen oder $6{,}3854 \cdot 10^{33}$fachen Betrag des Wertes der Planckschen Konstante. Wie sie auch zerlegt werden mag, eine Kalorie-Sekunde ist gleich einem riesigen Vielfachen der Planckschen Konstanten.

Folglich wird eine Handlung wie das Aufheben eines 500 Gramm schweren Buches in so vielen Billionen von Billionen winzigen Schritten ausgeführt, daß die Bewegung als stetiges Gleiten erscheint.

Als Planck seine »Quantentheorie« im Jahre 1900 vorstellte, fand das bemerkenswert wenig Beachtung, denn die Quanten schienen aus der Luft gegriffen zu sein. Planck selbst hatte Zweifel, nicht hinsichtlich seiner Gleichung, denn sie beschrieb die Verteilung der schwarzen Strahlung über die Frequenzen nur zu gut, sondern hinsichtlich der Quanten, die er zur Begründung der Gleichung eingeführt hatte.

Dann kam das Jahr 1905, in dem der 26 Jahre alte theoretische Physiker Albert Einstein fünf verschiedene wissenschaftliche Abhandlungen über drei Problemstellungen veröffentlichte. Jede einzelne hätte ihn zu einem Stern erster Größe am Himmel der Naturwissenschaft gemacht.

In zwei Abhandlungen arbeitete er die theoretischen Grundlagen der »Brownschen Bewegung« aus und schuf damit eine Formelapparat, mit dem zum ersten Male die tatsächliche Größe der Atome bestimmt werden konnte. Eine dieser Abhandlungen brachte ihm den Doktortitel ein. In der dritten Abhandlung befaßte er sich mit dem »lichtelektrischen Effekt«. Er zeigte, daß dieser Effekt, der sich in der klassischen Physik jeder Erklärung entzog, mit Plancks Quantentheorie erklärt werden konnte.

Das versetzte die Physiker wirklich in Erstaunen. Planck hatte die Quanten nur erfunden, um die schwarze Strahlung deuten zu können, und jetzt stellte es sich heraus, daß sie sogar den lichtelektrischen Effekt erklärten, also etwas völlig anderes. Da die Quanten auf zwei so verschiedenartigen Gebieten angewandt werden konnten, schien es nun sehr glaubhaft, daß sie (oder etwas, das ihnen sehr ähnlich war) wirklich existierten.

(Einsteins vierte und fünfte Abhandlung brachten ein neues Verständnis des Universums, bekannt als »Spezielle Relativitätstheorie«. In diesen Abhandlungen findet sich auch die berühmte Gleichung $E = m \cdot c^2$, die ich bereits in Kapitel 12 vorstellte.)

Es sind diese wissenschaftlichen Abhandlungen über Relativität – 1915 noch zur »Allgemeinen Relativitätstheorie« ausgeweitet –, durch die Einstein vielen Menschen außerhalb der physikalischen Welt bekannt wurde. Doch als er im Jahre 1921 mit dem Nobelpreis für Physik ausgezeichnet wurde, erhielt er diesen Preis für seine Abhandlung über den lichtelektrischen Effekt und *nicht* für seine Relativitätstheorie.

Der Wert für h ist so unbeschreiblich klein, daß wir ihn im Alltagsleben außer acht lassen können. Die allgemeinen Vorkommnisse im täglichen Leben können so beschrieben werden, als ob die Energie stetig umgesetzt würde. Damit wird bereits eine sehr gute »erste Näherung« erreicht.

Aber da wir uns mit immer kleineren Energieumsetzungen befassen, werden die durch die quantenhafte Natur der Energie bedingten Schritte im Vergleich zum gesamten Vorgang immer bedeutsamer. Eine Treppe, bestehend aus ein Millimeter hohen und drei Millimeter breiten Stufen bedeutet für einen erwachsenen Menschen einen kleinen rauhen Anstieg. Ein Mensch von der Größe einer Ameise aber würde die einzelnen Stufen als beachtliche Hindernisse ansehen, die er nur mit Schwierigkeiten überwinden könnte. Und für einen Menschen von der Größe eines Bakteriums wären diese Stufen wahre Bergschluchten.

In ähnlicher Weise wird das Energiequant ein gigantisches Etwas, wenn wir in die Welt der Atome eintreten. Atomphysik kann daher nicht mehr auf klassische Weise betrieben werden, nicht einmal mehr näherungsweise.

Als erster erkannte dies der dänische Physiker Niels Bohr. Im Jahre 1913 machte er darauf aufmerksam, daß ein Elektron immer nur ein ganzes Energiequant auf einmal an Energie aufnehmen muß. Für ein Elektron ist ein Energiequant eine so große Menge Energie, daß durch dessen Aufnahme seine Beziehung zum übrigen Teil seines Atoms ruckartig und drastisch geändert wird.

Bohr stellte sich vor, daß das Elektron den Atomkern auf einer festen Bahn umkreise. Wenn es dann ein Energiequant aufnahm, sprang es ruckartig auf eine weiter vom Kern entfernte Bahn – sozusagen unstetig in einem Schritt.

Da gemäß Bohrs Abhandlung nur bestimmte Umlaufbahnen möglich waren, konnten nur Quanten bestimmter fester Größe durch ein Atom absorbiert werden – nämlich die Quanten, die gerade groß genug waren, um ein Elektron von einer zulässigen Umlaufbahn auf eine andere zulässige Bahn zu heben. Fiel aber ein Elektron wieder auf eine niedrigere der erlaubten Umlaufbahnen, sandte es Strahlung in Quanten aus. Das Atom strahlte dann genau jene Frequenz aus, die der Größe derjenigen Quanten entsprach, die sie abgeben konnten, wenn sie von einer Umlaufbahn zur anderen überwechselten.

Diese Vorstellungen lieferten endlich ein tieferes Verständnis der Spektroskopie, das heißt ein tieferes Verständnis der Spektren, die man bei der Emission von Strahlung beobachten konnte. Man verstand nun, warum jedes Element ein ganz bestimmtes Muster von Frequenzen abstrahlte, wenn es leuchtete. Man verstand nun auch, warum ein Element nur ganz bestimmte Frequenzen absorbieren konnte und warum es diese gleichen Frequenzen unter anderen Voraussetzungen wieder ausstrahlen mußte.

Mit anderen Worten, Kirchhoff hatte das Problem aufgerollt und der Kreis hatte sich jetzt geschlossen: Kirchhoffs empirische Entdekkungen fanden nun ihre theoretische Grundlage.

Bohrs ursprüngliches Bild vom Atom war übereinfach. Aber er und andere verfeinerten es. Nach und nach konnten immer größere Feinheiten der Beobachtungen erklärt werden. Schließlich arbeitete der österreichische Physiker Erwin Schrödinger im Jahre 1926 ein mathematisches Gebäude aus, das genau passend war, um das Verhalten der Teilchen, die das Innere eines Atoms ausmachen, auf der Grundlage der Quantentheorie zu beschreiben. Dieses mathematische Gebäude wurde »Quantenmechanik« genannt, im Gegensatz zur »klassischen Mechanik«, die auf Newtons drei Bewegungsgesetzen beruht. Die Quantenmechanik ist die Grundlage der modernen Physik.

14. Willkommen, Fremder!

Auch in der Naturwissenschaft gibt es Moden. Sie führen ein Experiment durch, das ungewöhnlich viel Beachtung findet, und noch bevor Sie gesagt haben: »Es gibt ein Duztend Imitationen!« – gibt es auch schon ein Dutzend Imitationen.

Nehmen Sie das chemische Element Xenon, entdeckt im Jahre 1898 durch William Ramsay und Morris William Travers. Wie andere Elemente derselben Gruppe wurde es aus flüssiger Luft abgesondert. Das Vorhandensein dieser Elemente in Luft hatte man bis dahin nicht vermutet, obwohl über ein Jahrhundert lang die Luft intensiv chemisch analysiert worden war. Als diese Elemente dann am Horizont des chemischen Wissens erschienen, wurden sie als Fremde und unerwartete Neulinge begrüßt. Tatsächlich ist der Name Xenon die unbestimmte Form des griechischen Wortes für »fremd«, so daß Xenon sprichwörtlich »der Fremde« heißt.

Xenon gehört zu einer Gruppe von chemischen Elementen, die man als »chemisch träge Gase« oder als »seltene Gase« oder auch als »Edelgase« bezeichnet, weil ihre aus der chemischen Trägheit herrührende Distanziertheit einen hochmütigen Sinn für die eigene besondere Bedeutung anzuzeigen scheint.

Xenon ist das seltenste der stabilen Edelgase und tatsächlich das seltenste stabile Element auf Erden überhaupt. Xenon findet man nur in der Atmosphäre, und auf 1 Million Gewichtsteile Luft kommen 5,3 Gewichtsteile Xenon. Da die Atmosphäre ungefähr 5 500 000 000 000 000 ($5^1/_2$ Tausend Billionen) Tonnen wiegt, beträgt der irdische Vorrat an Xenon ungefähr 30 000 000 000 (30 Milliarden) Tonnen. Die Gesamtmenge scheint beträchtlich zu sein, aber Xenon von der übermächtigen Menge anderer Bestandteile der Atmosphäre abzusondern, ist eine mühevolle Aufgabe, und darum ist Xenon keine gewöhnliche Substanz und wird auch niemals eine werden.

Warum aber beschäftigte man sich in den Laboratorien kaum mit Xenon? Seine chemischen, physikalischen und atomaren Eigenschaften hatte man zwar bald herausgefunden, aber darüber hinaus hatte es den Anschein, daß man mit Xenon wenig anfangen konnte. Es blieb der kleine Fremdling – man zeigte ihm die kalte Schulter und ein frostiges Lächeln.

Doch im Jahre 1962 wurde über ein ungewöhnliches Experiment mit Xenon berichtet. Daraufhin zog ein breites Lächeln über die Gesichtszüge der chemischen Prominenz, und das kleine Xenon wurde mit freundlicher Besorgnis in die Reagenzgläser gefüllt. »Willkommen, Fremder!«, hörte man überall. Und heute kann man kaum eine Zeitschrift für Chemie aufschlagen, ohne darin gleich mehrere wissenschaftliche Abhandlungen über Xenon vorzufinden.

Was hatte sich ereignet?

Wenn Sie eine schnelle Antwort erwarten, dann kennen Sie mich schlecht. Lassen Sie mich meinen gewohnten Umweg einschlagen und ganz von vorn anfangen, wobei ich erst einmal feststelle, daß Xenon ein Gas ist.

Gas ist eine Sache des Zufalls. Eine Substanz ist eigentlich ein Gas unter dem Diktat der Temperatur. Auf der Venus sind sowohl Wasser als auch Ammoniak Gase. Auf der Erde ist Ammoniak ein Gas, nicht aber das Wasser. Auf Titan ist weder das Ammoniak noch das Wasser ein Gas.

Also werde ich erst einmal ein Kriterium mit Ihnen vereinbaren, was denn überhaupt ein Gas sei, um meine Absicht weiterverfolgen zu können. Wir wollen vereinbaren, daß jede bei −100 °C noch gasförmige Substanz ein Gas sei. Zur Erinnerung an diese unsere Vereinbarung wollen wir immer dann, wenn von einer solchen Substanz die Rede ist, das Wort Gas in Großbuchstaben schreiben. Wir wollen uns auf GASE (in großen Buchstaben) konzentrieren.

Die Temperatur von −100 °C wird auf der Erde niemals erreicht, selbst nicht in der Antarktis in einem Winter von außergewöhnlicher Strenge, so daß ein GAS auf der Erde niemals einen anderen als einen gasförmigen Zustand hat (ausgenommen manchmal in chemischen Laboratorien).

Aber warum ist ein GAS ein GAS?

Ich kann nun mit der Erläuterung beginnen, daß jede Substanz aus Atomen gebildet wird oder aus eng miteinander verknüpften Atomgruppen. Besagte Gruppen werden Moleküle genannt. Zwischen den Atomen und den Molekülen existieren Anziehungskräfte, so daß sie sich ähnlich den Kletten verhalten und aneinander haften. Die Zufuhr von Wärme verleiht diesen Atomen oder Molekülen zusätzliche Bewegungsenergie. Dadurch wird der Zusammenhalt vermindert, da jedes Atom oder Molekül seine eigene Vorstellung darüber hat, wohin es will. (Nein, ich will damit nicht andeuten, daß Atome wissen, was sie tun und daß sie ein Bewußtsein haben. Das ist nur meine teleologische Art zu sprechen. Teleologie ist in wissenschaftlichen Artikeln nämlich untersagt, aber ich genieße es, zu sündigen.)

Die Anziehungskräfte in einer gegebenen Gruppe von Atomen oder Molekülen sind ziemlich konstant, doch die Bewegungsenergien ändern sich mit der Temperatur. Steigt die Temperatur genügend an, wird jede Gruppe von Atomen oder Molekülen auseinanderfliegen, die Substanz wird gasförmig. Bei einer Temperatur von über 6000 °C sind alle bekannten Substanzen gasförmig.

Es gibt nur wenige außergewöhnliche Substanzen mit derart starken zwischenatomaren oder zwischenmolekularen Kräften, daß erst bei einer Temperatur von 6000 °C die Kräfte überwunden werden. Auf der anderen Seite besitzen einige Substanzen wesentlich schwächere zwischenmolekulare Anziehungskräfte, so daß die Wärme eines Sommertages ausreichend Bewegungsenergie liefert, um sie in den gasförmigen Zustand umzuwandeln.

(Ein Beispiel dafür ist der als Betäubungsmittel verwendete gewöhnliche Äther.)

Wiederum andere besitzen noch viel schwächere zwischenmolekulare Anziehungskräfte, so daß bei einer Temperatur von −100 °C ausreichend Wärme vorhanden ist, um sie im gasförmigen Zustand zu halten. Diese Gase sind es, die wir im Sinne unserer Vereinbarung als GASE bezeichnen.

Zwischenmolekulare Kräfte oder zwischenatomare Kräfte entstehen aus der Anordnung der Elektronen innerhalb der Atome oder der Moleküle. Die Elektronen werden dabei auf verschiedenen »Elektronenschalen« verteilt, gemäß einem System, das wir ohne genauere Erklärung akzeptieren müssen.

Das Aluminiumatom enthält zum Beispiel 13 Elektronen, die wie folgt verteilt sind: 2 in der innersten Schale, 8 in der darauffolgenden Schale und 3 in der äußeren Schale. Wir können daher die Elektronenanordnung im Aluminiumatom durch die Zahlenfolge 2, 8, 3 kennzeichnen.

Die am meisten stabile und symmetrische Anordnung der Elektronen in den Schalen ist jene Anordnung, bei der die äußerste Schale entweder alle Elektronen enthält, die diese Schale aufnehmen kann, oder bei der sie 8 Elektronen enthält – je nachdem, welche der beiden Zahlen die kleinere ist. Die innerste Elektronenschale kann nur 2 Elektronen aufnehmen, die nächste Schale 8 und eine jede der folgenden Schalen kann mehr als 8 Elektronen aufnehmen. Die stabile Anordnung besteht also mit Ausnahme der Situation, in der nur die innerste Schale Elektronen enthält, aus 8 Elektronen in der äußersten Schale.

Man kennt genau sechs chemische Elemente, bei denen diese Situation maximaler Stabilität von vornherein vorliegt:

Element	*Symbol*	*Elektronen-anordnung*	*Elektronen-gesamtzahl*
Helium	He	2	2
Neon	Ne	2, 8	10
Argon	AR	2, 8, 8	18
Krypton	Kr	2, 8, 18, 8	36
Xenon	XE	2, 8, 18, 18, 8	54
Radon	Rn	2, 8, 18, 32, 18, 8	86

Andere Atome ohne diese glückliche Elektronen-Anordnung versuchen diese stabile Anordnung zu erreichen, indem sie zusätzliche Elektronen einfangen oder überzählige abstoßen, oder dadurch, daß sich zwei Atome den Besitz an Elektronen teilen. Wenn sie derartiges tun, laufen chemische Reaktionen ab. Die Atome der sechs oben aufgeführten Elemente müssen nichts dergleichen tun, um einen stabilen Zustand zu erreichen, sie sind daher sich selbst genug. Sie haben nicht das Bedürfnis, Elektronen zu bewegen, und das bedeutet, daß sie nicht an chemischen Reaktionen teilnehmen – daß sie chemisch träge sind. (Das wenigstens hätte ich noch im Jahre 1962 behauptet.)

Die oben angegebenen Atome in der Gruppe der Edelgase sind tatsächlich so träge, daß sich die Atome sogar gegenseitig ignorieren. Es existiert kaum eine zwischenatomare Anziehung unter ihnen, so daß sie alle bei Zimmertemperatur gasförmig sind, und alle sind GASE mit Ausnahme des Radon.

Um Mißverständnisse zu vermeiden: Eine schwache zwischenatomare Anziehung gibt es auch bei den Edelgasatomen (da es keine

Atome oder Moleküle gibt, zwischen denen überhaupt keine Anziehung auftritt). Setzt man die Temperatur ausreichend herab, erreicht man einen Punkt, wo die Anziehungskräfte dem auseinanderstrebenden Effekt der Bewegungsenergie die Waage halten. Dann nehmen auch die Edelgase den flüssigen Zustand an.

Wie steht es nun mit den anderen Elementen? Wie gesagt, deren Atome haben eine Elektronen-Anordnung, die nicht der maximalen Stabilität entspricht. Jedes Atom hat daher die Neigung, seine Elektronen-Anordnung in Richtung auf Stabilität zu verändern. Das Natrium besitzt zum Beispiel eine Anordnung gemäß 2, 8, 1. Könnte es das äußerste Elektron loswerden, würde die verbleibende Anordnung der stabilen Form entsprechen, die auch das Neon auszeichnet. Das Chloratom (Cl) hat eine Anordnung gemäß 2, 8, 7. Könnte es ein Elektron einfangen, würde es die Anordnung 2, 8, 8 des Argon erhalten.

Trifft ein Natriumatom auf ein Chloratom, dann werden beide durch die Übertragung eines Elektrons vom Natriumatom zum Chloratom befriedigt. Durch den Verlust eines negativ geladenen Elektrons bleibt jedoch das Natriumatom positiv elektrisch geladen zurück, man spricht von einem Natrium-Ion (Na^+). Das Chloratom andererseits hat durch das zusätzliche Elektron eine negative Nettoladung erhalten, es ist ein Chlor-Ion (Cl^-) geworden, auch Chlorid-Ion genannt.

Entgegengesetzte Ladungen ziehen sich an. Demnach zieht das Natrium-Ion alle in Reichweite liegenden Chlor-Ionen an und umgekehrt. Die Bewegungsenergie reicht bei gewöhnlichen Temperaturen nicht aus, um die elektrische Anziehung zu überwinden. Die Ionen des »Natriumchlorids« (Kochsalz) haften deshalb genügend aneinander, um einen festen Stoff zu bilden. Erst bei einer Temperatur von 1413 °C geht Natriumchlorid in den Gaszustand über.

Als nächstes betrachten wir das Kohlenstoffatom (C). Es hat die Elektronen-Anordnung 2, 4. Bei Verlust von 4 Elektronen würde es die Anordnung 2 des Heliums erreichen. Bei Gewinn von 4 Elektronen würde es die Anordnung 2, 8 des Neons erhalten. Verlust oder Gewinn so vieler Elektronen ist nicht so einfach möglich, daher strebt das Kohlenstoffatom mit anderen Atomen den gemeinsamen Besitz von Elektronen an. Es kann zum Beispiel mit einem seiner Elektronen zu einem Satz von zwei gemeinsamen »Bindungselektronen« beitragen, zum Beispiel bei einer Bindung an ein anderes benachbartes Kohlenstoffatom. Mit einem zweiten Elektron kann es eine gleichartige

Bindung mit einem zweiten Nachbarn eingehen, und mit dem dritten und vierten Elektron kann es zwei weitere Bindungen mit zwei weiteren Nachbarn schaffen. Jeder Nachbar hat wiederum zusätzliche Bindungen mit anderen Nachbarn. Auf diese Weise ist ein jedes Kohlenstoffatom von vier anderen Kohlenstoffatomen umgeben.

Diese gemeinsamen Elektronenpaare fügen sich in die äußersten Elektronenschalen beider zugehörigen Kohlenstoffatome ein. Jedes Kohlenstoffatom hat vier eigene Elektronen in dieser äußersten Schale und vier weitere Elektronen von den vier Nachbarn. Damit besitzt jedes Kohlenstoffatom die Anordnung 2, 8 des Neons, aber nur um den Preis, daß es eng bei seinen Nachbarn bleiben muß. Das Ergebnis ist eine starke zwischenatomare Anziehung, auch wenn keine elektrischen Nettoladungen dabei auftreten. Kohlenstoff ist eine feste Substanz, erst bei einer Temperatur von 4200 °C geht sie in den Gaszustand über.

Aus ähnlichen Gründen sind die Atome metallischer Elemente sehr fest miteinander verbunden, so daß Wolfram zum Beispiel erst bei einer Temperatur von 5900 °C verdampft.

Wir können also nicht erwarten, ein GAS zu erhalten, wenn die Atome eine stabile Elektronen-Anordnung erreichen können, indem sie Elektronen übertragen und dadurch eine elektrische Ladung erhalten – oder indem sie Elektronen auf komplizierte Art gemeinsam besitzen, so daß eine riesige Anzahl von Atomen zusammengehalten wird.

Für das Auftreten eines GASES benötigen wir eine Zwischensituation, in der die Atome zwar stabil sind, weil sie Elektronen miteinander teilen (so daß keine elektrische Ladung entsteht), bei der aber die Gesamtzahl der Atome, die durch gemeinsamen Elektronenbesitz miteinander verknüpft sind, sehr gering bleibt, so daß nur kleine Moleküle entstehen. Innerhalb der Moleküle können die Anziehungskräfte groß sein, so daß Moleküle nicht schon bei mäßigen Temperaturen auseinanderbrechen. Die Anziehungskräfte zwischen einem Molekül und seinem Nachbarmolekül sollen jedoch schwach sein – das würde ausreichen.

Lassen Sie uns zum Beispiel das Wasserstoffatom betrachten. Es besitzt nur ein einziges Elektron. Zwei Wasserstoffatome können beide den Besitz ihrer einzigen Elektronen untereinander teilen und so eine Bindung zwischen sich schaffen. Solange sie zusammenbleiben, hat jedes der beiden Atome zwei Elektronen in der äußersten Schale, jedes besitzt die stabile Anordnung des Heliums. Keines der Wasserstoffatome hat noch ein Elektron, um weitere Bindungen mit anderen Nachbarn zu schaffen, die Moleküle sind also mit zwei Atomen abgeschlossen. Wasserstoffgas wird aus zweiatomigen Molekülen (H_2) bestehen.

Die Anziehungskraft zwischen den beiden Atomen eines Moleküls ist sehr groß. Man benötigt eine Temperatur von mehr als 2000 °C, um auch nur einen geringen Bruchteil der Wasserstoffmoleküle in einzelne Atome zu spalten. Es kann aber nur eine schwache Anziehung unter den einzelnen Wasserstoffmolekülen geben, weil im Molekül die Atome einen zufriedenstellenden Grad an Selbstgenügsamkeit erreicht haben. Wasserstoff wird daher ein GAS sein – eins, das nicht aus einzelnen Atomen besteht wie die Edelgase, sondern aus zweiatomigen Molekülen.

Ähnliches wird sich bei den chemischen Elementen Fluor (Elektronenanordnung 2, 7), Sauerstoff (2, 6) und Stickstoff (2, 5) herausstellen. Das Fluoratom kann ein Elektron zu einer Bindung über zwei gemeinsame Elektronen mit einem benachbarten Fluoratom beitragen, das seinerseits natürlich ebenfalls ein Elektron hinzufügt. Zwei Sauerstoffatome können je zwei Elektronen beisteuern, um eine Bindung über vier gemeinsame Elektronen zu schaffen, und zwei Stickstoffatome können je drei Elektronen abgeben, um eine Bindung über sechs gemeinsame Elektronen zu schaffen.

In all den genannten Fällen werden die Atome die Anordnung 2, 8 des Neons durch die Paarung zu Molekülen erreichen. Damit wird hinreichend Stabilität gewonnen, so daß Fluor (F_2), Sauerstoff (O_2) und Stickstoff (N_2) GASE sind.

Das Sauerstoffatom kann aber auch eine Bindung über zwei gemeinsame Elektronen mit einem zweiten Nachbarn schaffen, und die zwei Nachbarn können ihrerseits eine weitere Bindung über zwei gemeinsame Elektronen zwischen sich selbst schaffen. Das Ergebnis ist eine Kombination von drei Sauerstoffatomen (O_3), ein jedes mit einer Neon-Konfiguration. Diese Kombination, O_3, wird Ozon genannt. Sie ist ebenfalls ein GAS.

Sauerstoff, Stickstoff und Fluor können auch gemischte Moleküle bilden. So können sich zum Beispiel ein Stickstoff- und ein Sauerstoffatom miteinander verbinden, dabei erreicht dann jedes Atom die erforderliche Stabilität. Stickstoff kann auch Bindungen über gemeinsame Elektronenpaare mit drei Fluoratomen bilden, Sauerstoff jedoch nur mit zwei Fluoratomen. Die sich ergebenden Verbindungen, Stickoxid (NO), Stickstofftrifluorid (NF_3) und Sauerstoffdifluorid (OF_2)

sind alle GASE.

Manche Atome, die durch Bindung an ihresgleichen keine GASE bilden, können das, wenn sie entweder an Wasserstoff, Sauerstoff, Stickstoff oder Fluor gebunden sind. Zwei Chloratome (2, 8, 7 – wenn Sie sich erinnern) können sich über ein gemeinsames Elektronenpaar verbinden, so daß beide Atome die Argon-Konfiguration 2, 8, 8 erreichen. Chlor (Cl_2) nimmt bei Zimmertemperatur den gasförmigen Zustand an, doch die zwischenmolekulare Anziehung ist noch so groß, daß es kein GAS ist. Doch wenn ein Chloratom über ein gemeinsames Elektronenpaar eine Bindung mit einem Fluoratom eingeht und Chlorfluorid (Cl F) bildet, erhält man ein GAS.

Das Boratom (2, 3) kann über gemeinsame Elektronenpaare drei Fluoratome an sich binden, das Kohlenstoffatom kann über gemeinsame Elektronenpaare vier Fluoratome binden. Die dadurch entstehenden Stoffe, Bortrifluorid (BF_3) und Kohlenstofftetrafluorid (CF_4), sind GASE.

Ein Kohlenstoffatom kann über gemeinsame Elektronenpaare eine Bindung mit vier Wasserstoffatomen bilden oder über vier gemeinsame Elektronen eine Bindung mit einem Sauerstoffatom. Die resultierende Verbindung Methan (CH_4) und Kohlenstoffmonoxid (CO) sind GASE. Zwei Kohlenstoffatome können sich über gemeinsame Elektronenpaare zusammen mit vier Wasserstoffatomen verbinden (aber auch über vier gemeinsame Elektronen gegenseitig miteinander); ein Siliziumatom kann über gemeinsame Elektronenpaare Bindungen mit vier Wasserstoffatomen eingehen. Die resultierenden chemischen Verbindungen Äthylen (C_2H_4) und Silan (SiH_4) sind GASE.

Ich kann zwanzig GASE aufzählen, die in die folgenden Kategorien fallen:

(1) Fünf chemische Elemente, bestehend aus einzelnen Atomen: Helium, Neon, Argon, Krypton und Xenon.

(2) Vier chemische Elemente, bestehend aus zweiatomigen Molekülen: Wasserstoff, Stickstoff, Sauerstoff und Fluor.

(3) Ein chemisches Element, bestehend aus dreiatomigen Molekülen: Ozon (aus Sauerstoff).

(4) Zehn chemische Verbindungen, bestehend aus Molekülen, die sich aus zwei verschiedenen Elementen zusammensetzen, von denen wenigstens ein Element in die Kategorie (2) fällt.

Diese zwanzig GASE findet man geordnet nach steigendem Siedepunkt in der nachstehenden Tabelle. Der Siedepunkt ist sowohl in Grad Celsius (°C) als auch in Kelvin (K), den Temperaturgraden der absoluten Temperaturskala, angegeben.

Die fünf Edelgase sind in der Liste unter den fünfzehn anderen GASEN verstreut. Zwei der drei GASE mit dem niedrigsten Siedepunkt sind Helium und Neon, aber Argon liegt bereits an siebenter, Krypton an zehnter und Xenon an siebzehnter Stelle. Es würde deshalb nicht erstaunlich sein, wenn alle GASE so inaktiv wären wie die Edelgase.

Die zwanzig GASE

Substanz	*Formel*	*Siedepunkt (°C)*	*Siedepunkt (K)*
Helium	He	−268,9	4,2
Wasserstoff	H_2	−252,8	20,3
Neon	Ne	−245,9	27,2
Stickstoff	N_2	−195,8	77,3
Kohlenmonoxid	CO	−192	81
Fluor	F_2	−188	85
Argon	Ar	−185,7	87,4
Sauerstoff	O_2	−183,0	90,1
Methan	CH_4	−161,5	111,6
Krypton	Kr	−152,9	120,2
Stickstoffmonoxid	NO	−151,8	121,3
Sauerstoffdifluorid	OF_2	−144,8	128,3
Kohlenstofftetrafluorid	CF_4	−128	145
Stickstofftrifluorid	NF_3	−120	153
Ozon	O_3	−111,9	161,2
Silan	SiH_4	−111,8	161,3
Xenon	Xe	−107,1	166,0
Äthylen	C_2H_4	−103,9	169,2
Bortrifluorid	BF_3	−101	172
Chlorfluorid	ClF	−100,8	172,3

Vielleicht wäre das so, wenn die blasierten, sich selbst genügsamen Moleküle, aus denen die GASE bestehen, unzerbrechliche Einheiten wären, aber sie sind es eben nicht. All diese Moleküle können unter bestimmten Voraussetzungen gespalten werden, und die freien Atome (besonders diejenigen des Fluors und des Sauerstoffs) sind ganz bestimmt aktiv.

Das läßt sich bei einer Untersuchung der für sich genommenen GASE nicht feststellen. Angenommen, ein Fluormolekül wird in zwei Fluoratome gespalten, sei aber nur von anderen Fluormolekülen umgeben. Die einzig mögliche Folge eines aktiven Verhaltens wäre die Bildung neuer Fluormoleküle. Weiter passiert nichts. Sind aber andere Moleküle in der Umgebung vorhanden, und ist eine neue Molekülkombination von größerer Stabilität als F_2 möglich (im Falle des Fluors ist das sogar so gut wie sicher), dann findet eine chemische Reaktion statt.

Das Fluormolekül hat die Tendenz, schon bei normalen Temperaturen zu zerfallen, wenn auch in sehr geringem Ausmaß. Das genügt. Die freien Fluoratome werden nahezu alles Nicht-Fluor in ihrer Umgebung angreifen, die frei werdende Reaktionswärme wird die Temperatur erhöhen, was eine größere Zerfallsrate bei den Fluormolekülen zur Folge hat usw. Aus diesem Verhalten resultiert, daß molekulares Fluor das chemisch aktivste von allen Gasen ist (das Chlorfluorid ist fast genau so aktiv, und das Ozon nimmt einen guten dritten Platz ein).

Das Sauerstoffmolekül ist schwierig zu spalten und bleibt daher noch unter Bedingungen unversehrt (und inaktiv), wo das Fluor größte Aktivität zeigt. Man wird einwenden, daß Sauerstoff ein aktives Element sei, aber fast immer gilt das nur bei höheren Temperaturen, wenn also mehr Energie zur Spaltung verfügbar ist. Schließlich leben wir in einem Ozean von freiem Sauerstoff, ohne Schaden daran zu nehmen. Leblose Substanzen wie zum Beispiel Papier, Holz, Kohle und Benzin, alle sehr gut brennbar, können beliebig lange in diesem Ozean gebadet werden, ohne daß eine wahrnehmbare chemische Reaktion eintritt – bis sie erhitzt werden.

Einmal erhitzt, wird der Sauerstoff selbstverständlich aktiv. Er verbindet sich dann sehr leicht mit anderen Gasen, zum Beispiel mit Wasserstoff, mit Kohlenstoffmonoxid oder mit Methan, die deshalb ihrerseits nicht als besonders inaktiv angesehen werden können.

Das Stickstoffmolekül ist noch schwieriger zu spalten, und vor der Entdeckung der Edelgase war es zum Beispiel *das* inaktive Gas *par excellence.* Stickstoff und Kohlenstofftetrafluorid sind die einzigen GASE in der Tabelle, außer den Edelgasen selbst, die annehmbar inaktiv sind, doch auch sie können gespalten werden.

Das Leben hängt von dem Umstand ab, daß bestimmte Bakterien das Stickstoffmolekül spalten können, und bedeutende Industrien entstanden, als der Mensch gelernt hatte, diese Spaltung in großem Umfange durchzuführen. Ist erst einmal das Stickstoffmolekül gespalten, wird das einzelne Stickstoffatom recht aktiv, es findet sich in allen möglichen Reaktionen wieder und ist sogar das vierthäufigste Atom in belebter Materie und ganz wesentlich bei allen Vorgängen in belebter Materie beteiligt.

Im Falle der Edelgase ist das alles anders. Hier müssen kleine Moleküle gespalten werden. Wir haben es da mit einzelnen Atomen zu tun. Es war kaum denkbar, daß eine Verbindung mit irgendeinem anderen Atom eine Situation größerer Stabilität schaffen würde. In der Zeit der Entdeckung der Edelgase scheiterten alle Versuche, mit ihnen chemische Verbindungen zu bilden. Die Chemiker waren denn auch schnell damit einverstanden, daß dies ganz logisch sei.

Hin und wieder machten Chemiker dennoch neue Versuche, aber sie scheiterten auch weiterhin. Bis zum Jahre 1962 konnten sie nur den Erfolg verbuchen, die Edelgasatome in käfigartige Moleküle einzuschließen, die aus anderen Atomen bestanden. Wenn die molekülbildenden Atome solche käfigartigen Moleküle bilden, wird manchmal ein nicht dazugehöriges Atom – manchmal sogar ein Edelgasatom – von dem Molekül umschlossen. Das inaktive Edelgas ist dann an die Substanz gebunden und kann nur befreit werden, wenn die Molekülstruktur aufgebrochen wird. Das Edelgasatom ist dabei jedoch nur physikalisch eingeschlossen, eine chemische Bindung ist es nicht eingegangen.

Lassen Sie uns nun tiefer in die Dinge einsteigen. Für Helium liegt der Siedepunkt bei 4,2 K, für Neon bei 27,2 K, für Argon bei 87,4 K, für Krypton bei 120,2 K, für Xenon bei 166,0 K. Der Siedepunkt für Radon, dem sechsten und letzten Edelgas mit dem massereichsten Atom, liegt bei 211,3 K (−61,8 °C). Radon ist noch nicht einmal ein GAS, wenn auch bei Zimmertemperatur gasförmig.

Weiter: Mit größer werdender Masse der Edelgasatome sinkt die Ionisierungsspannung (dies ist eine Größe, an der ablesbar ist, wie leicht ein Elektron von einem Atom abgetrennt werden kann). Der steigende Siedepunkt und die absinkende Ionisierungsspannung deuten beide an, daß Edelgase weniger edel, das heißt weniger inaktiv werden, wenn die Masse der einzelnen Atome größer wird.

Diesem Schluß zufolge war Radon das am wenigsten inaktive, das am wenigsten träge Edelgas. Die Bemühungen, Verbindungen mit Edelgasen zu schaffen, müßten sich auf Radon konzentrieren, weil es die hierfür größte Erfolgschance bietet. Doch Radon ist ein radioaktives Element mit einer Halbwertszeit von weniger als vier Tagen. Es ist daher so ausnehmend selten, daß man mit ihm nur unter extrem speziellen Bedingungen arbeiten kann. Die nächstbeste Chance bietet Xenon. Es ist sehr selten, steht aber zur Verfügung und zerfällt auch nicht.

Wenn Xenon also eine chemische Verbindung eingehen soll, auf welche anderen Atome wird es reagieren? Es liegt nahe, auf die aktivsten aller Substanzen zu setzen – auf Fluor oder eine Fluor enthaltende Verbindung, Würde Xenon darauf nicht reagieren, dann würde es auf nichts anderes reagieren. (Man mag mir vorwerfen, daß es leichter sei, hinterher so kluge Gedanken zu haben, als vorher. Aber einige Naturwissenschaftler hatten auch vorher solche Gedanken. Man hat mir erzählt, daß Linus Pauling bereits im Jahre 1932 solche Betrachtungen angestellt hat und daß ein Herr namens A. von Antropoff schon im Jahre 1924 darüber sprach.)

1962 arbeiteten Neil Bartlett und seine Mitarbeiter an der British Columbia University mit einer sehr ungewöhnlichen Verbindung, nämlich mit Platinhexafluorid (PtF_6). Zu ihrem Erstaunen entdeckten sie, daß es sich hier um eine besonders aktive Verbindung handelte. Natürlich wollten sie herausfinden, wozu sich diese chemische Verbindung verwenden ließ. Man hatte den Einfall, damit vielleicht (nur vielleicht) endlich ein Edelgasatom festnageln zu können.

Bartlett mischte also PtF_6 mit Xenon. Zu seinem Erstaunen erhielt er eine chemische Verbindung, es schien $XePtF_6$ zu sein, Xenonplatinhexafluorid. Die Veröffentlichung dieses Ergebnisses weckte aber Zweifel. Platinhexafluorid war eine ziemlich komplexe Verbindung, und man konnte sich gut vorstellen, daß hier käfigartige Moleküle ein Xenonatom gefangen hielten, ohne daß eine echte Bindung vorlag.

Eine Gruppe von Chemikern des »Argonne National Laboratory« in Chicago unternahm daher ein direktes Xenon-plus-Fluor-Experiment. Man erhitzte ein Teil Xenon mit fünf Teilen Fluor unter Druck in einem Nickelbehälter auf 400 °C. Man erhielt Xenontetrafluorid (XeF_4), eine direkte Verbindung eines Edelgases. Die käfigartigen Moleküle konnten hier nicht vorliegen. (Ein derartiges Experiment hätte man Jahre vorher durchführen können. Es ist aber keine Schande, daß man es nicht getan hatte. Reines Xenon ist nur unter Mühen erhältlich, und der Umgang mit reinem Fluor ist gefährlich. Man konnte von einem Chemiker nicht erwarten, daß er das Risiko und die Kosten eines solchen Experimentes auf sich nahm, wenn die Erfolgschance so gering erschien. Jedenfalls solange nicht, bis sich die »geringe Erfolgschance« nach Bartletts Experiment wesentlich vergrößert hatte.)

Als das Ergebnis des »Argonne«-Laboratoriums bekannt wurde, war denn auch gleich der Teufel los. Es hatte den Anschein, als ob weltweit alle in der anorganischen Chemie tätigen Chemiker sich auf das Feld der Edelgase begaben. Eine Unmenge von Xenonverbindungen wurde entdeckt, außer XeF_4 noch XeF_2, XeF_6, $XeOF_2$, $XeOF_3$, $XeOF_4$, XeO_3, H_4XeO_4 und H_4XeO_6.

Man kratzte genügend Radon zusammen, um Radontetrafluorid (RnF_4) herzustellen. Sogar Krypton, das noch träger als Xenon ist, wurde gezähmt, man stellte Kryptondifluorid (KrF_2) und Kryptontetrafluorid (KrF_4) her.

Die verbleibenden drei Edelgase Argon, Neon und Helium (in der Reihenfolge wachsender Trägheit!) sind bisher unberührt geblieben. Sie sind die letzten der Junggesellen, aber die Welt der Chemie mag nun einmal das Läuten von Hochzeitsglocken hören – schlechte Zeiten also für Junggesellen!

Als ein längst verheirateter (und vorsichtiger) Mann kann ich dazu nur sagen: kein Kommentar.

15. Die Schnellmacher

Als ich zum ersten Male allgemeinverständlich über Naturwissenschaft schrieb – und das ist bereits eine Ewigkeit her –, erfand ich eine nette Wortverbindung über die Aktivität eines »schnellen, magischen Katalysators«.

Mein Herausgeber schauderte zusammen, als er diesen Ausdruck las, aber nicht vor Bewunderung (wie ich bescheiden und zuversichtlich erwartet hatte). Vollen Ernstes wandte er sich an mich: »Nichts ist magisch in der Naturwissenschaft. Sie kann verwirrend, mysteriös, unerklärlich sein – aber niemals ist sie magisch.«

Es traf mich sehr – wie Sie sich gewiß vorstellen können –, daß von all den Leuten ausgerechnet mein Herausgeber mir eine Lektion erteilte. Aber die Lektion war allem Anschein nach zu gut, um nicht erteilt zu werden. Ich nahm sie mit einem sauren Lächeln zur Kenntnis.

Damit stand ich vor dem Problem, die Funktion eines Katalysators zu beschreiben, ohne mich dabei auf die magischen Kräfte berufen zu können.

Eines der ersten Experimente, das ein Anfänger im chemischen Laboratorium kennenlernt, ist die Herstellung von Sauerstoff durch Erhitzung von Kaliumchloart. Würde man nur Kaliumchloart erhitzen, entwickelte sich zwar Sauerstoff, allerdings nur langsam und nur bei vergleichsweise hohen Temperaturen. Darum erhält er die Anweisung, zuerst etwas Mangandioxid hinzuzufügen. Erhitzt er das Gemisch, bildet sich bei vergleichsweise niedrigen Temperaturen sehr schnell Sauerstoff.

Welche Aufgabe hat nun das Mangandioxid? Es fügt keinen Sauerstoff hinzu. Am Ende der Reaktion ist alles Mangandioxid noch vorhanden, und zwar unverändert. Seine Anwesenheit allein scheint auszureichen, um die Entwicklung von Sauerstoff zu beschleunigen. Mangandioxid ist ein Schnellmacher oder, genauer gesagt, ein Katalysator.

Aber wie kann man den Einfluß eines Katalysators erklären, der anscheinend allein durch dessen Anwesenheit hervorgerufen wird? Ist es eine Art über die Entfernung wirkender Einfluß, ein außersinnliches Wahrnehmungsvermögen auf seiten des Kaliumchlorats, mittels dessen die einflußreiche Aura des Mangandioxids wahrgenommen wird? Ist es Telekinese von seiten des Mangandioxids? Kurz gesagt – ist es Magie?

Nun, wir werden das noch herausfinden.

Fangen wir von vorn an, wie es so meine Art ist. Der erste und bekannteste Katalysator hat in der Geschichte der Naturwissenschaften niemals existiert. Alchemisten vergangener Zeiten suchten nach Methoden, um geringwertige Metalle in Gold zu verwandeln. Sie waren erfolglos und es schien ihnen, daß irgendeine notwendige Zutat bei ihren Rezepten fehlte. Die Geistreicheren unter ihnen suchten nach einer Substanz, die nach Hinzufügen zu dem Gemisch, das sie erhitzten (oder was sonst sie damit anstellten), die Umwandlung in Gold bewirken sollte. Eine geringe Menge der Zutat sollte genügen, um eine große Menge Gold zu gewinnen; dabei sollte die Zutat noch wiedergewonnen und erneut verwendet werden können.

Keiner hat jemals diese Substanz zu Gesicht bekommen, aber aus irgendeinem Grund stellte man sich darunter ein trockenes, erdähnliches Material vor. Die altehrwürdigen Alchemisten nannten es daher *xerion,* was aus dem Griechischen stammt und »trocken« heißt.

Im achten Jahrhundert übernahmen die Araber die Alchemie und wandelten den Namen des goldherstellenden Katalysators »Xerion« in *al-iksir* ab. Als die Westeuropäer schließlich im dreizehnten Jahrhundert die arabische Alchemie kennenlernten, wurde *al-iksir* zu »Elixier«.

Unter Bezugnahme auf die angeblich erdähnliche Eigenschaft wurde es in Europa allgemein als »Stein der Weisen« bezeichnet. Das erstaunliche Elixier mußte natürlich auch andere wundervolle Eigenschaften besitzen, und so kam die Vorstellung auf, daß es ein Heilmittel für alle Krankheiten war und sogar ewiges Leben spenden konnte. Seitdem sprachen die Alchemisten vom »Lebenselixier«. Jahrhundertelang suchte man nach dem Stein der Weisen und nach dem Lebenselixier. Gefunden wurde er aber nicht. Als man zum ersten Male einen Katalysator gefunden hatte, brachte er nicht lieblich glänzendes Gold zuwege, sondern die Herstellung einer schmutzigen, gefährlichen Flüssigkeit, nämlich Schwefelsäure.

Das ist jedoch soweit in Ordnung: Schwefelsäure ist zwar nicht so kostbar wie Gold, aber sie ist – bescheiden ausgedrückt – ein milliardenfach nützlicherer Stoff.

Vor 1740 war es schwierig, Schwefelsäure herzustellen. Theoretisch war es einfach: Man verbrennt Schwefel (mit Luftsauerstoff) zu Schwefeldioxid (SO_2). Man verbrennt Schwefeldioxid weiter zu Schwefeltrioxid (SO_3). Man löst Schwefeltrioxid in Wasser und erhält Schwefelsäure (H_2SO_4). Das Problem lag darin, Schwefeldioxid zu verbrennen. Dies gelang nur langsam und unter Schwierigkeiten.

Während der Jahre um 1740 aber mußte ein englischer Schwefelsäurehersteller namens Joshua Ward erkannt haben, daß Salpeter (Kaliumnitrat), auch wenn er selbst nicht brennbar war, die Verbrennung von Kohlenstoff und von Schwefel beschleunigte. (Ein Gemisch von Kohlenstoff, Schwefel und Salpeter ist als Schießpulver bekannt!) Deshalb fügte er seinem brennenden Schwefel Salpeter zu und stellte fest, daß er jetzt ohne große Schwierigkeiten zu Schwefeltrioxid verbrannte. Er konnte nun leicht und billig Schwefelsäure herstellen.

Es war wie ein Wunder, daß am Ende dieses Prozesses der Salpeter noch immer unverändert vorhanden war und erneut verwendet werden konnte. Ward meldete das Verfahren zum Patent an und der Preis für Schwefelsäure sank auf 5 % des bis dahin geforderten Preises.

Magie? – Natürlich nicht.

Im Jahre 1806 lieferten die französischen Chemiker Charles Bernard Désormes und Nicholas Clément eine Erklärung. Sie beruht auf einem Prinzip, das bis zum heutigen Tage gültig geblieben ist: Die Verbrennung des Schwefels in Gegenwart von Salpeter scheint so abzulaufen, daß sich die entstehenden Schwefeldioxidmoleküle mit einem Teil der Salpetermoleküle zu einer Komplex-Verbindung vereinen. Der im Salpeteranteil der Komplex-Verbindung erhaltene Sauerstoff geht dann zum Schwefeldioxidanteil des Komplexes über, der sich daraufhin als Schwefeltrioxid vom Komplex löst.

Was übrig bleibt (die Salpeterfragmente ohne Sauerstoff), bezieht den verlorenen Sauerstoff sofort wieder aus der Atmosphäre. Der erneuerte Salpeter ist nun wieder bereit, sich mit einem weiteren Schwefeldioxidmolekül zu verbinden und Sauerstoff zu übertragen. Bei dem Verfahren hat der Salpeter lediglich die Aufgabe, so schnell wie möglich Sauerstoff aus der Luft an das Schwefeldioxid weiterzuleiten. Er ist nur Vermittler und bleibt am Ende der Reaktion unverändert zurück.

Das Wunder liegt in Wirklichkeit nicht darin, daß ein Katalysator eine Reaktion, während der er scheinbar unverändert bleibt, beschleunigt – sondern vielmehr darin, daß irgend jemand auch nur einen Augenblick lang annehmen konnte, hier gehe irgend etwas »Magisches« vor sich. Würden wir dem selben Phänomen im täglichen Leben gegenübergestellt, unterliefe uns sicher nicht der Fehler, Magie zu vermuten.

Stellen Sie sich zum Beispiel eine halbfertige Steinmauer vor, fünf Meter daneben auch einen Berg Ziegelsteine und Mörtel. Wäre das alles, so würden Sie erwarten, daß sich an der Situation zwischen 9.00 Uhr morgens und 5.00 Uhr nachmittags nichts verändert, abgesehen davon, daß der Mörtel austrocknen würde.

Doch angenommen, Sie beobachten um 9.00 Uhr morgens einen zusätzlichen Faktor – einen Mann in Arbeitskleidung, der gelassen und mit leeren Händen zwischen der Mauer und dem Berg von Ziegelsteinen steht. Sie betrachten die Sache wieder um 5.00 Uhr nachmittags, und derselbe Mann steht dort, noch immer mit leeren Händen. Er hat sich nicht verändert. Die Mauer aber ist jetzt fertig und der Ziegelsteinhaufen ist verschwunden. Der Mann erfüllt einwandfrei die Rolle eines Katalysators. Eine Reaktion hat stattgefunden, scheinbar aufgrund seiner Anwesenheit und ohne sichtbare Veränderung an ihm selber.

Würden wir dabei auch nur für einen Moment an Magie denken? Wir würden statt dessen unterstellen, daß wir den Mann, hätten wir ihn nur während des ganzen Tages beobachtet, dabei gesehen hätten, wie er einen Stein nach dem anderen vom Berg zur Mauer getragen hat. Und wenn im Falle des Maurers keine Zauberei im Spiel ist, dann ist auch im Fall des Salpeters keine Magie im Spiel.

Zu Beginn und im Laufe des 19. Jahrhunderts wurden mehr und mehr Beispiele dieser Art entdeckt. Im Jahre 1812 fand beispielsweise der russische Chemiker Gottlieb Sigismund Kirchhoff . . .

Ich unterbreche wieder einmal und werde ziemlich lange vom Thema abschweifen, indem ich mich wie immer auf die unendliche Geduld und den guten Humor meiner werten Leser verlasse.

Sie mögen denken, daß in meinen Worten vom »russischen Chemiker Gottlieb Sigismund Kirchhoff« ein spaßiger Fehler stecke. Sicher kann niemand mit einem Namen wie Gottlieb Sigismund Kirchhoff ein Russe sein – es kommt jedoch darauf an, ob man einen Russen im ethnischen oder im geographischen Sinne meint.

Um zu erklären, was ich meine, wollen wir uns in den Anfang des 13. Jahrhunderts zurückversetzen. Zu jener Zeit waren die Regionen Kurland und Livland entlang der südöstlichen Strände der Ostsee (im heutigen Lettland und Estland) von der nahezu letzten Heidengruppe in Europa bewohnt. Es war die Zeit der Kreuzzüge, und die Deutschen im Südosten hielten es für ihre heilige Pflicht, die erbärmlich bewaffneten und nicht organisierten Heiden um ihrer Seelen willen niederzuwerfen.

Die deutschen Kreuzritter gehörten dem »Schwertbrüderorden« an und vereinigten sich im Jahre 1237 mit dem »Deutschen Ritterorden«, der im Heiligen Land gegründet worden war. Gegen Ende des 13. Jahrhunderts waren Livland und Kurland erobert, und die deutschen Ritter übernahmen die Macht. Der Deutsche Ritterorden übte als politische Organisation die Herrschaft nur zwei Jahrhunderte lang aus, denn er wurde 1460 von den Polen geschlagen. Die Schweden übernahmen unter Gustav Adolf um 1620 die Macht, und um 1720 wurden sie von den Russen unter Peter dem Großen verdrängt.

Wie immer die politischen Strömungen gerichtet waren, welche Fahne über dem Lande auch wehte und auf welchen Monarchen die loyalen Einwohner ihren Trinkspruch auch immer richteten – das Land war Eigentum der »baltischen Barone« (oder (»Balten«), wie die deutschsprachigen Nachkommen des Deutschen Ordens genannt wurden.

Peter der Große war dem Westen auf aggressive Art zugeneigt. Er ließ eine neue Hauptstadt bauen: St. Petersburg, dicht an der Grenze des livländischen Gebietes gelegen, und die Balten waren hochangesehen.

(Die Stadt wurde übrigens nach dem heiligen Peter benannt und nicht nach dem Gründer selbst. Was auch immer Zar Peter war – ein

Heiliger war er bestimmt nicht.)

Das blieb während des ganzen 18. und 19. Jahrhunderts so. Zu jener Zeit hatten die Balten innerhalb des russischen Zarenreiches großen Einfluß, der jedoch in keinem Verhältnis zu ihrer Zahl stand. Ihr Einfluß auf die russische Wissenschaft war sogar noch ausgeprägter.

Ärgerlich war nur, daß das allgemeine Bildungswesen innerhalb Rußlands weit hinter dem westeuropäischen Stand lag. Die Zaren sahen nämlich keinen Grund, das allgemeine Bildungswesen zu fördern, um sich dadurch selber Ärgernis zu bereiten. Zweifellos fühlten sie instinktiv, daß eine korrupte und einfältige Regierung nur bei einer ungebildeten Bevölkerung wirklich sicher war.

Das bedeutete, daß selbst Russen, die den oberen Schichten angehörten, ins Ausland gehen mußten, wenn sie eine weltliche Ausbildung haben wollten, insbesondere eine Universitätsbildung auf wissenschaftlichem Gebiet. Ins Ausland zu gehen war jedoch nicht gerade einfach, denn es bedeutete, eine neue Sprache und eine andere Lebensweise zu erlernen. Hinzu kam noch, daß die russisch-orthodoxe Kirche alle Menschen der westlichen Welt als Ketzer verdammte, die kaum besser waren als Heiden. Berührung mit heidnischen Lebensformen (zum Beispiel mit der Wissenschaft) war jedenfalls gefährlich und möglicherweise sogar gleichbedeutend mit Verdammnis. Folglich hatte ein Russe, der in den Westen reisen wollte, um eine Ausbildung zu erlangen, auch religiöse Skrupel zu überwinden.

Die Balten aber fühlten sich dem deutschen Kulturbereich zugehörig und hinsichtlich der Religion waren sie Lutheraner. Deshalb waren ihnen diese Hemmnisse fremd. Sie hatten während des 18. und 19. Jahrhunderts mit den Deutschen in Deutschland auf dem Gebiet des höheren Schulwesens vieles gemein – besonders im Bereich der wissenschaftlichen Ausbildung.

Daher rührt es denn, daß wir unter den großen russischen Wissenschaftlern des 19. Jahrhunderts nicht nur einen Mann mit Namen Gottlieb Sigismund Kirchhoff finden, sondern auch Namen wie Friedrich Konrad Beilstein, Karl Ernst von Baer und Wilhelm Ostwald. Das soll jedoch nicht heißen, daß es während dieser Zeit keine russischen Wissenschaftler mit russischen Namen gab. Beispiele sind Michail Wassiliewitsh Lomonossow, Alexander Kowalewski und Dimitrij Iwanowitsch Mendelejew.

Aber die russischen Regierungsbeamten bevorzugten die Balten (welche die zaristische Regierung unterstützten – unter der sie auf der Höhe ihrer Macht standen). Die russischen Intellektuellen standen nämlich im Verdacht, Unruhe zu verbreiten und unbestimmte Reformvorstellungen zu hegen.

Hinzu kam, daß die Deutschen die Wissenschaftler *par excellence* des 19. Jahrhunderts waren, und Russisch mit einem deutschen Akzent zu sprechen, verlieh einem Wissenschaftler möglicherweise eine gewisse Auszeichnung gegenüber anderen. (Und bevor Sie bei dieser Behauptung nun die Nase rümpfen, denken Sie doch nur einmal an den amerikanischen »Stereotyp« eines Raketenspezialisten. Er hat einen deutlich deutschen Akzent – und das trotz der Tatsache, daß der erste Raketenfachmann (Robert Goddard) mit einem Neuengland-Näseln sprach, ja sogar trotz der Tatsache, daß dessen Experimente die Deutschen erst auf den richtigen Weg gewiesen hatten.)

So geschah es, daß die Akademie der Wissenschaften des russischen Zarenreichs (die einflußreichste wissenschaftliche Institution des Landes) in ein »deutsches« und ein »russisches Lager« gespalten war, wobei das erstgenannte das stärkere war. Im Jahre 1880 war an dieser Akademie ein Lehrstuhl für chemische Technologie zu besetzen. Zwei Namen standen im Vordergrund: Das deutsche Lager schlug Beilstein vor, das russische Lager Mendelejew. Die beiden Vorschläge waren kaum gleichrangig. Beilstein verbrachte Jahre seines Lebens damit, eine Enzyklopädie der Eigenschaften und Methoden zur Herstellung vieler tausend organischer Verbindungen zusammenzustellen, die – mit zahlreichen Ergänzungen – noch immer eine chemische Bibel ist. Es ist ein kolossales Monument, das nur durch Beilsteins sorgfältige und harte Art der Arbeit möglich wurde – aber mehr ist es nicht. Mendelejew, der das periodische System der Elemente aufgedeckt hatte, war ein Chemiker allerhöchsten Ranges, zweifellos ein Genie auf seinem Gebiet.

Regierungsbeamte jedoch stellten sich hinter Beilstein, der mit einem Stimmenverhältnis von zehn zu neun gewählt wurde. Diese Art von Erfahrungen sind wohl der Grund dafür, daß die Russen in den letzten Jahren, während der sie einen respektablen Platz in der Wissenschaft errangen, zu einigen Übertreibungen neigten. Sie haben eben eine gehörige Menge von Erniedrigungen wettzumachen.

Das ist das Ende der Abschweifung und ich werde wieder zum eigentlichen Thema übergehen: Im Laufe des 19. Jahrhunderts wurden immer mehr Beispiele für die Beschleunigung chemischer Reaktionen entdeckt. Im Jahre 1812 stellte beispielsweise der russische Chemiker Gottlieb Sigismund Kirchhoff fest, daß Stärke, in Wasser zum Sieden gebracht, sich in Glukose, eine einfache Form von Zucker, verwandelt, wenn man etwas Schwefelsäure hinzufügte. Die Umwandlung trat jedoch nicht ein, wenn die Säure fehlte. Am Ende der Umwandlung war die Säure keineswegs verbraucht, sondern immer noch vorhanden.

Dann entdeckte 1816 der englische Chemiker Humphry Davy, daß bestimmte organische Dämpfe, wie zum Beispiel Alkoholdämpfe, leicht mit Sauerstoff reagierten, wenn Platin zugegen war. Wasserstoff reagierte ebenfalls leichter mit Sauerstoff im Beisein von Platin.

Sofort begannen einige Späße und Spielchen mit dem Platin. Im Jahre 1823 baute der deutsche Chemiker Johann Wolfgang Döbereiner einen Apparat, der Wasserstoff erzeugte und dessen Wasserstoff durch Öffnen eines Absperrhahnes gegen ein Stück Platinfolie geleitet wurde. Der auf das Platin strömende Wasserstoff ging sofort in Flammen auf. Dieser Apparat, »Döbereiners Feuerzeug«, war daher der erste Zigarettenanzünder. Unglücklicherweise »vergiftete« der Schmutz im Wasserstoffgas das teure Platinstück sehr rasch und machte es unwirksam.

Im Jahre 1831 sagte sich der englische Chemiker Peregrine Phillips, daß Platin, wenn es eine Verbindung von Wasserstoff oder von Alkohol mit Sauerstoff zustandebrachte, das gleiche auch mit Schwefeldioxid bewirken sollte. Phillips konnte das experimentell bestätigen und meldete sein Verfahren zum Patent an. Es dauerte jedoch noch einige Jahre, bis man Methoden entdeckt hatte, um das »Vergiften« des Metalls zu verhindern. Erst dann konnte ein Platinkatalysator nutzbringend in der Schwefelsäureherstellung angewendet werden und Wards Salpeter ersetzen.

1836 wurde der schwedische Chemiker Jöns Jakob Berzelius, der in der ersten Hälfte des 19. Jahrhunderts ungekrönter König der Chemie war, auf diese Erscheinungen aufmerksam. Er führte die Worte »Katalysator« und »Katalyse« ein, Worte, die ihre Wurzel im Griechischen haben und soviel wie »zerlegen« oder »spalten« bedeuten. Berzelius dachte dabei an Beispiele katalytischer Funktionen wie etwa die Spaltung großer Stärkemoleküle in kleinere Zuckermoleküle mittels einer Säure.

Aber Platin verlieh dem Konzept der Katalyse einen neuen Zauber. Es war ein seltenes und kostbares Metall und verleitete deshalb dazu, wieder an Magie zu denken.

Kann vom Platin erwartet werden, daß es wie Salpeter als Vermittler wirkte? Die Antwort schien bei oberflächlicher Betrachtung negativ auszufallen. Von allen Substanzen ist Platin eine der reaktionsträgsten. Unter normalen Bedingungen verbindet es sich weder mit Sauerstoff noch mit Wasserstoff. Wie kann es dann die beiden dazu bringen, sich zu verbinden?

Wenn unser Katalysator – bildlich gesprochen – ein Maurer ist, dann kann Platin nur ein Maurer in einer Zwangsjacke sein.

Also landen wir wieder bei der Magie, bei einem molekularen Einfluß über die Entfernung? Chemiker suchten nach prosaischeren Deutungen. Während des 19. Jahrhunderts kam die Vermutung auf, daß die Inaktivität des Platins in gewissem Sinne eine Illusion ist. Im Innern eines Platinstückes sind die Platinatome in allen Richtungen miteinander verbunden, sie genügen sich dabei selbst und verbleiben in diesem Zustand. Als Ganzes wird Platin also nicht mit Sauerstoff oder Wasserstoff reagieren (und auch nicht mit den meisten anderen Chemikalien).

Auf der Oberfläche jedoch haben die Platinatome in Richtung zur angrenzenden Luft keine Platinatome als Nachbarn, mit denen sie sich verbinden können. Diese Oberflächenatome binden deshalb irgendwelche anderen geeigneten Atome oder Moleküle an sich – zum Beispiel Sauerstoffatome. Dadurch entsteht auf der Oberfläche ein dünner Film von der Dicke eines Moleküls. Dieser Film ist natürlich völlig unsichtbar; alles was wir sehen können, ist eine gleichmäßig glänzende Platinoberfläche, die völlig inaktiv zu sein scheint.

Als Bestandteil eines Oberflächenfilms sind Sauerstoff und Wasserstoff reaktionsfreudiger denn als Moleküle eines Gases. Wenn dann noch hinzukommt, daß ein Wassermolekül, das durch die Reaktion von Sauerstoff und Wasserstoff auf der Platinoberfläche entstanden ist, dort weniger festgehalten wird als ein Sauerstoffmolekül, dann genügt der Aufprall eines Sauerstoffmoleküls aus der umgebenden Luft, um das Wassermolekül abzulösen. Das aufprallende Sauerstoffmolekül nimmt den Platz des abgelösten Wassermoleküls in dem Oberflächenfilm ein, und damit ist die Chance für die Bildung eines weiteren Wassermoleküls gegeben. Das Plantin funktioniert also als Vermittler, indem es die Bildung eines monomolekularen gasartigen Films ermöglicht.

Ebenso leicht kann man sich klarmachen, wie ein Platinkatalysator »vergiftet« wird. Angenommen, es wären Moleküle im Spiel, die sich noch fester an die Platinatome binden als Sauerstoffmoleküle. Derartige Moleküle werden den Sauerstoff auf dem Film verdrängen und sie werden dann auch nicht durch Gasmoleküle der Atmosphäre abgelöst.

Sie verbleiben also auf der Platinoberfläche, und jede katalytische Reaktion, die Wasserstoff und Sauerstoff miteinschließt, wird verhindert.

Da sehr wenig Substanz erforderlich ist, um eine Schicht von der Stärke eines Moleküldurchmessers über einer nicht allzu großen Oberfläche zu bilden, kann ein Katalysator schnell durch Verunreinigungen in der arbeitenden Gasmischung »vergiftet« werden, selbst wenn jene Unreinheiten nur in geringfügigen Spuren vorhanden sind.

Sind diese Überlegungen richtig, dann werden alle Maßnahmen, welche die Oberfläche für eine gegebene Metallmenge erhöhen, auch die katalytische Wirksamkeit erhöhen. So ist puderartiges Platin mit seinem hohen Verhältnis von Oberfläche zu Masse ein wesentlich wirkungsvollerer Katalysator als die gleiche Menge festen Platins. Und es ist daher sehr korrekt, von »Oberflächen-Katalyse« zu sprechen.

Aber warum kann ein Oberflächenfilm den Ablauf, sagen wir einer Wasserstoff-Sauerstoff-Reaktion beschleunigen? (Wir müssen immer noch den Verdacht auf Magie entkräften!) Das läßt sich leicht verstehen, wenn man einmal feststellt, was Katalysatoren *nicht* können.

Der amerikanische Physiker Josiah Willard Gibbs erarbeitete während der Jahre nach 1870 mit peinlicher Sorgfalt, wie die Gesetze der Thermodynamik (Wärmelehre) auf chemische Reaktionen anzuwenden seien. Er zeigte schließlich, daß die als »freie Energie« bezeichnete physikalische Größe während einer spontan ablaufenden chemischen Reaktion – das heißt bei einer ohne äußere Zufuhr von Energie ablaufenden Reaktion – sich ständig vermindert.

Hat erst einmal die Reaktion zwischen Wasserstoff und Sauerstoff begonnen, dann läuft sie so lange ab, bis beide Gase völlig aufgebraucht sind. Das Ergebnis dieser Reaktion ist die Bildung von Wasser. Wir erklären diesen spontanen Ablauf, indem wir sagen, daß die freie Energie des Wassers geringer ist als die freie Energie eines Wasserstoff-Sauerstoff-Gemisches. Die Wasser bildende Reaktion zwischen Wasserstoff und Sauerstoff ist dem Herabgleiten entlang einem »Energiegefälle« analog.

Aber wenn das so ist, warum verbinden sich dann nicht Wasserstoffmoleküle und Sauerstoffmoleküle miteinander, sobald sie vermischt werden? Warum halten sie sich beliebig lange am oberen Ende des Energiegefälles auf, obwohl sie vermischt wurden, und warum gleiten sie nur herab, wenn sie erhitzt worden sind?

Anscheinend müssen Wasserstoff- und Sauerstoffmoleküle (beide aus zwei Atomen bestehend) erst in einzelne Atome gespalten werden. Das bedeutet, es ist zunächst ein zusätzliches Energiegefälle bergan zu überwinden, bevor die Talfahrt beginnt, das heißt, es muß sozusagen ein »Energiebuckel« überwunden werden. Die Energiemenge, die einem Reaktionssystem zugeführt werden muß, um diesen Energiebuckel zu überwinden, wird »Aktivierungsenergie« genannt. Das Konzept der »Aktivierungsenergie« wurde zum ersten Male 1889 von dem schwedischen Chemiker Svante August Arrhenius eingeführt.

Stoßen Wasserstoff- und Sauerstoffmoleküle bei normaler Temperatur zusammen, besitzt nur ein winziger Bruchteil aller Moleküle hinreichend viel Bewegungsenergie, um sich beim Stoß zu spalten. Dieser winzige sich spaltende Bruchteil reagiert miteinander. Bei der Reaktion wird – sozusagen während der Fahrt abwärts entlang dem Energiegefälle – genügend Energie frei, um eine Spaltung weiterer Moleküle zu ermöglichen. Doch das verläuft alles so langsam, daß die frei gewordene Energie durch Abstrahlung verlorengegangen ist, bevor sie überhaupt etwas ausrichten konnte. Daraus resultiert, daß Wasserstoff und Sauerstoff bei normaler Zimmertemperatur nicht miteinander reagieren.

Steigt die Temperatur aber an, bewegen sich die Moleküle schneller. Jetzt besitzt ein größerer Bruchteil die notwendige Energie, um sich bei Stößen zu spalten. (Mit anderen Worten, es können mehr Moleküle den Energiebuckel überwinden.) Mit zunehmender Temperatur wird mehr und mehr Energie frei, und schließlich erreicht man eine Temperatur, bei der mehr Energie freigesetzt als abgestrahlt wird. Die Temperatur steigt dann von selbst an, wodurch noch mehr Energie freigesetzt und die Temperatur noch weiter erhöht wird – Wasserstoff und Sauerstoff reagieren jetzt miteinander explosionsartig.

Im Jahre 1894 wies der russisch-deutsche Chemiker Wilhelm Ostwald darauf hin, daß ein Katalysator nicht die Relationen bezüglich der freien Energie verändern könne. Er kann keine Reaktion einleiten, die nicht auch ohne ihn zustande käme – aber er kann eine Reaktion beschleunigen, die bei seiner Abwesenheit nur mit einer verschwindend geringen Geschwindigkeit ablaufen würde. Mit anderen Worten: Wasserstoff und Sauerstoff verbinden sich auch bei der Abwesenheit von Platin, aber mit sehr geringer Geschwindigkeit. Platin beschleunigt also die Reaktion. Ohne äußere Zufuhr von Energie (zum Beispiel in Form elektrischer Energie über einen elektrischen Strom) kann sich Wasser bei bestimmter Temperatur nicht in seine Bestandteile Wasserstoff und Sauerstoff spalten. Denn das würde eine spontane Aufwärtsbewegung entlang dem Energiegefälle bedeuten. Weder Platin noch irgendein anderer Katalysator kann eine chemische Reaktion bewirken, bei der es entlang dem Energiegefälle aufwärts geht. Würden wir einen solchen Katalysator finden, so wäre das Magie. Oder wir müßten die Gesetze der Thermodynamik abändern.

Aber wie beschleunigt Platin die Reaktion, die es beschleunigt? Was tut es den Molekülen auf den Oberflächen nur an? Ostwalds Erklärung (seitdem akzeptiert) lautet: Katalysatoren beschleunigen Reaktionen, indem sie eine Verringerung der Aktivierungsenergie bewirken – indem sie sozusagen den Energiebuckel ebnen. Bei einer gegebenen Temperatur können dann mehr Moleküle über den Buckel hinweg und hinuntergleiten, wodurch die Reaktionsrate manchmal enorm ansteigt.

Die zwei Sauerstoffatome in einem Sauerstoffmolekül sind recht fest miteinander verbunden und es ist nicht einfach, sie voneinander zu trennen. Doch eine derartige Spaltung ist notwendig, wenn ein Wassermolekül gebildet werden soll.

Wird ein Sauerstoffatom an ein Platinatom gebunden – so einen Teil des Oberflächenfilms bildend –, ändert sich die Situation. Einige der Bindungskräfte des Sauerstoffmoleküls werden bei der Bindung an das Platin aufgebraucht. Damit sind weniger Bindungskräfte für den Zusammenhalt des Sauerstoffmoleküls verfügbar. Das Sauerstoffmolekül ist dann »vorgespannt« oder »angeregt«.

Trifft ein Wasserstoffatom auf ein solches angeregtes Sauerstoffmolekül in dem Oberflächenfilm, so ist die Chance für eine Spaltung in zwei einzelne Sauerstoffatome (und damit auch die Chance für eine Reaktion mit dem Wasserstoff) größer als im Falle eines Stoßes mit einem nichtangeregten Sauerstoffmolekül innerhalb des Gases. Der Umstand, daß ein Sauerstoffmolekül angeregt ist, bedeutet, daß es leichter spaltbar und die Aktivierungsenergie für die Wasserstoff-Sauerstoff-Reaktion geringer geworden ist.

Wir können das wiederum bildlich ausdrücken: Stellen Sie sich vor, ein Ziegelstein liegt auf dem oberen Teil einer schrägen Betonwand. Der Stein sollte eigentlich die Schräge hinuntergleiten. Dabei muß er aber Reibungskräfte überwinden, die ihn entgegen der Schwerkraft an seinem Platze festhalten. Die Reibungskräfte sind hier den Kräften analog, die das Sauerstoffmolekül zusammenhalten. Um die Reibungskräfte zu überwinden, muß man dem Ziegelstein zuerst einen Stoß geben (Aktivierungsenergie zuführen), dann gleitet er herab.

Nun wollen wir ein wenig »Oberflächen-Katalyse« ausprobieren. Wir überziehen die Schräge mit Wachs und setzen den Ziegelstein jetzt auf das obere Ende der Schräge: der kleinste Stoß wird ihn in Bewegung bringen. Ja, vielleicht gleitet er sogar ohne jede Berührung hinab. Durch das Einwachsen der schrägen Wand haben wir nicht die Schwerkraft erhöht und auch nicht dem System Energie zugeführt. Wir haben nur die Reibungskraft verringert (den Energiebuckel geebnet). Ziegelsteine können auf einer solchen reibungsarmen schrägen Wand viel schneller nach unten gelangen.

Sie sehen also, daß bei einer mehr ins einzelne gehenden Untersuchung die magischen Wolken im gewöhnlichen Tageslicht verblassen und das wundervolle Wort »Katalysator« seinen Glanz verliert. Nichts weiter ist an ihm hängengeblieben als die Tatsache, Grundlage fast der gesamten chemischen Industrie und – in Form von Enzymen – auch Anfang allen Lebens zu sein.

Das müßte für jeden anständigen Katalysator eigentlich ruhmvoll genug sein.

16. Der langsam vorrückende Zeiger

Ach, wir sind ständig von der Gewißheit umgeben, daß wir einmal sterben müssen; vor einigen Tagen starb unser kleiner Wellensittich. Soweit uns bekannt ist, war er fünf Jahre alt geworden. Wir hatten immer sehr gut für ihn gesorgt, ihn gefüttert, ihm Wasser gegeben, seinen Käfig gereinigt, ihm erlaubt, außerhalb des Käfigs im Haus umherzufliegen, ihm einige Schimpfworte beigebracht, ihm gestattet, auf unserer Schulter zu sitzen und ganz nach seinem Belieben bei Tisch von unseren Tellern mitzuspeisen. Kurz und gut, wir hatten ihn dazu ermutigt, sich selbst wie ein Mensch zu betrachten.

Doch ach, der Prozeß des Alterns blieb eben derjenige eines Wellensittichs. Während seiner letzten Jahre wurde er allmählich verdrießlich und mürrisch. Er krächzte seine unanständigen Worte immer seltener, zog das Laufen dem Fliegen vor und starb schließlich. In mir findet selbstverständlich ein ähnlicher Prozeß statt.

Schon der Gedanke daran stimmt mich verdrießlich. Jedes Jahr breche ich meinen eigenen Rekord beim Aufstieg in höhere Regionen, soweit es das Altern betrifft. Nur ein sehr geringer Trost ist dabei das Wissen, daß es jedem anderen genauso ergeht. Tatsache ist nun aber einmal, daß es mich stört, alt zu werden. Zu meiner Zeit war ich so etwas wie ein Wunderkind – wissen Sie, eines von denen, die sich noch vor dem fünften Lebensjahr selbst das Lesen beibringen, die früher als üblich zur Oberschule überwechseln, die mit achtzehn Jahren Artikel zur Veröffentlichung schreiben und anderes mehr. Sie können wohl verstehen, daß man mich gelegentlich etwas genauer ansah, so ungefähr wie ein unerklärliches, seltenes Phänomen. Ich selbst deutete diese Musterungen stets als Auszeichnung und liebte sie.

Ein derartiges Verhalten hat aber seine eigene Strafe, denn der Zeiger der Lebensuhr, wenn er einmal in Bewegung gesetzt ist, bleibt nicht stehen, wie Edward Fitzgerald – Omar Chaijam zitierend – sagt. Und das heißt, daß aus dem pfiffigen, jungen, ausgelassenen, überschäumenden Wunderkind ein weichlicher, dickbauchiger, trüber Mensch mittleren Alters wird, auf dem das Alter doppelt schwer lastet.

Es geschieht nun häufig, daß irgend so ein riesiges, ungeschlachtes, grobknochiges Individuum, voll sprießender Bartstoppeln im Gesicht, auf micht zukommt und mit tiefer Stimme sagt: »Ich habe Ihre Bücher gelesen, seit ich lesen kann. Ich habe all die Schriften gesammelt, die Sie schrieben, bevor ich lesen lernte, und auch diese habe ich gelesen.« Dann verspüre ich den inneren Drang, eine harte Rechte auf seinem Kinn zu landen, und ich würde das wohl auch tun, wenn ich nur sicher wäre, daß er mein Alter respektieren und nicht gleich zurückschlagen würde.

Mir bleibt also nichts anderes, als der Sache, falls möglich, etwas Positives abzugewinnen . . .

Wie lange leben Organismen überhaupt? Wir können das nur erraten. Erst ungefähr seit dem letzten Jahrhundert wurden darüber sorgfältige Statistiken erstellt. Allerdings nur für *Homo sapiens* und nur in den weiter »fortgeschrittenen« Gebieten der Welt. Das meiste, was über die Lebensdauer gesagt wird, beruht also auf recht groben Schätzungen. Wenn aber alle raten, darf ich es auch, und das so leichtfertig wie irgendeiner, darauf können Sie sich verlassen.

Zuerst einmal – was meinen wir mit Lebensdauer? Man kann darunter verschiedenes verstehen, zum Beispiel die mittlere Lebensdauer realer Organismen unter realen Bedingungen. Dies ist die »Lebenserwartung«.

Eines ist sicher, die Lebenserwartung ist für alle Lebewesen recht unwichtig: Produziert ein Kabeljau oder eine Auster Millionen oder Milliarden Eier und entwickeln sich aus ihnen nur ein oder zwei Lebewesen, die nach Ablauf eines Jahres noch am Leben sind, dann kann die durchschnittliche Lebenserwartung aller Kabeljau- oder Austernnachkommen nur nach Wochen, möglicherweise nur nach Tagen gezählt werden. Ich stelle mir vor, daß Tausende und aber Tausende nicht länger als einige Minuten leben.

Nicht so extrem ist das bei Vögeln und Säugetieren, bei denen ein gewisses Maß an Fürsorge für die Jungen beobachtet wird. Aber ich wette, daß nur relativ wenige der kleineren Arten länger als ein Jahr leben.

Vom kaltblütigen Standpunkt des Überlebens der Art aus gesehen, ist das jedoch gerade ausreichend. Hat nämlich einmal ein Geschöpf die Geschlechtsreife erreicht und zur Geburt eines Wurfes von Jungen beigetragen, sie zur Geschlechtsreife oder fast bis dahin durchgebracht, so hat es seine Aufgabe für das Überleben der Art erfüllt und kann seiner Wege gehen. Nun schön, es überlebt und zeugt zusätzliche Würfe – aber das muß nicht unbedingt sein.

Das Maß an Überlebenschance steigt stark an, wenn die Geschlechtsreife so früh wie möglich erreicht wird, so daß Zeit zur Zeugung der nächsten Generation vorhanden ist, bevor die erste geht. Feldmäuse erreichen ihre Geschlechtsreife in drei Wochen und können ihren ersten Wurf sechs Wochen nach der Geburt austragen. Selbst so große Tiere wie Pferd und Kuh erreichen die Geschlechtsreife nach einem Jahr, und die großen Wale erreichen sie bereits nach zwei Jahren. Einige große Landtiere können es sich leisten, noch langsamer zu sein. Bären sind erst mit sechs Jahren erwachsen und Elefanten sogar erst mit zehn.

Die großen Raubtiere besitzen schon eine Lebenserwartung von einigen Jahren, wenn auch nur, weil sie verhältnismäßig wenige Feinde haben (den Menschen dabei immer ausgeschlossen). Diese Tiere müssen nicht befürchten, irgendeines anderen Tieres Mittagsmahl zu werden. Die großen Pflanzenfresser Elefant und Nilpferd sind infolge der Größe davor sicher, während kleinere wie Paviane und Wasserbüffel eine gewisse Sicherheit gewinnen, indem sie in Herden umherziehen.

Die ersten Menschen gehörten zu dieser Kategorie. Sie lebten in kleinen Herden und kümmerten sich um ihre Jungen. Sie besaßen zumindest primitive gesellschaftliche Beziehungen und machten sich schließlich das Feuer zunutze. Im Durchschnitt konnte der Mensch daher einer guten Anzahl von Jahren entgegensehen. Doch das Leben war, gemessen an der heute üblichen Lebenserwartung, kurz, weil Unterernährung, Krankheit, Anstrengungen der Jagd und Grausamkeit unter den Menschen selber das Leben verkürzten. Natürlich gab es eine untere Grenze für die Lebenserwartung. Hätte der Mensch im Mittel nicht eine hinreichend lange Lebenserwartung gehabt, um sich vermehren zu können, wäre die Art ja ausgestorben. Ich vermute jedoch, daß in einer primitiven Gesellschaft eine Lebenserwartung von achtzehn Jahren für das Überleben der Art völlig ausreichen würde, und ich bin überzeugt davon, daß die tatsächliche Lebenserwartung der Steinzeitmenschen nicht viel höher lag.

Als die Menschheit den Ackerbau entwickelte und die ersten Haustiere züchtete, sicherte sie sich dadurch zuverlässige Nahrungsquellen. Als der Mensch auch begann, innerhalb von Städten zu wohnen, die von Mauern geschützt waren, und sich Gesetze für das Zusammenleben gab, gewann er größere Sicherheit gegen Feinde von außen und innen. Natürlich stieg damit die Lebenserwartung an. Sie verdoppelte sich allmählich.

Ich bezweifle jedoch, daß die Lebenserwartung während des Altertums und des Mittelalters jemals 40 Jahre betrug. Es wird angenommen, daß sie sich in England zur Zeit des Mittelalters auf 35 Jahre belief, so daß Sie ein ehrwürdiger Weiser gewesen wären, hätten Sie wirklich das Alter von 40 Jahren erreicht. Und bei früher Heirat und früher Geburt wären Sie zweifellos auch ein Großvater gewesen. Dieser Zustand reicht in einigen Gebieten der Welt bis in das 20. Jahrhundert hinein. In Indien lag zum Beispiel noch im Jahre 1950 die Lebenserwartung bei ungefähr 32, in Ägypten 1938 bei 36 und in Mexiko 1940 bei 38 Jahren.

Der nächste große Schritt war die Weiterentwicklung der Medizin, die Infektionen und Krankheiten unter Kontrolle brachte. Betrachten Sie die Vereinigten Staaten: 1850 lag die Lebenserwartung für weiße Amerikaner männlichen Geschlechts bei 38,3 Jahren (nicht sehr verschieden von der Situation in England zur Zeit des Mittelalters oder von derjenigen des alten Roms). Bis zum Jahre 1900, nachdem Pasteur und Koch ihr Werk vollbracht hatten, lag sie bei 48,2 Jahren, dann bei 56,3 (1920), 60,6 (1930), 62,8 (1940), 66,3 (1950), 67,3 (1959) und 67,8 im Jahre 1961.

Die ganze Zeit über schnitten weibliche Personen dabei etwas besser ab (das zähere Geschlecht). 1850 lebten sie durchschnittlich zwei Jahre länger als die Männer, und bis 1961 war dieser Vorsprung auf sieben Jahre angestiegen. Farbige sind in den Vereinigten Staaten nicht ganz so gut dran – nicht aus irgendeinem natürlichen Grund, dessen bin ich sicher, sondern weil sie allgemein niedrigere Positionen auf der ökonomischen Rangliste einnehmen. Sie liegen um ungefähr sieben Jahre hinter der Lebenserwartung der Weißen zurück. (Und sollte sich irgend jemand wundern, warum Neger heutzutage so rastlos sind: sie haben noch sieben Jahre aufzuholen. Das mag sehr wohl ein hinreichendes Antriebsmotiv sein.)

Selbst wenn wir uns auf Weiße beschränken, so halten nicht die Vereinigten Staaten den Rekord in der Lebenserwartung. Ich glaube, daß dies eher für Norwegen und Schweden zutrifft. Die letzten Angaben, die ich finden konnte, vermerkten für männliche Skandinavier eine Lebenserwartung von 71 und für weibliche von 74 Jahren.

Diese verlängerte Lebenserwartung brachte bestimmte Veränderungen der gesellschaftlichen Gewohnheiten mit sich. In den vergangenen Jahrhunderten galt der betagte Mann als eine Seltenheit – etwa als ungewöhnlicher Quell vieler Erinnerungen und als ein sicherer Überlieferer alter Traditionen. Das Alter wurde daher geehrt, und in einigen Gesellschaften mit niedriger Lebenserwartung, in denen ein alter Mensch noch immer eine Ausnahme ist, wird das Alter auch heute noch geehrt. Es kann aber auch gefürchtet werden: Bis zum 19. Jahrhundert war die Geburt gefährlich, und häufig überlebten nur wenige Frauen diesen Vorgang (Wochenbettfieber und ähnliches). Alte Frauen waren daher sogar seltener als alte Männer. Mit ihren faltigen Wangen und zahnlosen Mündern waren sie eigenartige und womöglich furchterregende Wesen. Der Hexenwahn zu Beginn der Neuzeit mag ein Widerschein davon gewesen sein. Heutzutage sind alte Männer und Frauen ein gewohnter Anblick, und extreme Bewertungen in »Gut« und »Böse« bleiben ihnen erspart. Dies dürfte wohl auch richtig sein.

Man könnte nun vermuten, daß wir bei dem ständigen Ansteigen der Lebenserwartung in den besser entwickelten Gebieten der Welt nur noch ein weiteres Jahrhundert zuwarten müßten, um dann anderthalb Jahrhunderte alte Menschen als etwas ganz Normales vorzufinden. Leider ist das aber nicht der Fall. Gelingt uns kein bemerkenswerter biologischer Durchbruch in der Geriatrie, sind wir schon jetzt so weit gekommen, wie dies nur möglich ist. Ein noch weiterer Anstieg unserer Lebenserwartung ist nicht mehr erreichbar.

Ich habe einst eine Allegorie kennengelernt, die mich seit meinem Erwachsensein heimlich verfolgt. Ich kann sie nicht wörtlich wiederholen, so sehr ich es wünschte. Doch das Wesentliche war ungefähr folgendes: Der Tod ist ein Bogenschütze und das Leben eine Brücke. Kinder beginnen diese Brücke lachend zu überqueren. Sie hüpfen fröhlich dahin und werden älter, während der Tod auf sie schießt. Anfangs zielt er sehr schlecht, und nur selten wird ein Kind von einem Pfeil getroffen und stürzt von der Brücke hinab in das wolkenverhangene Ungewisse unter ihr. Aber während sich die Menge weiter vorwärtsbewegt, verbessert sich die Treffsicherheit des Todes, und die Reihen lichten sich immer mehr. Schließlich, wenn der Tod auf die Alten zielt, die taumelnd nahezu das Ende der Brücke erreicht haben, ist seine Zielgenauigkeit perfekt und er verfehlt sein Ziel nie. Nicht einer von ihnen schafft es, jemals die Brücke ganz zu überqueren, um die andere Seite kennenzulernen ...

So wird es trotz aller Verbesserungen der Gesellschaftsstruktur und der Medizin im Verlauf der Geschichte auch bleiben. Während der frühen und mittleren Jahre ist die Treffsicherheit des Todes vermindert, aber jene letzten, genau gezielten Pfeile sind die Pfeile des Alters – und auch heute noch verfehlen sie ihr Ziel nie. Alles was wir getan haben, um Kriege, Hunger und Krankheiten zu bannen, führte dahin, mehr Menschen die Chance zu geben, ein hohes Alter zu erleben. Als die Lebenserwartung bei 35 Jahren lag, erreichte vielleicht einer von Hundert ein hohes Alter. Heutzutage wird es fast von der Hälfte der Bevölkerung erreicht, aber das Altern ist geblieben. Der Tod mit seiner uralten Tüchtigkeit holt uns alle ein.

Aber lassen wir die Lebenserwartung beiseite. Es gibt noch ein »spezifisches Alter«, das den Zeitpunkt unseres Todes von innen her bestimmt, ohne daß eine äußere Einwirkung vorliegen muß. Es ist das Alter, bei dem wir sterben werden, auch wenn wir Unfälle vermeiden, Krankheiten entrinnen und uns selbst mit jeglicher Sorgfalt pflegen. Vor 3000 Jahren sangen die Psalmisten im Hinblick auf das pezifische Alter des Menschen (Psalm 90, 10): »Unser Leben währet siebenzig Jahre, und wenn's hoch kommt, so sind's achtzig Jahre, und wenn es köstlich gewesen ist, so ist es Mühe und Arbeit gewesen, denn es fährt schnell dahin, als flögen wir davon.«

Und so ist es heute noch – drei Jahrtausende Zivilisation und drei Jahrhunderte Wissenschaft haben das nicht geändert. Am meisten Leute sterben zwischen 70 und 80 Jahren.

Das ist aber nur das »häufigste« Todesalter. Wir sterben nicht alle zu unserem 75. Geburtstag. Einige von uns leben länger, und zweifellos hofft jeder, daß er persönlich zu denen gehören werde, die besser abschneiden. Worauf wir unser Augenmerk richten, ist weniger das spezifische als das größtmögliche Alter, das wir erreichen können.

Für jede Art der mehrzelligen Lebewesen gibt es ein spezifisches Alter und ein Höchstalter, und bei den Arten, die überhaupt bis zu einem gewissen Grad untersucht wurden, scheint das Höchstalter um 50 bis 100 Prozent höher zu liegen als das spezifische Alter. So nimmt man an, daß das Höchstalter des Menschen ungefähr 115 Jahre beträgt.

Sicherlich gibt es auch Berichte über Menschen, die noch älter wurden. Der bekannteste Fall ist der des Thomas Parr (»der alte Parr«), von dem behauptet wurde, daß er 1481 in England geboren wurde und 1635 im Alter von 154 Jahren starb. Diese Behauptung wird allerdings als nicht authentisch angesehen (einige vermuten, daß es sich hier um einen Irrtum handelt und daß bei diesen Zahlen in Wirklichkeit drei Generationen der Familie Parr miteingeschlossen sind). Als nicht authentisch werden auch andere Behauptungen solcher Art angesehen. Die Sowjetunion zum Beispiel berichtet über zahlreiche Hundertjährige, die im Kaukasus leben, aber alle waren in Gebieten und zu einer Zeit geboren, zu der überhaupt keine amtlichen Aufzeichnungen gemacht wurden. Diese Altersangaben stammen meist von den Greisen selbst, und diese sind im allgemeinen dafür bekannt, daß sie ihre Altersangaben gern übertreiben. Wir können daraus sogar eine Regel ableiten: Je mangelhafter die Daten wichtiger Statistiken in einer bestimmten Region niedergeschrieben werden, desto mehr behaupten die Hundertjährigen, älter zu sein als sie wirklich sind.

1948 starb eine Engländerin namens Isabella Shepheard im schriftlich niedergelegten Alter von 115 Jahren. Sie war die letzte Überlebende auf den britischen Inseln aus der Zeit vor Einführung des Geburtenregisters, so daß das Geburtsjahr nicht ganz sicher war. 1814 verstarb der Kanadier Pierre Joubert, der anscheinend verläßliche Unterlagen besaß, die sein Geburtsjahr auf 1701 datierten, so daß er also im Alter von 113 Jahren verschied.

Wir wollen daher 115 Jahre als Höchstalter des Menschen betrachten und fragen, ob es irgendeinen Grund gibt, darüber zu klagen. Wie verhält sich diese Zahl zum Höchstalter anderer Arten von lebenden Organismen?

Wenn wir etwa Pflanzen mit Tieren vergleichen, besteht kein Zweifel darüber, daß Pflanzen die Siegeslorbeeren ernten. Sicherlich trifft das im allgemeinen jedoch nicht für alle Pflanzen zu. Abermals zitieren wir die Bibel (Psalm 103, 15–16): »Ein Mensch ist in seinem Leben wie Gras, er blühet wie eine Blume auf dem Felde, wenn der Wind darüber geht, so ist sie nimmer da, und ihre Stätte kennet sie nicht mehr.«

Dieses Gleichnis läßt uns eine Gänsehaut verspüren, weil es die Vergänglichkeit menschlichen Lebens aufdeckt. Was aber, wenn der Psalmist gesagt hätte, daß Menschen wie der Eichbaum sind, oder besser noch, wie der Riesenmammutbaum? Die einzelnen Exemplare dieser Art, so nimmt man an, sind über 3000 Jahre alt. Ein Höchstalter kennt man bei ihnen gar nicht.

Ich nehme jedoch kaum an, daß sich irgendwer ein langes Leben wünscht, wenn er dafür ein Baum sein muß. Bäume leben wohl lange, jedoch langsam, passiv und auf schrecklich langweilige Art. Was aber können wir bei den Tieren ausmachen?

Sehr einfache Tiere schneiden erstaunlich gut ab; es gibt Berichte von Seeanemonen, Korallen und ähnlichen Geschöpfen, die die Halbjahrhundertmarke überschreiten. Es gibt sogar einige Geschichten (allerdings nicht sehr verläßliche), die von Hundertjährigen unter ihnen berichten. Von den höherentwickelten wirbellosen Tieren mögen Hummer ein Alter von 50 und Muscheln ein solches von 30 Jahren erreichen. Ich meine jedoch, daß wir die wirbellosen Tiere auslassen sollten. Es gibt eben keine verbürgten Überlieferungen, daß ein wirbelloses Tier jemals 100 Jahre alt geworden wäre. Und selbst wenn ein Riesentintenfisch dieses Alter erreichen würde, so wollten wir wohl kaum Riesentintenfische sein!

Wie steht es dann aber mit den Wirbeltieren? Hier gibt es zahlreiche Legenden, besonders über Fische. Einige davon besagen, daß Fische niemals altern und beliebig lange leben können, ja daß sie nur sterben müssen, wenn sie getötet werden. Von einzelnen Fischen wird sogar berichtet, daß sie ein Alter von mehreren Jahrhunderten erreichten. Leider kann nichts davon bewiesen werden. Das höchste Alter eines Fisches, das von einem verläßlichen Beobachter festgestellt wurde, ist das Alter des Süßwasser-Störs. Man nimmt an, daß er, gemessen an den Ringen auf den Stacheln seiner Brustflossen, über 100 Jahre alt wird.

Unter den Amphibien ist der Riesensalamander der Rekordhalter. Er kann ein Alter von 50 Jahren haben. Reptilien stehen günstiger da. Schlangen können 30 und Krokodile sogar 60 Jahre alt werden. Aber Schildkröten halten im Reich der Tiere die Spitze. Selbst kleine Schildkröten können 100jährig werden, und von mindestens einer größeren Schildkröte weiß man, daß sie 152 Jahre gelebt hat. Es ist durchaus möglich, daß die Galapagos-Riesenschildkröten ein Alter von 200 Jahren erreichen.

Aber auch Schildkröten leben langsam und einfältig. Nicht so langsam zwar wie Pflanzen, aber doch zu langsam für uns. Es gibt nur zwei Gruppen von Lebewesen, die dank ihrem warmen Blut ständig auf hohem Intensitätsniveau leben. Es handelt sich um die Vögel und die Säugetiere. (Einige Säugetierarten mogeln ein wenig, indem sie während der kalten Jahreszeit ihren Winterschlaf halten. Möglicherweise erhöht sich auf diese Art ihre Lebensdauer.) Wir könnten uns vielleicht entschließen, wie ein Tiger oder wie ein Adler leben zu wollen, wenn diese nur recht lange leben würden. Leben sie aber wirklich lange?

Die Vögel schneiden hinsichtlich des Höchstalters im allgemeinen besser ab als die Säugetiere. Eine Taube kann sogar so lange leben wie ein Löwe und eine Silbermöwe so lange wie ein Nilpferd. Es gibt Erzählungen über Vögel, die von sehr hohem Lebensalter berichten, zum Beispiel, daß Papageien und Schwäne leicht hundert Jahre alt werden.

Jeder Leser von Dr. Dolittles Geschichten wird sich an Polynesia erinnern, den Papagei im dritten Lebensjahrhundert. Weiter gibt es da noch Tennysons Gedicht *Tithonus,* das von der mythischen Gestalt handelt, der ewiges Leben versprochen war, die durch ein Versehen aber nicht von der drückenden Last des Alterns befreit wurde, so daß Tithonus aus Mitleid schließlich in einen Grashüpfer verwandelt wurde. Tennyson läßt ihn lamentieren, daß der Tod zu jedem komme, nur nicht zu ihm. Zu Beginn heißt es, daß Menschen und Pflanzen des Feldes sterben, dann in der vierten Zeile: »Nach vielen Sommern stirbt der Schwan.« Im Jahre 1939 verwendete Aldous Huxley diese Zeile als Titel für einen Roman, in dem er sich mit dem Streben nach leiblicher Unsterblichkeit auseinandersetzt (After many a Summer dies the Swan; Übersetzung aus dem Englischen von Herb. E. Herlitschka »Nach vielen Sommern«).

Aber wie üblich sind diese Geschichten eben nur Geschichten. Das längste verbürgte Alter eines Papageis ist 73 Jahre. Ich denke, daß Schwäne kaum besser abschneiden, Raben, Krähen und Geier, so wird berichtet, sollen ein Alter von 115 Jahren erreichen, aber ich möchte das ausdrücklich mit einem Fragezeichen versehen.

Säugetiere interessieren uns natürlich am meisten, da auch wir solche sind. Wir wollen daher in einer Tabelle das Höchstalter einer Reihe von Säugetieren angeben. (Selbstverständlich weiß ich, daß das Wort »Ratte« oder »Hirsch« Dutzende von Arten mit einschließt, jede mit arteigenem Höchstalter. Denken Sie einfach an die gewöhnliche Ratte oder an den gewöhnlichen Hirsch.)

Elefant	77	Katze	20
Wal	60	Schwein	20
Nilpferd	49	Hund	18
Esel	46	Ziege	17
Gorilla	45	Schaf	16
Pferd	40	Känguruh	16
Schimpanse	39	Fledermaus	15
Zebra	38	Kaninchen	15
Löwe	35	Eichhörnchen	15
Bär	34	Fuchs	14
Kuh	30	Meerschweinchen	7
Affe	29	Ratte	4
Hirsch	25	Maus	3
Seehund	25	Spitzmaus	2

Das Höchstalter – wir dürfen das nicht vergessen – wird nur von wenigen einzelnen Tieren erreicht. Kaninchen mögen wohl gelegentlich 15 Jahre alt werden, aber normalerweise werden sie an Altersschwäche sterben, bevor sie 10jährig sind, und ihre Lebenserwartung beträgt tatsächlich nur 2 bis 3 Jahre.

Im allgemeinen leben von den Organismen mit gleichartiger Struktur die großen länger als die kleinen. Bei den Pflanzen lebt der Riesenmammutbaum länger als das Stiefmütterchen. Von den Tieren lebt der Riesenstör länger als der Hering, der Riesensalamander länger als der Frosch, der Riesenalligator länger als die Eidechse, der Geier länger als der Sperling und der Elefant länger als die Spitzmaus.

Bei den Säugetieren scheint eine sehr ausgeprägte Korrelation zwischen Lebensdauer und Größe vorzuliegen. Sicherlich gibt es Ausnahmen und einige davon sind sehr erstaunlich. Wale zum Beispiel haben im Vergleich zu ihrer Größe ein außerordentlich kurzes Leben. Das Alter von 60 Jahren, das ich angegeben habe, bildet die Ausnahme. Die meisten Wale haben sich ausgesprochen gut gehalten, wenn sie 30 Jahre erreichen. Das mag wohl daran liegen, daß beim Leben im Wasser der ständige Wärmeverlust und die nie endende Notwendigkeit des Schwimmens das Leben verkürzen.

Viel erstaunlicher ist jedoch die Tatsache, daß der Mensch länger lebt als sonst ein Säugetier – beträchtlich länger als der Elefant oder gar als der recht artverwandte Gorilla. Stirbt ein hundertjähriger Mensch, dann leben an seinem Todestag von allen Tieren der Erde, die bereits bei dessen Geburt lebten (soweit uns bekannt), nur noch einige der trägen Schildkröten, ein selten uralter Geier oder ein Stör – und eine Anzahl hundertjähriger Menschen. Kein nichtmenschliches Säugetier ist übriggeblieben, das mit ihm auf diese Welt kam. Alle sind ausnahmslos tot.

Sie denken vielleicht, das sei bemerkenswert. Warten Sie! Es ist noch bemerkenswerter als Sie es sich vorstellen.

Je kleiner das Säugetier, desto schneller ist die Geschwindigkeit des Stoffwechsels und desto schneller lebt es sozusagen. Wenn ein kleines Säugetier nicht so lange lebt wie ein großes, so lebt es dafür viel rascher und intensiver. Auf eine etwas subjektive Weise dürfen wir vermuten, daß gemessen an der Zahl und Intensität der Empfindungen ein kleines Tier genauso lange lebt wie ein großes. Ein konkreter Hinweis für die Unterschiedlichkeit im Stoffwechsel unter den Säugetieren ist die Geschwindigkeit des Herzschlages.

Die folgende Aufstellung vermittelt einige grobe Angaben über die durchschnittliche Anzahl der Herzschläge pro Minute bei verschiedenen Säugetierarten.

Spitzmaus	1000	Schaf	75
Maus	550	Mensch	72
Ratte	430	Kuh	60
Kaninchen	150	Löwe	45
Katze	130	Pferd	38
Hund	95	Elefant	30
Schwein	75	Wal	17

Für die vierzehn genannten »Säuger« kennen wir nun die Geschwindigkeit des Herzschlages und das Höchstalter (beides nur näherungsweise), und mittels Multiplikation können wir das Höchstalter eines jeden dieser Lebewesen auch durch die Gesamtzahl der Herzschläge im Leben angeben. Wir erhalten:

Spitzmaus	1 050 000 000
Maus	950 000 000
Ratte	900 000 000
Kaninchen	1 150 000 000
Katze	1 350 000 000
Hund	900 000 000
Schwein	800 000 000
Schaf	600 000 000

Löwe	830 000 000
Pferd	800 000 000
Kuh	950 000 000
Elefant	1 200 000 000
Wal	630 000 000

Beachten wir, daß die Zahlenangaben nicht exakt sind und sehen wir uns diese abschließende Aufstellung mit leicht zusammengekniffenen Augen an, dann kommen wir zu folgendem Ergebnis: Ein Säugetier kann bestenfalls ein Leben mit ungefähr einer Milliarde Herzschlägen führen, und wenn die getan sind, ist es aus mit ihm.

Aber Sie werden bemerkt haben, daß ich bei dieser letzten Aufstellung den Menschen ausgelassen habe. Ich möchte ihn nämlich gesondert behandeln: Der Mensch lebt mit einer seiner Größe angemessenen Geschwindigkeit, und seine Herzschlagrate entspricht ungefähr derjenigen anderer Tiere ähnlichen Gewichts. Sein Herz schlägt schneller als dasjenige größerer und langsamer als das Herz kleinerer Tiere. Sein Höchstalter beträgt jedoch 115 Jahre, was zu einer Gesamtzahl an Herzschlägen von ungefähr 4,35 Milliarden führt.

Gelegentlich kann ein Mensch über 4 Milliarden Herzschläge lang leben! Die heutige mittlere Lebenserwartung eines Amerikaners entspricht 2,5 Milliarden Herzschlägen. Jeder Mensch, der älter als ein Vierteljahrhundert geworden ist, hat mehr als eine Milliarde Herzschläge hinter sich, ist immer noch jung und hat die Blüte seines Lebens noch vor sich.

Warum? Wir leben nicht länger als andere Säugetiere, wir leben – gemessen an den Herzschlägen – *viermal so lange!* Aber wovon ernährt sich denn unsere Art, daß sie so stark geworden ist? Nicht einmal unsere artverwandtesten nichtmenschlichen Verwandten kommen uns hierin nach. Wenn auch der Schimpanse eine Herzschlagrate hat, die der unsrigen gleich ist, und der Gorilla eine etwas geringere, so lebt jedes dieser Tiere doch nur höchstens ungefähr 1,5 Milliarden Herzschläge lang, was vom allgemeinen Durchschnitt nicht sehr weit entfernt ist. Wie können wir es dann bis auf 4 Milliarden bringen?

Welches Geheimnis in unserem Herzen läßt dieses Organ soviel besser arbeiten und soviel länger leben als das Herz irgendeines anderen existierenden Säugetiers? Warum bewegt sich der Zeiger unserer Lebensuhr, verglichen mit den anderen, so langsam?

Ich weiß es nicht. Was auch immer die Antwort sein wird, ich bin getröstet. Wäre ich nämlich ein Angehöriger irgendeiner anderen Säugetierart, dann würde mein Herz bereits seit einigen Jahren nicht mehr schlagen, denn es hat schon lange eine Milliarde Schläge getan. (Nun ja, ein wenig mehr.) Da ich aber ein *Homo sapiens* bin, schlägt mein wundervolles Herz sogar noch jetzt mit all seinem alten Feuer; es erhöht seinen Schlag in angemessener Weise, falls erforderlich, und zwar mit soviel Schwung und Wirksamkeit, daß ich völlig zufrieden bin.

Warum bin ich ein junger Bursche, ein Kind, ein Wunderkind? Ich bin eben Mitglied der ungewöhnlichsten Art auf Erden, sowohl hinsichtlich der Lebensdauer als auch bezüglich der Fähigkeiten des Hirns . . . Und ich lache über Geburtstage! (Jetzt wollen wir aber zählen: Wieviel Jahre sind es noch bis 115?)